キャリア論と労働関連法24講

キャリアを考え、労働法を学ぶ

名古屋芸術大学教授
特定社会保険労務士

中川 直毅 |編著|

三恵社

はしがき

　本書は、社会人の方と学生の皆さんを意識して執筆しています。「好きな仕事に就いて働くために、或いはより良き職場環境で働きたい、働き続けたい」と考えている皆さんに、役立てて貰えればと思い、キャリア論、労働法、及び社会保障法の領域について、ワンストップ的に学びの情報提供ができるように少し欲張った構成にしています。この点についての類書は余り見当たらないと思います。

　内容については、キャリア論としての「キャリアを考える」（第2章）は、私の主観を交えながら少し辛口の視点で語っていますが、「良薬口に苦し忠言耳に逆らう」のことわざを思い起こして読んで頂き、自らのキャリア形成を考えて貰いたいと思います。労働法は、「労働法のポイントを学ぶ」（第3章）としていますが、労働基準法を中心に要所を外すことなく詳しく説明していますので、入門者から実務者まで幅広い方々に、確りと学んで貰える内容と思っています。他にも、健全な職場とは何かを考える「働き方と心の健康を思う」（第4章）、働く人のための視点での「社会保障法のポイントを学ぶ」（第5章）についても凡そを捉えたものになっています。また、24回の講義形式で、全て語り口調で書き貫いており、図表もふんだんに織り込み、重要箇所はゴシック体で強調してメリハリを作り、読みやすいように工夫しています。これらにより積極的キャリア主義の下、自らのキャリアの構築に努めて貰いたいと思っています。

　一方で、企業と積極的に与していくキャリア論と働く者を保護している労働法は、労使相反するとの意見があるのも確かです。この点については、キャリアを切り拓くことを矛、そして我が身を守ることを盾とみなして考えることにしました。熱心にキャリアの構築を考えている皆さんには、敢えて挑戦的に「矛と盾」（攻めと守り）のキーワードを意識

して、書名のように「考えて頂き、学んで貰いたい」と思います。

　私は、毎週東京と名古屋、京都の間を新幹線で行ったり来たりしていますが、大学では憲法や労働法を専門として研究や教鞭を執っており、それ以外では社会保険労務士や人事労務コンサルタントをしています。かねがね、研究とビジネスの二刀流による理論と実践の融合を図って、本書のような書籍を作り上げたいと構想を練っていました。今、この本を手に取って頂いた読者の皆さんに、私が長らく歩んできて培った知識とノウハウの全てを凝縮してお届けしたいと思います。併せて、私の門下生でもあり、主宰する洛陽人事教育研究所のメンバーでもある、実務経験豊富な社会保険労務士や中小企業診断士を中心に執筆の一部を分担して、より充実した内容にしています。

　数々の工夫を凝らし、働く上での智恵を凝縮した本書が、皆さんのキャリアの道標として、そして矛と盾として役立ち、各人のキャリアの見直しと将来の転機を捉える足掛かりとなって、皆さんの成功の友となれば幸いです。

　本書の執筆には、沢山の文献を参考にさせて頂きました。これらは巻末に参考文献として掲げて、引用文献については注記に記載しております。この場を借りて深く御礼申し上げます。

　末筆とはなりましたが、本書に貴重なアドバイスをして頂いた盟友である社会保険労務士の田畑啓史先生、そして校正を手伝って頂いた研究助手の小木曽悦子さんに、深く感謝を申し上げる次第です。

　令和6年2月28日

　　　　　　　　　　　　　　　　　　　早春の大学研究室にて記す

　　　　　　　　　　　　　　　　　　　　　中川　直毅

キャリア論と労働関連法24講　　目次

〜キャリアを考え、労働法を学ぶ〜

第 **3** 章　　労働法のポイントを学ぶ

第 4 章　　働き方と心の健康を思う

第 5 章　　社会保障法のポイントを学ぶ

【編著者紹介】

名古屋芸術大学　教育学部　教授
名古屋芸術大学　キャリアセンター長・特定社会保険労務士

中川　直毅

青山学院大学大学院　法学研究科修了、修士（ビジネス法学）。

専門は、労働法、経営人事論、憲法制定史。

東証上場の名門総合メーカーや製薬会社、電機機器会社など上場企業の人事部長、法務室長、人事総務部長などを経て、現職。合同会社洛陽人事教育研究所所長、株式会社ＴＭＣ経営支援センター統括本部長、一般社団法人洛陽キャリア法務支援機構代表理事・理事長、附属憲法研究所長、キャリア研究所長を兼職、社労士事務所や税理士事務所、企業・団体の顧問などを多数している。

京都華頂大学現代家政学部非常勤講師（2017年〜2020年）、愛知学泉短期大学非常勤講師（2020年〜2022年）を歴任。

著書には、「概観 日本国憲法と昭和政治史」（単著，三恵社，2023年）、「就活キャリアスキル読本」（編著，三恵社，2021年）、「精選日本国憲法論14講」（単著，三恵社，2020年）、「要説キャリアとワークルール」（編著，三恵社，2019年）、「企業活動の法律知識新訂第5版」（共著，商事法務・経営法友会，2007年）がある。

［第1講、第2講〜第4講、第6講、第8講〜第11講、第13講〜第15講、第18講、第21講、第22講］［判例］

【執筆者紹介】

社会保険労務士、合同会社洛陽人事教育研究所 所長代理

田畑　啓史

京都産業大学経済学部卒。eni-labo 社会保険労務士事務所代表、一般社団法人洛陽キャリア法務支援機構代表理事・副理事長も兼職。著書には、「就活キャリアスキル読本」（共著，三恵社，2021 年）、「要説キャリアとワークルール」（共著，三恵社，2019 年）がある。

［第 5 講、第 12 講］

社会保険労務士、合同会社洛陽人事教育研究所　副所長
名古屋芸術大学 特任就活アドバイザー

岩瀬　直行

防衛大学理工学部卒、自衛隊指揮幕僚課程修了。空挺徽章・レンジャー徽章を有す。幹部学校戦術教官、東部方面情報隊隊長、防衛省情報本部幕僚、第 7 師団司令部監察官などを経て定年退官。元陸上自衛隊一等陸佐。社会保険労務士事務所さきもり代表を兼職。

［第 20 講、第 23 講、第 24 講］

特定社会保険労務士・キャリアコンサルタント、コネクト労務管理事務所代表

森戸　式子

青山学院大学文学部卒。中華民国（台湾）での日本語教師や公益財団法人での外国人支援業務を経て、現職。一般社団法人パン・ダイバーシティサポート代表理事を兼職。

［第 16 講、第 17 講］

中小企業診断士、合同会社洛陽人事教育研究所 主幹研究員

残間　昇一

東京理科大学工学部卒。東証上場の名門総合メーカーで管理職を勤めて、現職。

［第 7 講］

特定社会保険労務士・キャリアコンサルタント、合同会社洛陽人事教育研究所 主幹研究員

森　千晴

金城学院大学家政学部卒。岐阜県社会保険労務士会副会長、ＮＰＯ法人おとなの
キャリア支援室理事長。

［第 19 講］

挿絵作画

中川　健太

専修大学経済学部卒。
現在、東京都に本社のある東証プライム上場企業で営業パーソンとして日々奮闘中。

【協　力】

合同会社洛陽人事教育研究所 キャリア教育チーム
本社：東京都台東区元浅草 3-6-1 石澤ビル 6 階

一般社団法人洛陽キャリア法務支援機構　キャリア研究所
本部：京都市中京区昆布屋町 395 番地 高山ビル 4 階

【凡 例】

法令名等　本文中で略記した法令名等は下記の通りです。

育児休業、介護休業等育児又は家族介護を行う労働者の福祉に関する法律（育介休業法）

医薬品、医療機器等の品質、有効性及び安全性の確保等に関する法律（医薬品医療機器法（旧薬事法））

会社分割に伴う労働契約の承継等に関する法律（労働契約承継法）

株式会社の監査等に関する商法の特例に関する法律（商法特例法）

高年齢者等の雇用の安定等に関する法律（高年齢者雇用安定法）

個別労働関係紛争の解決の促進に関する法律（個別労働紛争解決促進法）

雇用の分野における男女の均等な機会及び待遇の確保等に関する法律（男女雇用機会均等法）

障害者の雇用の促進等に関する法律（障害者雇用促進法）

短時間労働者の雇用管理の改善等に関する法律（パート労働法）

短時間労働者及び有期雇用労働者の雇用管理の改善等に関する法律（パート有期雇用労働法）

賃金の支払の確保等に関する法律（賃金支払確保法）

働き方改革を推進するための関係法律の整備に関する法律（働き方改革関連法）

不当景品類及び不当表示防止法（景品表示法）

労働者災害補償保険法（労災保険法）

労働施策の総合的な推進並びに労働者の雇用の安定及び職業生活の充実等に関する法律（労働施策総合推進法）

労働時間等の設定の改善に関する特別措置法（労働時間等設定改善法）

労働者派遣事業の適正な運営の確保及び派遣労働者の保護等に関する法律（労働者派遣法）

女性の職業生活における活躍の推進に関する法律（女性活躍推進法）

次世代育成支援対策推進法（次世代育成法）

青少年の雇用の促進等に関する法律（青少年雇用促進法）

下請代金支払遅延等防止法（下請法）

健康保険法（健保法）

国民健康保険法（国保法）

特定受託事業者に係る取引の適正化等に関する法律（フリーランス新法）

【本書の言葉等の統一について】

◎西暦と元号は適宜に、併用して使用するか或いはどちらかを使用しています。

◎法律の条文番号は、本来ならば「労働基準法第 25 条第 2 項」などと表記しますが、「労働基準法 25 条 2 項」と第を省略しています。なお、日本国憲法については、これを適用せずに、「憲法第 25 条 2 項」のように、項以下のみを同様としています。

◎本書で使用している法律名称は略記としています。正式名称は、前頁に記載しています。

◎図表は、特に出所・資料名を示していないものについては、編著者（中川直毅）又は分担執筆者が作成しています。

◎法令では、労働基準法は「使用者」を使っていますが、健康保険法や労災保険法は「事業主」を使っています。前者は労働者を雇用し使用する主体であり、後者は事業の運営する主体を意味しているからです。健康保険法、労災保険法及び雇用保険法は、労働者や被保険者を使用する事業に適用されていることから、第 21 講～第 24 講においては、原則として事業主で統一使用しています。なお、必要に応じて、「企業」又は「会社」と表記しています。

◎判決は次の通りです。

    最大判（決）→最高裁判所大法廷判決（決定）

    最 1 小判（決）→最高裁判所第 1 小法廷判決（決定）

    高判→高等裁判所判決

    地判→地方裁判所判決

◎判例集の正式名称は次の通りです。

    民集→最高裁判所民事判例集

    刑集→最高裁判所刑事判例集

    裁集民事→最高裁判所裁判集民事

    判時→判例時報

    判タ→判例タイムズ

    労判→労働判例

    労経速→労働経済判例速報

◎最高裁判所を「最高裁」。高等裁判所は「高裁」、地方裁判所は「地裁」と略しています。

◎最高裁の法律的判断を判例、それ以外の裁判所のものは裁判例としています。

◎その他にも幾つかありますが、注釈その他にて都度喚起しています。

第1章

ガイダンス

第**1**講 ガイダンス

1．ガイダンス

1-1　学びの前に

(1) 本書は、社会人の方と学生の皆さんを読者の中心と想定して書かれています。このガイダンスと、「キャリアを考える」（第2章）、「労働法のポイントを学ぶ」（第3章）、「働き方と心の健康を思う」（第4章）、及び「社会保障法のポイントを学ぶ」（第5章）で構成しており、職業生活やキャリアを考えていく上での要諦を中心に説明しています。大別すると前半がキャリア論、後半が労働関連法ということになりますが、最初から読み始めても構いませんし、労働法を学びたいと思う方は、第3章から読んで貰っても、差し支えないようにしています。次に、本書の各講についての着眼点と読み方を説明していきます。

(2) **第2章「キャリアを考える」**は、基本的なキャリア理論と、私の歩んできた経験則を中心とした、積極的に自らのキャリアを考え構築していけるようなキャリア論を展開しています。

　第2講・キャリアを考えるでは、キャリアに関する基礎知識を学んだ上で、キャリアの標準スタイルの図を見ながら自らの歩んできた道を振り返りつつ、今後の歩みを考えて貰いたいと思います。**第3講・働くことは、人生を豊かにすること**については、働くことは「稼得能力」と「自己実現」のバランスが必要だということがポイントですが、人はひとりでは生きていけないとの観点から、「人間力」についても学び自己の意見を持ってみて下さい。「学びに　無駄は　ひとつもなし」ということです。**第4講・ビジネス人材とビジネススキル**は、一見社会人の方だけ

の話と思われそうですが、学生の皆さんにも通じる内容です。どの世界でも大切となってくる成功するための必須の心掛けを「優秀な社員の要件」「積極的キャリア形成の基礎」としてまとめてみました。ここは幾度か読み返しながら、自己の行動パターンをチェックしてみて下さい。そして「営業力について考える」も大切です。従来の営業に対する考え方が一変すると思います。今はできないことが多くても日々の意識付けにより実現度は高まっていくはずです。**第5講・パラレルキャリア**は、最近よく使われている言葉ですが、その実態を説明していきます。そして多くのページを割いた、**第6講・中高年齢者（ミドル・エルダー）のキャリア**は、はしがきにも書いていますが、「良薬口に苦し」的な内容となっています。私の経験則ではありますが、家庭を持ちながら厳しい環境下にある中高年齢の方々への応援メッセージでもあります。これらが全てではありませんが、困難を乗り越える糧になろうかと思いますので、該当する方は読み通して下さい。学生の皆さんは、読むのを飛ばしてもらっても構いません。**第7講・企業で働くとは**については、企業を取り巻く組織環境を中心に説明しています。

（3）**第3章「労働法のポイントを学ぶ」**は、労働法の基本事項を中心に判例も織り交ぜながら説明しています。**第8講・労働法総論**は、題目の如く、労働法を俯瞰して其々主要な法律の概要を説明しています。「労働法の歴史と労働政策」は、私が常に教鞭を執りながら伝えている、理論・歴史・実践のバランスが大切であるとの見解により、かなり詳しく説明しています。是非に熟読してみて下さい。

　第9講から第14講までは、原則として労働基準法を中心とした内容になっています。各講を順番に読み進んで下さい。**第9講・労働契約**は、採用についての判例である三菱樹脂事件を確り読んで、「客観的・合理的・社会通念上」の意味を理解して下さい。身元保証人についても意外とトクする知識が得られるはずです。**第10講・就業規則**については、

職場のルールブックともいえるもので、重要なものですが、その重要性の法的根拠が大切です。難しい点もありますが、できるだけ分かりやすく説明したつもりですので頑張って認識を深めてみて下さい。**第11講・労働時間と休日・休暇**は、法定労働時間、所定内労働時間及び実労働時間の整理をしてから、休憩と休日の意義を押さえて下さい、労働法はやはり労働者保護の法律だと改めて知ることができます。**第12講・女性労働と育児休業**は、女性労働と育児休業に関わる一覧図表が肝です。**第13講・賃金**は、賃金支払いの5原則の例外を学んで下さい。最低賃金、割増賃金も身近な話なので、確りと知識を整理しておいて欲しいと思います。**第14講・労働契約の終了**は、よく労働トラブルが発生する領域ですが、解雇、退職、雇止めの定義を理解した上でその相違点を確認して下さい。最近法改正のあった高年齢者就業確保措置も大切です。そして、**第15講・労働組合法**です。ここでは、労働協約を中心に学んで下さい。就業規則との相違点を整理しておくと便利です。ユニオン・ショップ協定については、最高裁判例の三井倉庫港運事件を確りと読み込んでみて下さい。

（4）**第4章「働き方と心の健康を思う」**は、自己のキャリアを大切にしながら働いていくとはどのようなことか、そして安全・安心に働ける職場としていくために知っておくべき事項とは何かについて取り扱っています。**第16講・ワークライフバランス**は、職場と家庭の両立を目指していくものですが、そこには仕事ができる者だけの特権的な要素も含まれていること、そのためにはどのようにするかについて説明しています。正に、キャリアと労働法の交錯だと考えています。**第17講・産業メンタルヘルス対策**は、ストレスの発生を知り、ストレスを回避する術を提案しています。働き過ぎから生じる安全配慮義務違反の判例も取り上げています。**第18講・ブラック企業に近づかないために**では、三大ハラスメントについての俯瞰的知識を得て下さい。**第19講・個別労働紛争**

と**社会保険労務士**については、身近な労務管理の専門家の社会保険労務士の視点による個別労働紛争の解決諸機関についての説明です。

（5）**第 5 章「社会保障法のポイントを学ぶ」**は、現役として働いている方を想定した内容に絞り込んで説明しています。したがって、医療保障、労災補償、雇用保険が中心であり、年金については殆ど触れていません。**第 20 講・社会保障法総論**は、社会保障の仕組みを説明し、社会保険方式と税方式の違いから見た社会保障各法を理解して下さい。また、社会保障法の歴史は、前述の第 8 講と同じ趣旨ですので、確実に読み込んで下さい。**第 21 講・医療保障**については、被用者保険の健康保険とその他の方が加入する国民健康保険を併せて説明しています。**第 22 講・労災補償**は、業務災害と通勤災害について詳しく述べています。働く際のリスクへの重要な補償となりますので確りと読み込んで下さい。なお、保険給付については紙面の都合もあり、詳しくはホームページで確認してもらうようにしています。**第 23 講・雇用保険**は、失業の定義と基本手当の支給手続を中心に理解を進めることがお勧めです。最後の**第 24 講・生活保護と第二のセーフティネット**は、憲法第 25 条の最低限度の生活保障について説明しています。求職者支援制度などについてもひと通り目を通してみて下さい。

第2章

キャリアを考える

第2講 キャリアを考える

1. キャリアを考える

1-1 キャリアの語源

　近年、キャリアという言葉をよく耳にすることがあります。転職の際の経歴を示す時や、企業内において人事履歴を管理する時、そして自己実現に向けた職業人生の棚卸の時など、様々な場面で使われています。では、キャリアとはどのような意味であり、どのように考えていけばよいのでしょうか。

　そもそも**キャリア**とは、荷馬車がたどって来た車輪の轍、即ち車道を語源としています。人生を旅路として例えてみると、この車輪の跡の付いた轍を車道とみなして、これを自分がたどってきた人生の証として置き換え、考えてみることができるので、キャリアという言葉がぴったりマッチングするのです。

　そして、私たちは、これまでの経験やその時々を都度振り返ること、つまりキャリアを自己点検することで、自己の歩みの積み重ねがその後の糧となっていることに気が付いていくと思います。この糧を使って自分の厚みや幅を広げていくことで、「なりたい自分」の実現に近づくことができるのです。これを繰り返していくことが、将来のキャリアを形成していく上での大切なサイクルとなっています。

1-2 巷の噂は三現主義

　私たちにとって、自己のキャリアについて考えていくことは大切なことですが、いきなり「確りとしたキャリアの積み重ねに取り組むことが

大切で、自己のキャリアを真剣に考えていくべきである」と言われても困ると思います。私の感触では、キャリアの歩みで最も困難な場面にぶつかりキャリア形成を痛切に考えざるを得なくなる、その切っ掛けは、大学卒業期における就職活動の頃と、ビジネスパーソンとしては、役職定年時などの55歳前後の頃であると思います。この時期がキャリアについての意識が最も高まる時です。もっとも、このような時期に限らず、人生の節々において、キャリアについて考えてみることは世代間を超えて必要なことではあります。

　学生の皆さんについての話になります。次図は、新規学卒者の3年以内離職率の推移表です。最近の若い人たちの離職率に照らしてみると、巷ではこの3年以内の離職率が三割を占めることから職業選択を確りやっていかなければならないと、MUST論を以て語られることがあり、学生の皆さんが就職活動をする際に「そうならないために適性と将来のなりたい自分を見つめなければいけない」などと指摘され、必要以上に不安感を募らせられることがあります。しかし、この推移表をよく見て下さい。今から37年以上前の昭和62年が28％、その後25％前後から36％台を上限に推移して、現在でも32％辺りを行き来しています。長期

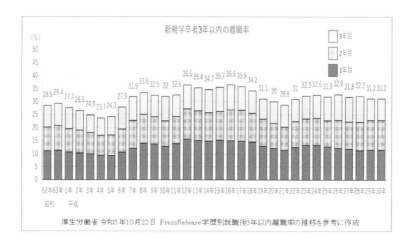

厚生労働省 令和3年10月22日 PressRelease学歴別就職後3年以内離職率の推移を参考に作成

的な視点で見てみると昔から三割ぐらいは企業を辞めていたのであって、今に始まったことではないということが分かり、過度に構える必要もなさそうです。

このような巷の情報は、学生の皆さんが就職を意識し始めた途端に、色々と耳に入ってくることが多くなるものですが、ここは三現主義を心がけてみて下さい。**三現主義**[1]とは、「現場」「現物」「現実」を重視した、正確な現状把握を心がけることです。確りとした情報源と知識を持っていれば、恐れることなく自分の判断で、自分の道を「ドーンといこうや」という程度の気持ちで駒を進めていけばよいのです。

もっとも、学生の皆さんは勿論、私たちが、今後のキャリア形成を考えていく上で、次の三点については、気に留めておいて下さい。

◇ワークルール（労働法）を知ることは、身を守り自己のキャリア防衛の手段だと認識すること。

◇なりたい自分を知ることも大事なことだが、「これ以外の道はあり得ない」などと、視野 狭 窄（きょうさく）的な気持ちにならないこと。

◇「将来の絵が描けない」などと悩む前に、解決の早道は「先ずは動くこと」であると、積極的な気持ちを持つように心がけること。

2．キャリアの概念

2-1 キャリアの定義

キャリアの語源は前述の通りですが、定義についてはどのようになるのでしょうか。文部科学省や厚生労働省[2]、そして様々な書籍で多様な定義が紹介されていますが、私は、川喜多先生の「キャリアとは個人がその人生を通じてもつ一連の経験である。」[3]との定義が短文で理解しやすいと思います。そして、キャリアを外的視点でみれば、社会的な役割で

あり、広義としては、仕事だけに留まらず、人生の全ての期間において「生活一般の夢を叶えたい」「幸福になりたい」などとの思いであって、願いを実現・挑戦していくライフキャリアと呼ばれるものです。狭義では、主には職業生活上の役割であって、ジョブキャリア又は職業キャリアと呼ばれるものです。逆に内的視点では、個別に自分の人生の様々なステージにおいての自己の存在についての理由付けということになります。

2-2 キャリアの標準スタイル

　キャリアの行程として、金井先生の分類図[4]などを参考にしながら作成した下の図のように、私なりに「初志実行型」「夢の成就型」「適性模索型」の三類型に分別することにしました。皆さんは、どのタイプに当てはまるか、或いは何れに近いかについて考えてみて下さい。

　この図にあるスタートは、先ずは、学生の皆さんが、どのような仕事

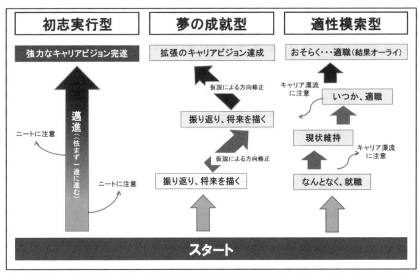

（木村進『自分で切り開くキャリアデザイン』中央経済社（2012））および金井壽宏『働くひとのためのキャリアデザイン』PHP研究所（2002）を参考にして編著者が作成）

に就くかを意識し始めた時点を想定していますがどのような年齢層にとっても、ライフステージの様々な転機で当てはまると思います。例えば、定年を迎えても、大学受験の子供がいるなど引き続き働かなければならない個別事情により、セカンドキャリアとしての仕事を見つける必要が生じる時点などにおいても同様だからです。

（1）初志実行型

　初期の段階から、自分の人生においてこのような仕事に就きたいと、目標を特定してその道に進もうとしている、なりたい事に**突き進むタイプ**です。将来に「医者になるぞ」「弁護士になりたい」「オーケストラの指揮者を目指すぞ」などと強烈な**キャリアビジョン**[5]（目標）を描いている人です。ひとつの道をばく進していき、途中の挫折なども乗り越え、キャリアの絵の描き直しなどを不要とする人ですが、全体的には少数派です。実現の状況が見えないのに、こだわり過ぎて妄信的になると、定職に就くことができないこともあり得ます。

（2）夢の成就型

　キャリアデザインの**道筋選びのタイプ**です。先ずは第一歩を踏み出し、途中に幾度かキャリアを見直す場面に出くわすことになり、その度に将来のキャリアの道筋を検討し、その過程で今までより更に強力なキャリアビジョンが出現したら、そちらの道に方向を変えていくことからも、常に行き先に目標が存在している必要があります。もっとも、頻度が過ぎると目標が雲散霧消になる危険性も秘めているので、要所ごとでぶれないように自己の「芯」を確り持つことが大切です。

（3）適性模索型

　「真剣になりたい自分を考えることが無かった」と何となく過ごして、結果的に**なんとかなるタイプ**です。更に分類すると、「そのうちに向いた仕事と出会うだろう」という楽観的タイプ、「変化は恐い、失敗はし

たくないのでじっと現状に留まっていたい」という現実保守タイプ、或いは、「きっとこの仕事は向いているだろう」という思い込みタイプなどがあります。これらは特に不都合が起こらなければ「良し」と思えるのがこのタイプの特徴です。不自由が無ければこれも素敵な生き方です。

　このタイプは、夢の成就型に一見似ているものの、大きく異なるのは節目ごとにキャリアビジョンを持っていないことです。最後に自分の人生は何だったのだろうかと思ってしまう可能性もあります。また、悪い方向に向くと、「現状から逃げるために変化したい」という現状逃避タイプとなり、現状を内省しても認めようとはせずに、ばたばたとあれもこれもと手をつけるだけで、結局は、自身になんのキャリア的付加価値も創り出すことができずに、キャリア漂流してしまうこともあるので気を付けたいところです。

2-3　キャリアデザインとは
（1）キャリアを描く

　キャリアデザインとは、「自分らしい生き方とはどのようなものだろうか」「どのような仕事についてどのような活躍をしていきたいか」などと、自己の将来を、自ら考え、自ら気づき、そして自らの人生設計をしていくようなことです。各人各様にあるのが当然であり正解なども無く、それぞれの考えが正しいということになると思います。そして極論ではありますが、人生を最後に振り返ったときに「良かった」と思うようであれば人生最良ということになります。

　もっとも、自己のイメージしたことを確実に実現していくためには、キャリア形成の上での節目に、自分自身に「自分は、近いうちに何をしたいのか」「自分は将来どのようになりたいのか」などと問いかけて考える機会が必要でしょうし、社会経済情勢の把握もしておく必要があると思います。自分に気づくということは、自己の心の声に耳を傾けて「興

味・能力・価値観」を探る作業であり、自己分析することによって見つけていくことです。そうすれば、仕事を通じてこれらの「興味・能力・価値観」を具体化し実行していくことができます。なお、「職業適性検査などの心理検査は参考になるのに留まり絶対的なものではない」[6]との見解については納得感のあるところです。

（2）二つのキャリア

　人は仕事だけでは生活できないものです。働くこと以外にも、子供と遊ぶ時間や家族と談笑する時間も大切ですし、勉強する時間、食事や睡眠、そして趣味に興じることや運動の時間も必要です。たまには何も考えずに音楽などに耳を傾けてリラックスすることも大切な時間となります。このようなことから、人生におけるキャリアは、仕事生活としての**ワークキャリア**と、仕事以外の生活である**ライフキャリア**とで構成されているといえます。後述のライフキャリアレインボーが人生の深度に視点を置いているのならば、次図は平面的な視点となります。

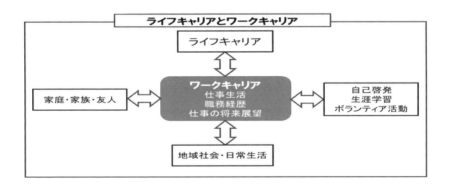

　◇ワークキャリア……仕事人生のこと。仕事に関する職歴・職務経歴及び将来の展望見込み（将来ビジョン）などのことです。
　◇ライフキャリア……仕事以外の生活のこと。家族・家庭・友人や地域社会における個人の活動のことです。

個人的活動のライフキャリアは、家族の介護や子供の教育などが仕事に対して影響を及ぼすことから、結果として、ワークキャリアにも影響を及ぼすことになるので、ふたつのキャリアが相互関連しながらキャリアが形成されていくことになります。

3. キャリアデザイン

3-1　ライフキャリアレインボー

　ライフキャリアレインボー理論[7]は、キャリアをイコール職業とは考えずに（キャリア≠職業）、キャリアを人生のある年齢や場面の様々な役割（ライフロール）と組み合わせて考えていこうとするものです。生涯を通じて社会や家庭における様々な役割での経験を積み重ねることで、自己のキャリアは形成されるものとしており、その役割が果たすプロセスの重要性を説いています。7種類のキャリア構成要素でライフロールを示し、虹の形を用いた「キャリアの虹」として概念化しています。

　これが次頁の**ライフキャリアレインボー**という概念図です。「キャリアは生涯を通じて発達する」との考え方を基盤として、人には生まれてから死ぬまで一生涯に亘って果たすべき、次のような役割があるとしています。なお、最近の日本では、長寿化の関係で年金生活者も要素として組み込むことが現実的だと思います。

---

①子ども　②学生　③余暇を楽しむ人　④市民　⑤職業人
⑥配偶者　⑦家庭人　※年金生活者

　この理論では、仕事上の志向や能力だけでキャリアの発達はあり得ず、これを実現していくには、キャリア形成の上で、仕事と生活が十分なる

相互関係を持ち、影響を受け合う必要があるとしています。

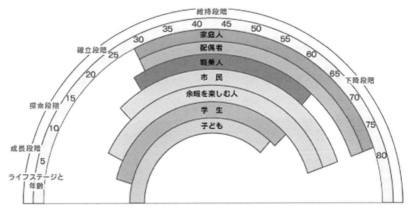

（出所：長野県南箕輪村キャリア教育ホームページ）

　この概念図で見ると、40〜50歳代はキャリアの虹が最も多く重なり合い、果たすべき役割が厚くなっています。この年代は企業でも昇格・昇進[8]の分岐点になりやすく、仕事の責任も負担も増え、家庭でも子供の教育にお金が嵩むなど、仕事や家庭での役割が大きなものとなる時期です。この時期に「職業人」としての役割に没頭し過ぎると、「配偶者」「家庭人」としての家事分担、子育て・教育、或いは親の介護等の役割が疎かになり、家庭内の不和やトラブルの要因になる可能性があり、仕事にも支障を来しかねません。

　また一方では、結婚して家庭生活を送る過程において、ビジネスパーソンの価値観とは異なる視点や発想に気づき、それが仕事に使えるようになることもしばしばあることです。

　このように、この理論でのキャリア発達は、社会や周囲の人々との相互関係を保ちつつ、自分らしい生き方を展望し実現していく過程として説明されています。そして社会や周囲との相互関係を保ってこそ、人は生涯をかけて、その時々の自分の立場に応じた役割を果たしていくことになります。

3-2　キャリアとハインリッヒの法則

　労働法の領域の話ですが、**ヒヤリハット**とは、作業中や運転中に事故が起きそうな状況に出会い、「ヒヤリとしたハットした」ことを記録し、その原因を究明し、再び同じような状況にあっても事故の要因にならないようにする安全衛生活動の一環です。このヒヤリハットには、**ハインリッヒの法則**として、**「1：29：300」の法則**があります[9]。この法則は、労働災害（詳細は第 22 講）の発生比率を分析したものであり、ある原因で 1 件の重大災害が発生した場合、同じ原因で 29 件の軽傷災害が発生しており、更に同じ原因で「ヒヤリ、ハット」した場合が 300 件存在するというものです。

　この法則は、キャリア形成においても意識しておくとよいと思います。人生において、「のぼり坂　くだり坂　まさか」「まさかに気を付けろ」とはよく言ったもので、登り坂と下り坂は気を付けて行動しますが、安心して意識が弱いような場面に危険が存在しています。この法則のように、リスクのありそうな話や行動などには兆候があるので、隠れたリスクの発見に努めて、リスク回避することが大切です。

〈注〉

1　三現主義。先ずは現場に出かけ、現物をよく見て、現実的に判断していくことをいう。「百聞は一見にしかず」である。

2　キャリアの定義について、文部科学省は、「一般に個々人がたどる行路や足跡、経歴、或いは特別な訓練を要する職業、職業上の出世や成功、障害の仕事等を示す」としており、厚生労働省は「一般に『経歴』『経験』『発展』、更には『関連した職務の連鎖』等と表現され、時間的持続性ないし継続性を持った概念」としている。

3　川喜多喬（法政大学名誉教授、元法政大学キャリアデザイン学部教授）の著述。日本キャリアデザイン学会 監修『キャリアデザイン支援ハンドブック』ナカニシヤ出版 2014 年 3 頁引用

4　金井壽宏著『働くひとのためのキャリアデザイン』ＰＨＰ研究所 2002 年 参照

5　キャリアビジョンとは、人生や仕事においての自分自身のなりたい姿のこと。キャリア形成の目標自体のことでもある。

6　水原道子編『キャリアデザイン〜社会人に向けての基礎と実践』樹村房 2016 年 17 頁〜18 頁参照

7　ライフキャリアレインボーとは、1950 年代に米国の教育学者のドナルド・Ｅ・スーパーが発表したキャリア研究の古典的理論。キャリアとは何かを最も適切に説明しており、発表から 50 年以上が経過した現代でもその普遍性は失われていない。

8　昇格とは、職能資格制度などで、下位の資格から上位の資格に格付け変更されることで、昇給を伴う。昇進は、課長から部長になるように、役職が上がることで、昇格は能力等基準を満たせば可能となり得るが、昇進については役職ポストの数に限りがあるのが一般的である。

9　米国の損害保険会社に勤めていたハーバート・ウイリアム・ハインリッヒが論文として発表した研究内容に基づく。

第3講 働くことは、人生を豊かにすること

1. 働くこととは

1-1 人は何のために働くのか

　日本の人口は約1億2000万人、就業人口は約6800万人[1]で、企業などで雇用されている者は6100万人前後です。子供やお年寄りを除いた殆どの人たちが働いていることになり、9割弱は雇われて働いている雇用者[2]ということになります。そのうち、大企業や伝統企業が集まる旧東証一部の上場企業には約300万人勤めているといわれています[3]。その割合は僅かに5.0%程度であることから、いわゆる大きな企業には入り難い傾向にあるようです。もっとも上場企業や大企業が良い会社とイコールとは言い難い面もあるので、どこで働くかというよりは、何のために、そして誰のために（なりたい自分のために）働くのかを考えていくことが賢明であり、そこに自ずと納得感のあるキャリアの道が拓けていくと思います。

　では、人はなぜ働くのでしょうか。先ずは「生活するため」（家族や恋人も当然含まれます）との回答が来ると思います。しかし、親がアラブの大富豪のような資産家の子供や宝クジ10億円が当たったような人は別の世界の人だとして、世間を見渡してみると、生活のためにだけ働いているようでもなさそうです。私は、働くことは、自己実現と稼得能力がキーワードになると思っています。つまり「自己実現の確実性を高めること」と、「稼得能力の一層の向上のため」について、意識しているか、していないかに関わらず、これらが大きな根拠になっていると考えています[4]。

	稼得能力
生活のため・・・労働力を提供し、賃金を得る	

自己実現のため・・・自己の能力を発揮し、やりたいことを実現する
自己実現

社会貢献のため・・・会社の仕事を通じて、社会に参加する

企業は
公器なり

（1）自己実現

　仕事を通じて達成感を得られることは素晴らしいことです。これは、仕事を通じてだけではなく、サークルでも町内会の行事などでも感じ取れることだと思います。課題や目標を達成させるためには、**目的・目標**[5]の意識を確り持って、どのようにしていくのかを考え、必要な知識を得て、他人とも付き合い、そしてこれらを実行していくことは、人としての知力、コミュニケーション力[6]、そして体力を備え付けていくことになります。

　このように働くこととは、生活するためだけではなく、達成感を得たいが故に人は頑張り、スキルなどの色々な力を身につけていくのです。そして、他の人や社会に貢献したという実感が持てたとき、大きな満足を得ることになります。加えて、上司や同僚などから「頑張ったね」「すごいね」「ええ感じやね」などと**承認**されると、モチベーションも高まり次の行動に繋がっていきます。このように仕事を通じて働くことは、目先のお金のためだけではないのであって、仕事を通じてのお金以外にも、**自己実現**として何を得られるか（無償ボランティアも含む）を知っておくことは、どのような職業に就いていくかを考える上でも大切なことです。

（2）稼得能力

　仕事を通じて、経験を積んでいくことや新しいことを学び、仕事を進

めていく能力[7]が向上し、其々の立場や経験度に応じて、仕事のできる人或いはその道の達人などと呼ばれることで、他者から良い評価を得ることが可能となります。このように現時点での仕事力が一定以上を有することができてくると、お金を稼ぐ能力を向上させることに繋がっていくのです。これは現時点のことだけではなく、将来に向けて生活水準を後退させることなく前進させていく有力な手段であり、その基礎となる能力を**稼得能力**といいます。

　稼得能力が向上すると、理論値としては、それまでと同じ労働時間で働いたとしても単価が倍加することもあります。また、作業効率が高まり、同じ単価であっても労働時間を半分にすることも可能です。稼得能力をより高く持つことはその人の生活をより豊かにしていくことであり、併せて人生の夢の実現機会を維持していくことでもあります。

　人間は誰しも何もしないでお金が入ってくることや、少しでも楽にお金が手に入れば、そんなに嬉しいことはありません。しかし、それがその時に限った一時的なものであればどうでしょうか。将来に不安を持ち、そして将来のある時点では今のお金を得ることができていた能力も陳腐化しているかもしれません。したがって、大切なのは今の給与の額が高い低いだけではなく、仕事を通じての**自己の成長**にも配慮した職業選択を考えていくことです。

　また企業によっては、経営理念や経営方針に「企業は社会の公器である」[8]を採用し、社会への利潤還元と社会奉仕を前面に出しているところもあります。これはCSR（第7講）[9]に繋がる考え方ですが、個人についても、就いた仕事を通じて社会に役立っているという意識と、それらに対する社会からの承認が大変重要なことであり、これらはキャリア形成にも心理的な好影響を与えるものと思っています。

２．働き方の変遷

2−1　伝統的な働き方の変化

　時代の変遷とともに様々なことが変わってくるものですが、働くことの意義は「個人の利益のみならず社会全体の利益の創出にも貢献していく」こととして、大昔から変わっていないと思います。高度経済成長期の頃迄は盛んに、日本の企業では「組織との一体化」的な発想や「職場の和を尊し」とする風潮があり、その傾向は弱まりながらも現在も維持されています。

　この考えのルーツを探ると、江戸時代の経済基盤の農業・農村社会に遡ります。一定の土地に永住する人々が代々農業生産に従事する運命共同体の社会では、生涯献身が求められ、躾や年功による地位の序列が重んじられてきました。その代わりに、構成員の生活全般に温情的な配慮がなされていました。明治期の近代経営の創始者[10]たちは、これらをモデルにした人事労務管理の手法を導入し、日本における長らくの雇用慣習の特徴となる「終身雇用」「年功序列」「企業別組合」の礎を築いてきました。もっとも、これらは平成バブルの直前ぐらいまでは何とか続いていましたが、現代日本では、ほぼ崩壊しているといって間違いないです[11]。

　また、日本では組織文化としての「協調性」や「連帯性」が重んじられているのに対して、欧米では「独自性のアピール」が大切だとされており、文化の違いを感じることがあります。これに関しては私が人事部長や人事総務部長として中途入社者の採用面接の際などで、若くして外資系企業に勤めてきた転職希望者のアピールの強烈性を度々経験してきたことが思い出されます。

2-2 非正規労働者の増加

　働くことによって自己が成長していくのは間違いのないことだと思いますが、現代の日本では、若手世代を中心に、人生は仕事だけではないとの意識の変化も起こってきています。これはある程度の収入を確保しさえすれば収入増を犠牲にしたとしても、職務そのものに達成感や自己実現の喜びを得たいとする傾向で、働くことへの比重の掛け方の意識が多様化しているということです。これに国が進める労働法制の規制緩和や働き方改革の推進政策が追い風となって、雇用形態も多様化が進んできています。これらの意識変化の動向は、コロンブスの卵のような話ではありますが、産業構造のサービス産業化や女性の社会進出、少子高齢化などを背景とするもので、非正規労働者の割合[12]の増大にも大きな影響を与えています。

　雇用形態の多様化は、仕事の選択に柔軟性や機動性が発揮できることで、多様な就業機会を捉えて広範囲の職業能力を高めることができるなどキャリア形成に役立つことも多々あります。一方では、雇用の不安定化などの負の結果も醸し出しているのも事実です。**非正規労働者**[13] とは、契約社員、パート労働者やアルバイト、派遣労働者のことなのですが、企業にとっては、経営効率化の旗印の下で、人件費の削減や景気の調整弁に使えるなどの利便性を生み、一方の非正規労働者にとっては、生計を維持するために、低収入であっても働き続けなければなりません。このような結果として、収入が低いが故に仕事の掛け持ちなどをして身体を壊す人も出てきて、その家庭の子供は貧困にあえぎ、確りした教育を受けられないなどの「貧困の負のスパイラル」に陥り社会問題に発展してしまうのです。したがって、雇用形態の多様化は、社会に大きな影響を与え、功罪併せ持っているということです。また、雇用と自営、公務員と民間企業社員、ボランティアと就業などの間の壁が低くなっているのも昨今の特徴だと思います[14]。

【正規雇用労働者と非正規雇用労働者の推移】

○ 正規雇用労働者は、2015年に8年ぶりにプラスに転じ、8年連続で増加しています。
○ 非正規雇用労働者は、2010年以降増加が続き、2020年以降は減少しましたが、2022年は増加しています。

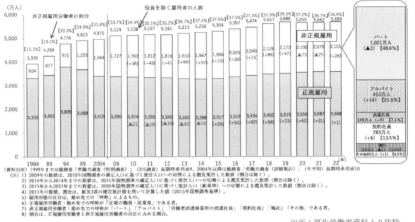

（資料出所）1999年までは総務省「労働力調査（特別調査）」、2011年以降は総務省「労働力調査（詳細集計）」
（注）1) 2009年の数値は、2010年国勢調査の確定人口に基づく推計人口への切替による遡及集計した数値（割合は除く）。
　　　2) 2010年から2014年までの数値は、2015年国勢調査の確定人口に基づく推計人口への切替による遡及集計した数値（割合は除く）。
　　　3) 2015年から2021年までの数値は、2020年国勢調査の確定人口に基づく推計人口（新基準）への切替による遡及集計した数値（割合は除く）。
　　　4) 2011年の数値、割合は、被災3県の補完推計値を用いて計算した値（2015年国勢調査基準）。
　　　5) 雇用形態の区分は、勤め先での「呼称」による。
　　　6) 正規雇用労働者は、勤め先での呼称が「正規の職員・従業員」である者。
　　　7) 非正規雇用労働者は、勤め先での呼称が「パート」「アルバイト」「労働者派遣事業所の派遣社員」「契約社員」「嘱託」「その他」である者。
　　　8) 割合は、正規雇用労働者と非正規雇用労働者の合計に占める割合。

出所：厚生労働省資料より抜粋

2-3　フリーランス

フリーランスとは、自分のスキルや知識を活用して、事業者から業務委託[15]を受けて働く**個人事業主**のことをいいます。近年、働き方が多様化し、デジタル社会の進展とも相まって、個人のニーズ[16]に応じた働き方が柔軟に選択できるようになり、この働き方が拡がっています。フリーランスは、働き方や時間、場所を自由に選択できるというメリットがある一方で、事業者との取引において、不利な立場に置かれることもあります。委託事業者と対等の立場で交渉できないことや、発注が取り消される、報酬が支払期日までに支払われないなどの取引上のトラブルが生じ、不安定な収入から困窮に陥るなどの社会問題ともなっています。

公正取引委員会[17]は、このような状況を改善し、フリーランスの取引の適正化を図るために、独占禁止法[18]や下請法[19]の適用範囲や違法行為を明確にするガイドラインを策定しました。更に、令和5年（2023）5月には、いわゆる**フリーランス新法**が、①フリーランスと委託事業者の

間の取引の適正化と、②フリーランスの就業環境の整備を目的として制定されました。委託事業者に対しては、業務委託の際の取引条件の明示や報酬の支払期限の設定、ハラスメント対策の体制整備などが義務付けられました。

　なお、独占禁止法や下請法が適用されるか否かは、フリーランスと事業者との関係によって異なります。一般的には、フリーランスが業務委託契約（又は請負契約や準委任契約）[20]で委託事業者から依頼されて取引を行う場合には、独占禁止法が適用されます。また、相手の事業者の資本金が1,000万円を超えている場合で特定の仕事（行為類型）に該当する場合には下請法が適用されます。但し、労働者に該当する場合には労働法令が適用されるので、独占禁止法や下請法の問題とはなりません。労働者に該当するかどうかは、労働基準法9条に基づき、委託事業者の指揮命令を受けているか、報酬が労働の対価として支払われているかが判断基準となります。

　フリーランスは、自由な働き方を選択する権利を有していますが、同時に、個別のキャリア次第で収入の幅に大きな差が生じています。

2-4　キャリア教育とキャリア支援

（1）キャリア教育とキャリア支援

　働くことへの意識や働き方自体が多様化している中で、社会ではこれらの支援機能の整備が続けられていますが、この支援は、これから社会へ出て行く学生の皆さんと、現時点では仕事に就いている又は仕事を探している社会人の皆さん向けのものとに分けられます。ここでは、学生の皆さんを対象として話を進めていきますが、社会人の皆さんにも視点の捉え方や考え方の参考になるはずです。

　学生の皆さんへの支援が「キャリア教育」と「キャリア支援」です。前者のキャリア教育は学生の皆さんに対する一括支援であって、後者は

其々の個性にあった個別支援といえます。**キャリア教育**は、学生の皆さんが、学問や教養となる知識を身につけ、専門性を高めていく前提となる知識を大学教育などで学び、それがスムーズに社会人になっても繋がっていくように、皆さんが働く前に、働く意義、社会の仕組み、労働関連法、職業や企業の動向或いは雇用問題の認識などを通じて、時代の変化や景気の変動などにも柔軟に対応できるように智恵を伝え、考えてもらいながら、社会への橋渡しをしていく体制です。

　一方の**キャリア支援**は、大学の**キャリアセンター**[21] が中心となって、就職活動を促進する情報の提供、社会保険労務士やキャリアコンサルタントの資格を持った職員等によるキャリアカウンセリング[22] の実施などを通じて個別支援していく仕組みです。

（2）ドーンと構えよう

　学生の皆さんにとっては、当然のことですが、社会に出て何年も過ごしている方よりは社会経験が少ないはずです[23]。リーダーシップ、ストレスマネジメントやコミュニケーション（人間関係構築）などのスキルが、社会人として必要となる能力レベルには至っていないとするのが一般的だと思います。しかも、社会経験が少ない環境にあって、それでなくても希望に満ちながらも、将来が不安であるのに、最近のネット社会による情報過多や一部の就職支援会社による商売繁盛を狙った数々のツールが、多くの皆さんを一層不安にさせてしまい、逆に「就職すること」自体にとことん不安が付きまとう傾向にしています。「自分がいちばんやりたい仕事とは」「最も適性のある職業とは」などと問いかけられると、真面目な学生さんほど、思考の混乱に陥ってしまい、「この仕事に就かなくては、人生が駄目になる」との視野狭窄になりかねません。

　一方、難しいことを避けての安定志向や、「自由」を意識し過ぎたフリーター思考となり自己に無責任になってしまうことや、或いはフリーターやニートになる恐怖をとことん感じてしまうことも多いようです。

これらについて、日本キャリアデザイン学会監修の書籍の中で、宇都宮先生が、「このように、マスコミや就職支援ビジネスなどが、労働市場や企業についての誤った現状認識を与え、『自己理解』『適職』というあまり、学生が強迫観念にかられ一歩も踏み出せない状態が招来していることも多々ある。働くことの辛さや喜びといった『普通の働く人』のいわば『当たり前』の感覚が若者に伝わりにくくなっている」[24]と述べておられますが、真に的を射た見解であると思います。

　そして、私たちをはじめ、とりわけ若者に対して、宇都宮先生は、「自分の具体的な進路、就職を考えるということは将来どのような生き方をしたいのかを考えることであり、それは、過去生きてきた自分が学校時代にいろいろな経験を重ね、考え、感じたことを踏まえて、自分の大切なもの・価値観は何か、なぜ働くのか、どう生きたいのかについて考えることを出発点として、今度は自分の未来を描き、選択することである」と結論づけた上で、「自分らしい生き方・働き方は一生かかって実現していく道のりで、失敗もあるだろうし、やり直しもきく、でも学校を卒業する時に一度自分で決めなければならない」[25]と述べておられます。

　私は、これは選択肢やどこまで将来を見つめているのかなど、その幅や距離は違っても、卒業時にはどうしても一度は決断する必要があると思っています。先ずは、その時点に向かって、大学生活では細かいことは気にせず、いわば実践的に自らが「気づき　考え　行動していく」ことが大切です。要は「ドーンといこうやないか」ということです。

3．人間力とは

3-1　人間力を高める
　評伝などにより、大企業の創業者として成功した人やカリスマ的に仕

事ができる人が、あの人は人間力が豊かであったなどとして評価されることはよくあることです。人間力とはどのようなものなのでしょうか。国の定める定義[26]によると「社会・対人関係的要素」、「知的能力的要素」、「自己制御的要素」の各要素を兼ね備えていることとなっています。分かりやすくいうと「自分の考えを確り持って、絶えず努力を重ね、社会の構成員としての務めを責任を持って果たせる力」ということです。

　私は、**人間力**とは、義務教育や高校などで学んできた基礎学力と大学などで学ぶ教養や基礎的な専門知識、そしてそこに社会人基礎力[27]が入り込んで、これらを巻き込んで融合させていき、**社会で生き抜いていく力**を身につけるための基盤となる力と考えています。この基盤を確りと受け止めて養分とすることで、社会人としての伸び代を、大きくしていけるチカラとなっていくのです。したがって、人間力が高まれば肥沃な土壌に実りある作物が育っていくように、高品質の養分が補給され、社会での活躍度をどんどん高めていくことができるのです。そして精神面も含めて生活の安定を得ることに繋がると考えています。正に、**人間力の向上は生活の質の安定向上に資する**ということです。もっとも、人間力は、直ぐに身につくものでもなく、忘れるなどして雲散霧消するものでもありません。私たちが、本日今から人間力の獲得を意識して積極的に行動し吸収していけば、年齢を重ねるに従って豊かな力となり、自らの人生を楽しいものとしていくのです。そして、年齢が幾つであっても遅きに失するということはなく、今日から意識を大きく変えて大胆に展開していけば大丈夫です。このようなことから、大学生ならば先ずは大学で確りと学んでいくこと、社会人の皆さんは日々が勉強だと思ってポジティブに過ごしていくことが肝要です。

3-2　学びに無駄はひとつもなし

　このように「人間力を高めてネ」といわれても、私たちの殆どはその

実現について自信があるとは言い切れないのではないかと思います。漠然としていて何をしたらよいのかもなかなか分かりません。そうかといって、何の対応もしなくて数年が経ったとしても、何も変わるものでもなく、不便もありません。では、人間力はどのようにすれば高まっていくのでしょうか。

人間力を高めていくことで最大のポイントとなるのは、**社会・対人関係力**ともいえる「相手のことを思いやる」ことです。人は、生きていくのに一人では生きていけません。友達、お客さんや家族までもそのような気持ちで接していくことを心がけると良いと思います。

そして次は、自分自身を評価すること、即ち自分を見つめ直していくことですが、難しく考える必要はありません。自分の弱みと強みを知った上で、「**強きはより伸ばし　弱きに封印をする**」[28]を心がけていくことです。経営学の分析手法である**SWOT分析**[29]を応用して自己分析してみるのも一考です。

知的能力は、単に学力や知識があるだけではなく、それを継続的に高めていく力も人間力の大切な要素となります。これを高める最大の方法は昔から現在に至るまで「読書」が不動で王位を保っていると強く思います。他にも芸術、資格取得やボランティア活動などもとても有効なものです。

最後の**自己制御**については、どのような取り組みであっても目的と目標を設定し、必ず達成しようとの決死必勝の思いを持ちつつ実行することです。問題（目的）を明確にして、その時々の課題（目標）を先延ばしにすることなく対応し解決していく習慣を身につけておくとよいのです。

このように人間力を高めていくのは色々と大変ですが、長い人生をあせらずにゆっくりと、一歩ずつ後退することなく前進していけば、きっと気がついたときには「人間力」が以前より高まっているはずです。そ

して、その延長として「気の利く人」を意識すれば相当強固なものになっていきます。一つひとつの小さな行動の積み重ねが役に立ちます。正に、「**学びに　無駄は　ひとつもなし**」です。

〈注〉

1　総務省「労働力調査（2023 年 7 月現在）」による。

2　本書では全て労働者と呼んでいる。もっとも労働者と雇用者は法的には違いがあり労働者はより対象が狭い。労働者は労働基準法で「事業又は事務所に使用される者で、賃金を支払われる者」とされていて、事業とは認められない家事使用人（お手伝いさん）などは含まれず、これらは民法が定める雇用者に入る。

3　東京商工リサーチの『令和 3 年度企業の雇用状況等に関する調査研究報告書』及び日本取引所グループの資料等を参考にした推測数値。

4　安藤至大『これだけは知っておきたい働き方の教科書』ちくま新書 2015 年 17〜23頁参照

5　目的と目標の違いについて。目的とは「期待される最終結果」であり、目標とは「到達すべき地点を具体的に示したもの」のこと。目標設定には複数あり、全ての目標が一つずつ、或いは同時に達成されると、目的は達成されることになる。

6　内閣府「人間力戦略研究会報告書」（2003 年 4 月）によると、人間力を「社会を構成し運営するとともに、自立した一人の人間として力強く生きていくための総合力」と定義化し、①知的能力要素　②社会・対人関係力要素　③自己制御的要素の三要素を総合的にバランスよく高めることが、人間力を高めることに繋がるとしている。

7　会社などでは専門用語として「職務遂行能力」と呼ぶことが多い。

8　「企業は、社会が求める仕事を担い、次の時代に相応しい社会そのものをつくっていく役割がある」という意味。松下電器産業㈱（現パナソニック）の創立者松下幸之助（1894〜1989）や、元日清紡績㈱社長で、元日本工業倶楽部理事長でもある宮島清次郎（1879〜1963）らが説いている。

9　CSR（corporate social responsibility）とは企業の社会的責任のこと。後述。

10　①鐘紡（1887 年〜2008 年／事業譲渡等で消滅）の事実上の創業者と目されている武藤山治氏が推し進めた温情主義経営。当時の紡績業は、『女工哀史』（細井和喜蔵著　岩波文庫）に代表されるような現代からみると劣悪な労働環境にあった。そのような中で、高賃金、休日の設定、附属病院の併設、職場教育の普及などの良好な職場環境づくりを進めた。②倉敷紡績（1888 年創業〜現在）の実質上の創業者である大原孫三郎氏は、企業をいち早く公器として認識し、慈善事業、社会事業を次々と実行していった。倉敷市の景観保存地区にある大原美術館、現在は法政大学にある大原社会問題研究所などもこの一事業として設置された。同研究所は現在でも社会問題や労働問題に関して積極的な研究活動を行っている。

11　日本キャリアデザイン学会 監修『キャリアデザイン支援ハンドブック』ナカニシヤ出版 2014 年 71〜72 頁参照

12 「平成 24 年版労働経済白書」（厚生労働省）によると、1990 年代前半は 20% 程で、その後一貫して増大し、現在では 3 分の 1 に達する。

13 パート再雇用労働法などでルール化している。同法対象者（正社員より短時間勤務の者等）に派遣元で常時雇用されていない者を加えて、このように呼んでいる。

14 安倍内閣が進めた「働き方改革」による副業・兼業の推進や、市役所の窓口業務や公共図書館の運営などで外部委託会社が担当することができるようになったことなどが挙げられる。

15 業務委託とは、自社で対応できない業務や委託した方が専門性や効果の面で有利性が期待できる業務を外部に任せる契約のこと。

16 自分の仕事のスタイルで働きたい、働く時間や場所を自由に選択したい、或いは育児や介護を両立させながら働きたいというもの。

17 公正取引委員会とは、独占禁止法や下請法などの法律を運用し、市場の競争を促進するために設置された行政機関。

18 独占禁止法は、事業者間の公正かつ自由な競争を促進し、消費者の利益を図ることを目的とした法律で、「不当な取引制限」と「不公正な取引方法」を禁止している。

19 正式な法律名称は下請代金支払遅延等防止法。下請事業者の利益を保護するために、支払期日や減額の禁止などを定める法律で、親事業者が下請事業者に対して、契約に基づく代金の支払いを遅らせたり、引き下げたりすることを禁止している。

20 請負契約とは、発注者が依頼した仕事を受注者が期限までに完成させることによって報酬を得る契約であり、準委任契約とは、発注者から依頼された業務（法律行為以外の事務行為）を行うことに対して報酬を得る契約のこと。

21 キャリアセンターの他、キャリア支援センターや学生支援センターなど、大学によって様々な名称となっている。

22 2016 年に職業能力開発促進法の定める資格として「キャリアコンサルタント」が創設された。国は、社会環境は大きく変化しており、一人ひとりのキャリアプランの支援が必要だとする方針を策定し、併せて 2025 年迄にキャリアコンサルタント 10 万人達成を計画している。

23 社会人入学などで一概に言えない場合がある。社会人入試の受験資格の年齢・経験年数要件では、最低年齢を 25 歳以上、社会人経験 5 年以上としているケースが多いようである。

24 日本キャリアデザイン学会監修 『キャリアデザイン支援ハンドブック』 ナカニシヤ出版 2014 年 149 頁 末廣啓子著述部分を引用。

25 日本キャリアデザイン学会監修 『キャリアデザイン支援ハンドブック』 ナカニシ

ヤ出版 2014 年 149 頁〜150 頁 末廣啓子著述部分を引用。

26 小泉内閣時に行政文書として登場した。2002 年に内閣府の経済財政諮問会議で竹中平蔵大臣に答申。それが「経済財政運営と構造改革に関する基本方針 2002」として同年 6 月に閣議決定。この時に政府が「人間力」の言葉を最初に使用した。

27 社会人基礎力とは、「前に踏み出す力」「考え抜く力」「チームで働く力」の 3 つの能力（12 の能力要素）から構成されており、職場や地域社会で多様な人々と仕事をしていくために必要な基礎的な力として、経済産業省が 2006 年に提唱した。社会の中で周囲の人達と協力しながら仕事を進めていくために必要な能力として社会で認識されている。私は、これらに「気の利く人」を加えることにしている。

28 格言としては「強きをくじき　弱きを助ける」である。

29 SWOT分析は、自社を取り巻くビジネス環境の分析方法。自社にどれほどの実力があり、立ち向かう外の世界にはどんな障壁が立ちはだかっているのかが見えてきて、合理的な対策を講ずることができる。また、私はSWOT分析がキャリア形成を考えていく際にも有効な手段として機能するのではないかと考えている。

　　・内部資源の「強み」と「弱み」⇒人・モノ・カネ・情報といった経営資源のこと。競業企業と比較し相対的に優位な経営資源が「強み」であり、相対的に劣位するものが「弱み」である。
　　・外部環境の「機会」と「脅威」⇒ステークホルダー（利害関係人）の動向、業界全体の動向や業界に影響を及ぼすマクロ環境など。自社にとって有利なことが外部環境の「機会」（チャンス）で、不利なことが「脅威」である。

第4講 ビジネス人材とビジネススキル

1. できるビジネスパーソン

1-1 積極的キャリア形成の基礎とは

　景気の好不況に関係なく、優秀な社員の要件は当然に同じです。仕事のできる優秀社員とは、基本的には、「**自分の雇用は自分で守れる**」といった自立的人材を目指している、「**自ら気づき　自ら考え　自ら行動**」できる者です。

　企業では、このような優秀な社員を幾人でも手許に欲していきたいと推察しますが、むしろこのような人材を育成していくことが重要な使命ということになります。**優秀な社員の要件**とは、次の（1）から（5）の要件を備えていることです。企業の人事部や管理者はこのポイントに着目して、教育指導を心掛ければ、企業に貢献して実績を積み上げることができ、或いは企業に貢献できる素地のある期待値の高い社員の育成が期待できます。これらの人材の育成・確保こそが、組織における普遍的な戦力アップとなり企業業績の継続的な向上に繋がっていくからです。

　したがって、私たちが、いわゆる「**できるビジネスパーソン**」を目指していくことは、キャリア形成においても、自己意思のコントロール下で、日々常々これらの要件を意識して研鑽を積むことが、的中的な自己実現に結び付くものと考えています。これらの要件を少しでも身につけていくことこそが、自らの力で道を切り拓いていける、**積極的キャリア形成**の実現に向けた基礎を築いていくことになります。

（1）自立的人材を目指している

　自分の雇用は自分で守れる自立的人材になりたいと、常日頃から「自

ら気づき　自ら考え　自ら行動」できることを心掛けて、日々実践している人材が求められています。

　　①自らが考えて、考えて、考え抜いて、行動に移し、迅速に仕事を
　　　進めている。

（2）主体的にスピードを以て行っている

　自力で、目標を設定し、達成するための創意工夫ができる人材が求められています。そして、現在の社会環境や経営環境を生き抜くのは、何もビジネスの質だけではなく、スピードも不可欠です。

　　①行動は迅速に行う必要がある。

　　　◇成果を以て働いており、時間で働いている者などは論外である。

　　②言われたことはやるが、それ以上の行動を起こさないようでは話
　　　にならないと認識していること。

　　　◇指示を待つ姿勢では組織から受け入れられない。

（3）期待値以上の成果を出している

　上司から期待されている役割・業績以上の成果を出せる人材が求められています。

　　①期待値以上の成果を出すには、それを実行できる知識・スキルが
　　　必要であり、併せて、周囲から何を期待されているのかを理解し
　　　ている（理解できている）こと。

　　②期待されているスキルと知識、そしてこれらを身につける習慣が
　　　あること。

　　　◇組織の内外から積極的に求められている。

　　　◇いわゆる多能工化を目指していく。

（4）自己の成長を実感している

　主体的に学び、経験を通じて、成長を遂げられる人材が求められています。

　　①日々の仕事から得た経験を、次の仕事に活かしていけること。

②経験したことを振り返り、深く考えて気づき、学ぶことで、自己を成長させていると認識できていること。

　　◇自力でPDCAを回す習慣を身につける。⇒「**学びに　無駄はひとつもなし**」

（5）納期限を守れる

　納期限遵守は当然のことですが、期限数日前に自主的に提出期限を設けて、上司のチェックを受ける行動様式が身についていることです。

①期限厳守できない者、やっつけ仕事などで期限内提出する者は、完全なる排除対象者（問題社員）となってしまう。

　　◇ビジネスの最も基本的なこと。

2. 営業力について考える

　積極的キャリア形成に絶対的効果のあるスキルが「営業力」です。本節では、この営業力について、自己ブランドの確立による人脈形成とともに、私の見解を述べていきたいと思います。

2-1　営業力を誤解していませんか

（1）営業とは外交官なり

　営業力は、積極的キャリア形成を図っていくために欠かせません。営業とは、一般的には販売やセールスのイメージが思い浮かぶと思いますが、私はそうとは思っておらず、営業は、**外交官と同じ機能と役割**を有していると考えています。

　外交官は、国の主権が尊重される体制を保って価値観を共有できる相手国において、人とヒトとの親密な関係を構築し情報収集を図りつつ、その国との利益配分を交渉し、国益を保持して発展させていくのが役割

です。元外交官の東郷和彦先生[1]は、外交交渉の要諦は、「『**自己49対相手51**』（**49：51のルール**）の割合で相手国の利益を少し増やしつつ、自国の要求を通していく。結果的には、総体的な成果物が大きくなれば、いわば『パイ』が自然と大きくなれば、絶対的利益は大きく増えることとなり、当初の目的を達成でき、場合によってはお釣りまで貰える可能性もある」旨の話をされています[2]。外交官の能力は、**戦略、戦術、政略**に長けたものでなければなりません。これらの考え方の一端は、自らの利益のみを追求することを良しとはせずに、社会の幸せを願う「三方よし」の精神を大切にしてきた**近江商人**[3]の商売にも通ずる、正に営業そのものだと思います。ひと言でいえば、**Give and take（ギブ・アンド・テイク）の実行と約束の実現**ということです。

（2）営業力とは

①営業力と外交官

　これらの考え方を通じて、**営業力**とは何かを考えてみます。営業力の本質は、いわば「**三観**」[4]を例えて用いた、「価値観・利益観・力による制圧観」であると思います。これらは外交官が有している国益の拡大に必要な観点と一致します。営業的には、価値観は、社会情勢の動向と考え方（目指す方向）の動向の観点が共有できる、いわばベクトルを同じにできることであり、利益観は共通する目標達成の意欲であるでしょうし、力による制圧観は相互尊重の下で、双方のパワーバランスを冷静に見極めて攻守を巧みに使っていく、いわば「強きに優しく、弱きに強く」というニュアンスです[5]。

②三つの策が練れる

　この実行力を以て実践していく際の目的・目標について考えてみます。**基本方針はひとつ**なのですが、その方針に関しては**常に三つの策を練る（アイデア三策）**ことが必要です。概ね経験則的に「三つのことを推し進めれば、失敗は絶対にない」というのがキーワー

ドで、必ずひとつの事を成就させれば総体的には失敗したとは見えずに、成功ということになり実績も得られます。

したがって、**三つの策を練る**ことができる構想力が必要です。方針の下での関係者に対する調整力も大切です。そして効率的なプロセスを踏んでいく段取力は力を発揮できる総合的な運用を可能とするスキルです。これらこそが、営業力の有るビジネスパーソン、いわゆる仕事のできる者ということになります。なお、実践としては、私が名付けている**4分の1の改善法則**を以て対応していくと常に斬新です。どのような経年的事案（ルーチン業務を含む）についても4等分し、翌年には、4分の1については新規発想のものを使い、更に4分の1は一部改良で対応し、残りの半分はそのままにしておき、翌々年も同様のパターンで繰り返していく仕事の進め方です。

③営業力のある人材

営業は外交官です。営業力の有る人材とは、**Give and take** を実現していける、「価値観・利益・力」についての共有した展開ができる人材です。この**真に営業力のある人材**とは、三観が共有できるスキルの実践であり、**探索営業**（ツテ・盟友・提携）**＋巻き込み力**（コミュニケーション力）、そして支持者を獲得していく**リーダーシップ力**、課題を見つけて対応していく**問題解決力**、そして**マネジメント力**（PDCAを回していける）を有する者です。これを私は**ビジネス力四選**を有している者と言っています。これらを有する者には、実行力が備わっています。したがって、やみくもに学習するのではなく、この4つのビジネススキルに焦点を当てて書籍などで学び、職場などでの仕事を通じて経験を深めていけば、知恵がつき、視野を広げて、営業力のある自己コントロールの効く積極的キャリア形成を図っていける人材となることができます。

◆このようなことから、外交官の戦略、戦術、政略を運用できる能力は、営業パー

ソンの、構想力、段取力、そして調整力に相応するもので、正に仕事のできるビジネスパーソンが有する能力であることから、外交官と説明してきた所以です。次図を参考にして下さい。

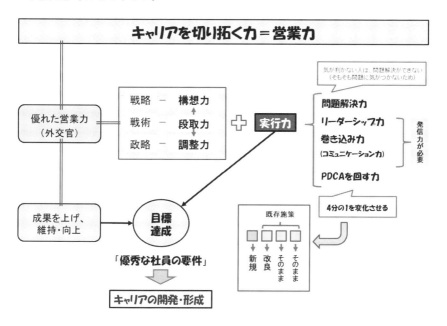

2-2　自己ブランドの確立

　優秀人脈を作っていくことができる要件とは、年齢層を飛び越えて「①信頼できる　②行動や価値観に良い影響を与える　③ギブ・アンド・テイクが成立している」ことについて、其々に係る人間関係が総合的に構築できている状態と定義してみました。①は、自分の力になってくれると相互に信じ合える関係のこと。②は、得意な分野での情報提供や活動支援、そして原則的な価値観が共有できる関係にあること。③については、ついつい甘えてよく忘れてしまいがちですが、相手から様々な情報や支援を受けるだけではなく、自分も相手が求める、或いは求められることが予想できることについて、何らかの貢献ができているということです。これらが保たれていなければ人脈を築くことはできません。

また、加えて**自己ブランド**の確立についても大切です。自己を磨き、輝かせておくのです。良い人脈を作っていくには、信頼される（頼りにされる）、誇りに思われる、そして相手に何を提供できるかといった、自分づくりが大切です。自己の「価値ある能力」と「人生の業績」による**自己ブランドの構築**がポイントで、これらは周りの者への強力な周知力となり、支援者も増えていきます。なお、輝きを保つためにも、**自己の能力開発などへの投資**については惜しまないことです。

◆肩書きは、今までのキャリアの勲章である。その時
　点における……。
◆お金が支払われることは、その人が社会で認められ、
　その価値に相当している。

〈注〉

1 　東郷和彦（1945〜）。外交官、外務省条約局局長、欧亜局局長などを経て、京都産業大学法学部教授、同大学世界問題研究所所長を歴任。

2 　京都産業大学文化学部教授の小林一彦先生が、令和 5 年 10 月 28 日開催の京都産業大学同窓会愛知県支部主催の講演会で、この話を披露している。

3 　近江商人とは、近江国（滋賀県）からの行商商人の総称。「近江の千両天秤」ともいわれ、天秤棒 1 本で財を築いて全国各地に進出。近江商人の経営哲学の「三方よし」は、「売り手によし、買い手によし、世間によし」という意味で、「商売において売り手と買い手が満足するのは当然のこと、社会に貢献できてこそ良い商売」との考え方。

4 　本来は仏教用語で、天台宗で説く空観・仮観・中観が有名。観点とは、「物事を観察、考察するとともに、判断の根拠となる一定の立場、見地のこと」を意味する。

5 　比喩すれば強き流れには身を任せ、弱き流れには手を加えて急流にしていくようなこと。

1. パラレルキャリア

1-1　パラレルキャリアについて

　パラレルキャリアとは、経営学者のドラッカー[1]がその著書『明日を支配するもの』[2]の中で提唱した考え方です。企業組織との行動とは別に「第二の活動」を始めることは、其処にその必要性や需要の源泉があるからだとして、単体組織に属して**本業だけに依存**するのではなく、活動の幅を広げて**複数の軸足を持つ生き方**を推奨し主張しています。

　パラレルキャリアとは、ひと言で表せば、「本業を持ちながら、第二の活動をすること」、即ち第二のキャリアを構築することに繋がります。編者の中川直毅先生は、その著書『要説キャリアとワークルール』において、このことを、**人生複線路線**と呼んでおられます[3]。この活動は、「複数の仕事を持つこと」「本業以外に、スキルを並行して磨くこと」であり、複数の報酬目的の活動としての収入源を持つ働き方でもあります。ここには営利活動だけではなく、ボランティアなどの非営利活動、社会貢献活動や文化・芸術活動なども含まれています。

　終身雇用や年功序列など、日本の伝統的な雇用慣行システムが実質的に機能しなくなる中で、**中高年齢者**（詳細は第6講。以下、「ミドル・エルダー」という場合もあり。）を中心に、「どのように働いて生きていくべきか」と考え向き合う機会が増えています。ここにパラレルキャリアが注目されるようになってきた理由があります。昨今の働き方改革の流れもあり、この「言葉」は憧れも含めて急速に普及しています。

1-2 副業について

(1) 兼業と副業の違い[4]

　兼業とは、二つの仕事を掛け持ちすることであり、副業とは、本業の他に別の仕事をいわばおまけ的に行うことを意味しています。何れも法律用語ではないので区別自体についての曖昧さも否めません。

　兼業は、ある一つの仕事を持ちながら、他にも同じ程度の比率で時間や労力を割いて取り組む別の仕事を掛け持ちすることです。当然収入的にも、本業の収入と拮抗するような場合もあり、生活経済的にも無視できない仕事の比重となります。また、公的な仕事やボランティア的にNPO法人などの仕事をするのは、業としている訳ではないので、こちらは**兼職**と呼ばれています。

　副業とは、本業を持ちながらそれとは別の仕事や関連する仕事をして、本業とは別の収入方法を持つところがポイントとなります。副業に割いている時間や労力は本業に比べて少ないため、収入的にも本業のそれとは格段に落ちるのが一般的です。昨今では、ビジネスライフの一環として行っているケースが増えていますが、そもそもは兼業農家が農閑期に従事する仕事のイメージが合っています。

(2) 副業を認める企業

　副業は、当時の安倍内閣により推進された働き方改革によって、その普及が推奨されるようになり、俄然注目されることになりました。

　厚生労働省の調査[5]によると、副業を認めている企業は**55％**。そのうち全面的に認めている企業は23.7％、条件付で認めている企業は31.3％となっており、浸透度は上昇傾向[6]にはありますが、思ったほどに伸びず足踏み状態でした。この原因は、本業の就業時間が要因だと考えています。一般のいわゆる正社員は就業時間外に副業の時間確保が難しく、しかも「賃金は安定しており無理する必要もない」ことから、無理に就業後や休日に副業しても、体調不良や睡眠不足などで本業に影響

があるからだったと思います。しかしながら、令和2年（2020）の新型コロナ禍で、閉塞化した旅行業や百貨店業などで収入が激減したことを切っ掛けとして一挙にその認識は高まり、併せて制度的な普及も進みました。もっとも、副業をしている人は、本業がフリーランスや自営業で、ビジネスパーソンは少ないのが現状[7]です。

（3）労務管理上の留意事項

　私たちが、兼業・副業をする際には、とりわけ副業の際には、労働契約による労務提供義務以外にも、秘密保持義務・競業避止義務・職務専念義務[8]といった附随義務が生じます。兼業・副業によってこれらの義務が疎かになってしまうリスクに留意が必要です。なお、これらの義務履行には、使用者が、予め就業規則において、当該義務の履行を明示しておき、兼業・副業を行う労働者は、秘密保持契約書の締結や誓約書を提出することになります[9]。

1-3　パラレルキャリアと副業の相違

（1）パラレルキャリアと副業の違い

　パラレルキャリアと副業の違いは、どちらも複数の仕事を並立的に行いますが、副業は収入の増加を目的としているのに対し、パラレルキャリアについては報酬を得ることだけを目的としている訳ではない点です。パラレルキャリアは、もちろん報酬を得るものではありますが、その増加だけを目的としている訳ではないのです。最大の特徴としては、第一義的に、**自己コントロール**の下で、自己のスキルアップや視野の拡大、夢の実現、そして社会貢献活動への取り組みなどについて、**将来の自己投資**として時間を有効に使って、仕事を進める体制の構築について考えていることです。

（2）パラレルキャリアを考える

　パラレルキャリアは、専門力を以て相応の収入を確保しながら多方面

に進出していく本業改善型タイプもあれば、趣味から広げていく趣味型タイプ、起業の準備段階として始める将来布石型タイプ（学び型タイプ）などもあります。実際には、本業を持ちながら、NPO法人などでボランティア活動をしているような社会改善型のパターンが多いようなので、パラレルキャリアといえば社会貢献活動と誤解される節もあります。

　もっとも、社会貢献活動などでは、最初は無報酬であっても、その活動が評価され価値あるものとして、相当の報酬が得られるようになることもあります。この点について、編者の中川直毅先生は、パラレルキャリアを進めていくには、なんらかの際立った**専門知識と経験、そして勇気と度胸が身についていて、そして決断力**も重要なマインドであると説かれています。

　このように様々なタイプ[10]がありますが、実際には、その多くは趣味型タイプで、自己勘違い型タイプまでもいるぐらいです。したがって、現時点では一部の真の実践者を除いて「副業系すきまワーカー」と言えそうです[11]。

◆固有法を根拠としない国家資格や初級的資格、或いは市場価値が殆ど認められない民間資格などを保有して、それをお飾り的に掲げて、パラレルキャリアと称している方も多く見受けられます。これらも自己投資の点では評価に値するかもしれません。

2. パラレルキャリアの留意すべきこと

2-1　パラレルキャリアの光と影

　労働者にとってのパラレルキャリアのメリットとデメリットについて、次表にまとめました。

メリット	デメリット
①スキルが磨かれる、タイムマネジメントが身につく 　→複数のスキルを得る	①本業に支障の無いように自己管理が必要 　→長時間労働、心身不調のリスク
②本業だけでは得られない知識や経験、人脈を得る 　→多様な社会が見える、専門知識の多角化 　→本業以外での人脈形成	②法的リスクに留意 　→就業規則に定める副業許可の有無を確認、情報の漏洩に留意。使用者の理解。
③人生の幸福度を高められる 　→本業で収入を確保しながら、地域活動や社会貢献活動、文化・芸術活動等ができる	③確定申告の忘れ 　→年間20万円超えの報酬には確定申告が必要。無申告加算税や延滞税。

◇企業にとっては、労働者が社外で得た知識や経験を社内で活用する可能性や、必要に応じて社外の人材を活用できる可能性もある。また、労働者が企業に留まりながら、社外でも自己実現の場を得ることができるようになるため、結果として、優秀な人材の流出を防ぐ効果も期待できる。

〈注〉

1　ピーター・ドラッカー（1909〜2005）。オーストリア人の経営学者。現代経営学（或いはマネジメント学）の発明者。その著名な理論を以て現代社会における経営学に大きな影響を与えている。

2　『明日を支配するもの』（日本では、ダイヤモンド社刊）は、1999年に世界で同時発売された。世界で従来の常識に基づく経営論をあえて視野から外し、「21世紀型のマネジメント」を大胆に描き出している。マネジメントは企業や、法、国境、組織などの制限のもとに成立するといった常識が先ず間違いだと指摘した上で、破局的な少子化など人口構成の世界的な変化が、企業の経営戦略の前提そのものを変えてしまうと強調する。これらを論じた後に「明日を支配するもの」は、即ち変革の担い手であり「チェンジ・リーダー」であると定義している。

3　中川直毅編『要説キャリアとワークルール（第3版)』三恵社 2021年 88頁参照

4　中川直毅編『要説キャリアとワークルール（第3版)』三恵社 2021年 84頁〜85頁引用

5　令和3年の「副業・兼業の促進に関するガイドラインの改定案について（概要)」の調査による。

6　平成30年調査で副業を認めていた企業は51.2%（全面、条件付含め）だったので、副業を認める企業は増加傾向にはある。

7　副業による平均年収は約190万円、月収約15万8000円。副業の時間は週平均7.4時間で、平日5日の活動で考えると1日平均1.5時間弱。毎日副業で活動する人もいれば週末限定の人もいるので一概には言えないが、週に7.4時間副業するだけで年収が約190万円増の可能性がある。新型コロナ禍を境に副業を始めた社会人4割増、今後始めたいと思っている人は9割となっている。出所:Job総研「2022年 副業・兼業に関する実態調査」https://prtimes.jp/main/html/rd/p/000000113.000013597.html

8　①秘密保持義務→自社の技術や機密情報、顧客情報などを外部に流出しないこと。②競業避止義務→自社に不利益となる競業行為（競合企業への就職、自営で同業ブランドの起業等）を禁止すること。③職務専念義務→就業時間中の私的行為（メール・ネット閲覧等）を禁じ、仕事に専念すること。

9　労働者の立場や責任の軽重への配慮が必要であり、職業選択の自由への侵害や、過度な責任を課している場合には無効の可能性もある。

10　中井弘晃『パラレルキャリア』日本生産性本部 2022年 21〜23頁参照

11　ランサーズ「フリーランス実態調査 2020年度版」参照

第6講 中高年齢者（ミドル・エルダー）のキャリア

1．ビジネス世代の後半で起こり得ること

　中高年齢者の定義について。高年齢者雇用安定法によると、中高年齢者を45歳以上の者、高年齢者を55歳以上の者と定めていますが、本書ではこれらの呼び方については、中高年齢者を「ミドル」、高年齢者を「エルダー」と呼ぶことにします。

　本講では、主として**ミドル・エルダー**の皆さん（以下、「ミドル・エルダー社員」ということがある。）を対象に話を進めていくことにします。

1-1　拡大するビジネスパーソンの格差

（1）ある経済専門誌[1]に「45歳役職定年で30%年収減、再雇用で更に30%年収減」との見出しが掲載されていましたが、この数字は兎も角としても、早期退職制度の恒常化も含めて、ミドル・エルダーのキャリア形成は、攻めと守りが混在する難しい舵取りを強いられているのが現状です。それを裏付けるかのように、資産運用やセカンドキャリアと銘打った講習会が巷間を賑わせています。

　キャリア的な格差が生じることは、稼得能力に難が出ることであり、それが中高年齢以降に経済的格差へと繋がっていくのです。このような事情を、住田先生[2]は精神面にスポットを当てて、「さまざまな組織で働く人を見ていると、中年期になって今まで以上に力がみなぎり、より創造的になる人と、停滞してしまう人に分かれると考える」「停滞してしまう人には幾つかの傾向が見られる」と分析しておられます。

　今まで以上に力がみなぎる人とは、自分はどのような専門領域で力を

発揮できるのかを意識し、更なる能力開発とその専門性を積極的に活かすことに取り組んでいる人です。体力的な衰えをものともせず、それを補って余りある専門知識や経験を活かしていくことができる人です。私は、このような人は若い世代とも協働できる方が多いと思います。

　停滞してしまう人とは、①自分が目指す方向性を定めることができない人、②新しい創造的な仕事への取り組みに対して「絶対自分が中心となって動かなければ」とか「力ずくで取り組まなければ成し遂げられない」と思っている人のことです。

　停滞してしまう人の①は、今まで仕事を通じて知識や能力などが高まり成長感や達成感を得ていたが、今まで以上の特定領域の専門性が求められるようになって、どのように専門力をつければよいのかが整理できずに、目の前に起こることの対処に没頭してしまうことで、成長スピードが停滞してしまう人です。②は、体力の衰退や新たな発想が枯渇して、創造に対する意欲が停滞してしまう人です。

(2) ここでは、ミドル・エルダー社員[3] を対象として格差を考え、企業における職業生活の格差実態に迫ってみたいと思います。この年齢層は、子供の学費や老親の介護など何かと大変な時期です。また、企業勤務や主婦など様々なキャリアにおける長いキャリア形成の総決算の始期でもあり、この年齢ラインを超えた処遇の差は著しく大きいものだと思います。このようにライフキャリア視点で、各人の総合的な結果としての格差を考えてみます。

　この年齢ラインを境に幸運と悲運に分かれていくように思います。企業などの組織勤めの方を見てみると、幸運となる人達は別として、管理職となっても**役職定年**や子会社への転籍、そしてこれらには給与ダウンを伴います。**退職勧奨**が行われて長年勤めた企業を去ることもあります。そもそもビジネスパーソンの第一義的な出世目標である管理職たる課長にさえなることのできない人も、大企業では三分の一ぐらいに達するの

です。

1-2　それでも…何もしませんか

(1) 企業にとっては、だぶつくミドル・エルダー社員への人件費の負担、労働生産性のミスマッチングに頭を抱えているところに、平成24年（2012）の労働契約法の改正で無期転換権の制度[4]が創設され、それが現在まで重くのしかかってきています。

　このような環境下でも、ミドル・エルダー社員は、次のことを漠然とした程度にしか思っておらず、自らのキャリアを真剣に考えていない方が多数おられることは残念なことであり、この方たちに対してこそ危険なシグナルが点っています。

◇　「このまま何の疑問も持たずに会社の敷いたレールの上を歩んでいいのか」「年長者にも容赦のない年下の上司と果たして上手くやっていけるのか」

◇　「親の介護をしながら、今のキャリアを継続できるのか」「役職定年で年収はいくらになり、定年再雇用では年収はどこまで下がるのか」

　企業としては、労働生産性が下がり、人件費総額がアップするだけの状況を打開するため、次のような施策を考えていくことになります。

①ミドル・エルダー社員の給与を下げる。

②ミドル・エルダー社員を社外に放逐する。

③給与に見合うノルマを求める。（役職定年も……）

(2) 少し以前の話になりますが、シャープ買収では、ホンハイ側は「シャープの分解は考えていないし、ブランドも維持する」とした上で、「40歳以下の若い社員の雇用は守っていく」と言明していました。しかし結局は、元シャープの社員の多くは会社を去っていきました。

　私が過去に勤めていたことのある企業でも、人を財産として大切にす

ることで有名でしたが、いとも簡単に紙製品部門を、丸ごと、ライバル会社にあっさり売ってしまいました。また、製薬会社の人事総務部長をしていたこともありますが、こちらの会社は、プライベートファンド会社に支配されることになった上に、別の製薬会社から特定部門を数百億円で買収したと思いきや、今度は、従業員の気持ちなどはお構いなく「会社を切り刻んで、切り身で販売しやすくして」売っています。

　これらはほんの一例ですが、これだけの話を聞かれても、「…何もしませんか」ということです。

　このような状況下で、労働組合は、資本の原理による溝や**労働契約承継法**[5]の壁の前に十分な力を発揮しているとは言い難く、このようなことは労働組合の力量の一線を越えた限界なのかもしれません。結局のところ、会社法は労働法に勝るということで、法令による保護はあまり期待できません。

2．組織人のリスク源

2−1　定年再雇用を頼る人に警鐘

　定年再雇用とは、実は同じ企業に勤めながらも「5年上限の1年以内契約の社員」[6]のことだと確り認識しておいて下さい。労働条件も正社員と同じではありませんし、働きぶりや病気などの事情次第では、翌年からの契約更新がされないこともあります。たとえ65歳迄働けてもそこでオシマイ。それ以降やその途中で働きたい場合には、今度こそ自ら職探しをすることになるのです。転職もしたことのない人が、果たしてその年齢になって、職探しなどができるのでしょうか、たいへん不安です。

　近年の人手不足感のある業界や中小企業は別となりますが、多くの人材を有する大企業の本音は、定年を過ぎたエルダー社員や、50歳代前

半（45歳以降のミドル社員）の出世を諦めた（諦めた感のある）者、即ち企業からみて万事につき努力不足の感を拭い切れない者（一律にはそうとは言えないと思いますが）を養っていけるだけの力、とりわけ気力が無いのです。そもそもは、若い人たちの所得が増え難いといった賃金バランスの悪さにも起因しています。

　このような人たちには、早い場合には50歳代半ばで、既にビジネスパーソンとして長年培った経験やスキルを活かしきれないと判断されて、私が勝手に「**エルダー四職**（ししき）」と呼んでいる「交通整理」「清掃」「共同住宅管理」「駐輪場管理」[7]の仕事に身を置くことになりそうです。

　このように皆さんは個別の事情に照らして、ビジネスパーソンとしての選択肢を考えていかなければなりません。

2−2　ゴールは移動していく

　ひと昔前は、定年退職は人生の一大イベントでしたが、今では60歳の定年退職の時でも、キャリアの節目としての役割が希薄になっています。勤務場所も仕事も変わらず、人事部が進める一連の事務手続に従い、定年退職の翌日からそのまま何も変わらず勤務を続けているパターンが大多数だと思います。単なる通過点化した60歳ラインは、今までのキャリアチェック機能（キャリアを振り返る）を喪失させてしまっていることから、今のミドル・エルダーの皆さんは意識していない限りこのチェック機能に接することは残念ながらできません。

　また、企業や労働組合が行う、「将来のキャリアを考える」的な、60歳前のキャリア研修についても、会社人生の下り坂を知ることになる「黄昏研修」と悪口を言われ気味なので、皆さんもなかなか足が向き難くなるのも理解できるところです。

2-3　課長になれなくても

（1）大卒採用で企業に入れば、課長ぐらいにはなれるだろうと思うのは、今やとんでもない話です。高度経済成長時代のようにポストは増えず、バブル入社世代（概ね1988年度から1992年度頃の入社組のこと）は、マスコミが玉石混交と呼んでいるように、いわゆる大量採用組であってライバルも多く、確かに、課長にすらなれないビジネスパーソンの比率は高くなっており、その傾向は直近でも同じです。「課長になれなくて……」と諦め感が満タンで、マラソンや山登り、誰でも合格できるような世間の評価もゼロに近く、役に立ちそうもない資格の取得など、現実から離れたい一心で趣味に走る者も多いようです。

　しかし現実は厳しいのです。団塊の世代[8]に代表される年功賃金に基づき、最近までは、「課長になれなくても、勤続年数が長ければ、定期昇給分が確実に積算される」仕組みの「ゆるゆる制度」に支えられて、残業代を入れると若手課長より年収が高くなることも多々ありました。しかしそれは今や昔のことです。そして、積み上がった基本給に勤続係

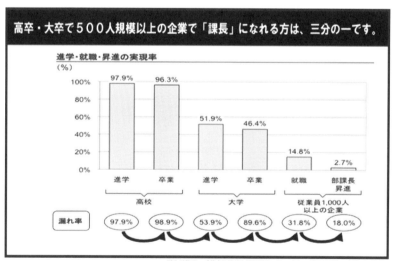

厚生労働省　「賃金構造基本統計調査」（2013年）の掲載資料を一部修正し掲載

数を乗じただけの退職金制度も然りです。人事制度改革により、責任ある役職に就かないと賃金・賞与の額も伸びず、退職金についても役付者でなければポイントも少なく額が抑えられて、しかも頭打ちの退職金しかもらえない制度にどんどん切り替わっているのです。

(2) 家庭を持つ者にとって、45歳から50歳代前半は生涯でいちばんお金の掛かる年齢かもしれません。この期間は、子供の教育費がピークとなる「金魔の世代」で、ポリエステル100%スーツの世代でもあります。とりわけバブル入社世代は、多過ぎる同期入社者や、後を追う早期選抜の優秀な後輩、女性活躍推進を追い風とする優秀な女性管理職候補、そしてグローバル化に伴う外国人中途採用者などの優秀人材に包囲され、熾烈な出世競争が展開されています。

　とても企業の中で世捨てビト的に「気軽なお仕事」などとウソ吹くようなことはできないはずなのです。仮にこれらを瞬間的には満喫したとしても、その先に待ち構えるのは、リストラ放出の出口のドアが景気動向に関係なくあるのかもしれません。新型コロナ禍を経験した、現在の企業にとっては尚更に余裕などそうそうにあるものではないのです。

2-4　法律やカウンセリングは頼りにならないのか

　高年齢者雇用安定法は65歳迄の雇用継続を法定しています。60歳からの年金支給がおぼつかなくなり、国は、企業の雇用延長という美名による隠れた措置により問題を置き換えた感があります。

　この法律の、詳細は第14講に譲りますが、定年延長や再雇用など、幾つかの雇用形態から企業が選択できることになっており、殆どの企業では再雇用制度を採用しています。仮に再雇用となって、65歳迄契約更新を果たし、年金支給が開始されたとしても、年金のみに頼った生活では、金銭だけでなく心の充実についても置き去りになる状況が予想できます。

職業相談などで、何となく頼りにしたくなる**キャリアコンサルタント**。この資格者の主たるスキルであり職務でもある、キャリアカウンセリングは、相談者の話を**傾聴し共感して**、気づきを促してくれることですが、これに限れば申し分のないことです。しかしながら、キャリア形成については「単に話を聴いてもらい……その場で気持ちが落ち着いた」程度の効果しか得られない可能性もあります。逆に、キャリアコンサルタントとして、公共職業安定所（ハローワーク）に配属されている 50 歳代の人たちなどは、失業救済で何とか非常勤公務員[9]として採用された人も多く、中には実は他人の就職相談より、自分の契約更新の方が心配な方もおられるのかもしれません。結局のところ、キャリアカウンセリングを何度受けても、その人が有するスキルや能力、そしてその方が歩んできたキャリアの保有事実を基準として、その人の評価は、雇用市場の評価に見合ったレベル以上になることはなく、むしろ時間だけ無駄に経過してしまい、自己満足の域を出ないことの方が多いと思っています。このようなことから、ある時期における、ミドル・エルダー社員のモデル的な選択肢は、「今の会社に勤め続ける」「転職する」そして「独立起業する」の段階を踏んでいくと予想しています。

3．今の企業に勤め続ける

3-1　再雇用のリスク

　60 歳で（形式的な）定年を迎え、退職金をもらい、給与はピーク時の 5 割程になったとしても、長年親しんできた企業で再雇用されるのは、短期的にはリスクの少ない選択肢と思われます。この場合に殆どの方が、継続勤務を積極的な意思により選択して歩むのではなく、「周囲の者もみんな再雇用」「先ずは取り敢えずそのままで」という様子見主義が、

私は本当のところだと思っています。

　今や、定年の60歳は危険な香りのする節目化しているのです。繰り返しになりますが、自らのキャリアを振り返る機会もなく、60歳以降（＝55歳以降）の仕事へとなし崩し的に突入してしまうのです。殆どの方が、定年退職後に同じ企業で再雇用されるということが、どういうことなのかが分かっていないようです。結局は65歳迄の「5年上限の1年契約」社員に過ぎないのに……です。

　これらに鑑みると、賢明な方には、少々年収が下がっても、今までとほぼ同じ条件で65歳迄働けることが、如何に不確実性の高いことであるかということに気づいてほしいのです。休職や住宅融資などの福利厚生についても今と同じではないのです。再雇用は、販売契約書などでよく出てくる、民法の更新と延長[10]の違いと同じようなものです。

3-2　現状が今後も続くとは限らない

　定年による60歳以降の再雇用における仕事内容は、各企業の長期的人事政策が固まっていないこともあり、多くは定年前と同一職務・同一部署での勤務をさせることが多く、その比率は平成25年には58%であり、現在でも44%の企業[11]がそのようにしており、未だに有効な対応をしているとは言い難いのです。

　しかしながら、今後60歳以降の社員の増加が確実であることや、グローバル化による経営環境の即応性やAI化の普及などからみても、やりがいのある職務への転換は益々難しくなっていくと思います。ルーチン業務や非中核業務では、派遣社員や契約社員に担わせることも多くなります。現在は、製造オペレーション業務、運送倉庫業務や外食などのサービス産業では人手不足に陥っており、定年再雇用者が、専門性や経験のないこれらの業務に振り分けられる可能性は十分に考えられます。

4．ミドル・エルダーの転職

4-1　転職の四捨五入の法則

　ミドル・エルダー社員が雇用上のリスクを回避していくためには、雇用における市場価値を高めておく必要性があり、積極的キャリア主義の見地から考慮すると、転職によるパワーアップも選択肢のひとつだと考えられます。

　しかしながら、ミドル・エルダー社員の転職については、一般的には「54歳迄は、収入ダウンも覚悟すれば、何とかなるが、55歳を超えると職を得ることすら難しい」とされています。これは公共職業安定所（ハローワーク）でも55歳以上の再就職の特別相談コーナーが設置されていることや、厚生労働省が助成金などによる雇用促進施策を講じていることからも社会情勢的に認識できることです。55歳を超えると60歳定年退職者と同じ扱いにされてしまい、一部の優秀なキャリアを持つ方以外はたいへん苦しい求職活動となっています。

　このような環境下で、役員経験者、海外勤務経験者や高度専門識者の方以外であって、これといったスキルもないような方が、全くの準備なしで転職しようとするものなら、給与半減どころか職すら見つからない最悪の事態に陥ることになります。

4-2　四つの生きる力〜家族を養う力〜

　求人票には年齢不問となっているものの、これは労働施策総合促進法（旧雇用対策法）による措置により、企業も消極的に「年齢不問」としているだけであって、実際は少しでも若い者を求めているのは間違いのないところだと思います。私は、この壁を打ち破るには「専門適な力」（専門力）、「概念化の力」（考える力）、「組織風の力」（交際力）、「達筆流の力」（文章力）が役に立ちそうだと考えています。これらの**適化風**

流の力（てっかふうりゅうのチカラ）を持てるよう常々意識しておくことが大切です。この四つの生きるためのパワーである「適化風流の力」は、家族や配偶者に質の高い生活を提供し、幸せにしていくための源泉となり、第4講で説明した営業力のベースにもなるもので、極めて大切なビジネススキルです。「貧すれば鈍する」のことわざは、このパワーを持てば意味のないものになると考えています。

4-3　同じ企業にいながらのキャリア防御

　幸か不幸か役職定年になってしまっても、その身を嘆くことなく、むしろ「責任が減り、自由な時間が取れる」などと、積極的に現実を捉えるようにしながら、同時に次のように自らのキャリアを見つめ直してみるのはどうでしょうか。

　→当たり前と思っていた技術や改善ノウハウも、企業規模や業種が変わればありがたく受け入れてくれる場合があることを認識する。

　→例えば、社内選抜試験を受けて、営業部から法務部に異動するなど、社内転職を実現していく。

　→45歳から50歳代前半あたりまでに、キャリアを自ら進んで積み、併せて自分にとっての専門性を高めていく。

　→50歳代は良質な人脈作りだと考えてネットワークの拡大に励む。

　これらを積極的に展開して実力を蓄え、キャリアアップを図りつつ、成功転職のエネルギーを貯蔵して、次のステップへの繋ぎとしていくのです。

4-4　エルダー社員の転職スタンス

　エルダー社員の転職もまた然りで、むしろ面白く捉えてみることが幸福を招き寄せるのではないでしょうか。確かに55歳以降になると転職は難しいですし、48歳以降であっても特に誇れるスキルやキャリアが

無いようだと、転職できても相当に年収は減ることになります。

　しかしながら、世の中には、社員100人以下の中小企業などが沢山あります。中小企業では、定年が60歳を超えていることはよくあり、なんと68歳などの企業も沢山あります。大企業では、目立つことのなかったスキルでも、これらの企業では「ピカイチ」に輝くことがあるどころか、殆どが光っていると思います。もっとも、中小企業への転職は、大企業に勤めている者に限って与えられた特権のような気もします。

4-5　転職管理職の悲喜こもごも

(1) 中途採用者、特に管理職については、その採用の本質が、言葉は悪いのですが「その専門性や経験度に応じて評価され、そこに人材育成のために掛ける時間の節約と引き換えとして、お金を出して採用されている」という即戦力採用の考え方に基づき採用されています。したがって、中途採用者は、予め提出した職務経歴書におけるスキル・知識の半分も使いきれないような場合には解雇されることもあり得るということです。

　一方で、新卒等で社内キャリアを積んできた方が、社内経歴とはぜんぜん違う、いわゆる専門外の管理職（この場合は課長）になることもあります。例えば、長年に亘り営業で実績を積み、営業課長となり活躍していた人が、総務課長になり、株主総会や文書管理マネジメントなどをするような場合です。このような当事者となれば、どう対処すればよいのでしょうか。こういう課長は、いわば「白羽の矢あたり課長」といえます。

　これらの課長は、一般的には、次の何れかの理由で選ばれていると考えられます。

　　①会社がその課長にその業務の経験を積ませたいと考えている
　　②その部署に課長に適した人がおらず、組織運営できる人を任命した

③会社がその部署に新しい観点での変革を求めている

（2）専門知識や職務経験のない場合は、職制の上下関係のみによるマネジメントでは不可能と思われます。「これ違うのでは……」と思ってコメントしても、部下に専門用語を並べられて、丸め込まれてしまうのがオチでしょう。こういう環境ではどうするか。次のことを半年から一年ぐらい実践していけば、「白羽の矢あたり課長」も、部下から見ると、ずっと前からいる課長に見えてくるはずです。

◇「分からないことは聞く」→変なプライドは捨て、知ったかぶりをすることなく、素直な気持ちで教えてくれと頼むこと。この場合、揉み手的に妙に下手に出てもいけないので、普通に接していればよい。

◇「猛烈に勉強すること」→部下の見えないところで、日夜努力して勉強を猛烈にすること。半年もすれば、部門のマネジメントをするための最低限の知識は身につくはず。但し、実践経験については部下と同等にならないので、そこは部下の話をよく聴くことが大切。

5．ミドル・エルダーの独立起業

5-1　ビジネスパーソンとしての価値は40歳で分かる

　企業組織に属する者にとっては、40歳頃でできる人間かできない人間かがハッキリします。45歳頃になると会社人生の先が見えてくるのです。50歳になると、流石に自分の出世観は固定化せざるを得なくなります。分かっていてもなかなか納得したくないことではありますが、役員になるのが一握りである限りやむを得ないことでもあります。「55歳の役職定年で給与は7割、60歳定年で再雇用されて給与はピーク時の半分」、この厳しい現実を見れば、独立起業の選択肢も視野に入ってくることでしょう。

5-2 エルダー社員の起業スタンス

　55歳以降は、高度な専門力がない限り給与は下がる一方であると考えた方が無難です。逆に、下がる一方ならば、独立起業も気が楽なのでは……と、積極思考になることは大切なことです。もっとも、一旗揚げようなどと早計な行動は慎んで、先ずは、仕事先や関わる業務などを幾つも持ちながら、「雇用」「委任」や「請負」と多様な雇用形態を以って、複線化した仕事で対応することを考える方が「夢の実現度」は高そうで、しかも一回の人生と考えるとやりがいに思えるのではないでしょうか。

　そういう点では幸いなことに、国による兼業・副業の促進も後を押していることから、兼業・副業の勧めという選択肢にも大きな意義を感じます。

5-3 リスクⅢ（スリー）の回避方法

　ミドル・エルダー社員の独立起業には、大きなリスクが三つあります。「お客さん無しなしリスク」「契約打ち切りリスク」と「孤独によるメンタルリスク」です。前二つは自分の力量でクリアしていく必要があるのですが、孤独によるメンタルリスクについては、そのリスクを軽減できる環境を求めていく必要があります。研究会や趣味の同好会などに入って、質の高い仲間を獲得し、交誼を結ぶことにより、これらのリスクはいとも簡単に解決できるものと私は考えています。

　年齢を重ねれば重ねるほど、学生時代のように新しい友人を気軽に作れる人は、一握りの者（これは素晴らしい才能と人徳の結果です）を除けば殆どいないものです。自分の周囲に頼れる人間を作ることはミドル・エルダー社員の独立起業に関する前提としての鉄則のひとつと考えます。

6．キャリア CHANGE を考える

　私たちは、ミドル・エルダー層に限らず、「学びに　無駄は　ひとつ
もなし」を意識して、日々が勉強ですが、転職するにも、独立起業する
にも、良質な人脈の確保は必須となります。とりわけこれらを組織外に
求めておくことは、組織の予想外の変化にも対応することが可能なこと
から必要なことなのですが、そのためには、少なくとも、次のような工
夫、意識を持っておかなければならないと考えています。

6-1　外部ネットワークの構築
（1）打ち克つ力

　私たちがミドル・エルダーの年齢になると、幾重もの波がやって来ま
す。45歳頃になると**早期退職優遇制度**[12]の適用申請を勧められることが
あります。55歳前後には役職定年となってしまう方もおり、給与もそ
の時点の額で60歳迄「横ばい」となってしまうことが殆どです。60歳
以降の再雇用者においては、5年上限の1年契約の上に給与が5割程度
に減り「下がることはあっても上がる可能性は殆ど無い」ことが定石の
ようです。思えばこれらのたいへんなことが、次々襲い掛かってくる波
状攻撃のようなもので、正に一寸先に何が起こるか分かりません。

　このような雇用環境下においても、これらを回避できる準備さえ確り
としておけば、このようにならない可能性は十分にあります。独立起業
する場合にもいえることですが、これには、50歳前後に社外ネットワ
ークを構築（又は確保）しておくこと、又はその努力を怠らないことが
とても大切なことになってきます。在職中から仕事や資格を通じたネッ
トワーク作りなどをすることが肝要です。独立自営となってしまうと利
害が絡み「面笑い、心中は敵愾心」ということも多いので、長く続く人
脈ほど利害関係のない時代に構築されていると思います。なお、人脈は

年老いていくことに留意しておく必要があるでしょう。

（2）できるような人間を目指す

　仕事のできる人間を目指すのが第一義ですが、「できるような人間」或いは外部から見て「できそうな人間」になることも許容範囲内と考えます。そのためには、専門力の構築やスピードスキルの備え付けが武器となりそうです。これらに加えて、次のようなことを実行してみると、これらが相互補完することとなって、高速で人脈獲得も可能となり、その実現が近づいてくると思います。

①仕事を通じて、仕事と共通した国家資格を取得	④転勤は、家族帯同で、自ら進んで希望する
②自分で自分に高レベルの投資をしていく	⑤生涯を通じて自慢できる副業をしてみる
③転職の勧めは「学びに無駄はひとつもなし」	⑥高品質人脈との巡り合いを実現する

　その結果としてのネットワーク作りが大切です。その第一歩を実行するためにも、会社作成の名刺以外に、個人のメールアドレスが印刷されているような、自分の名刺を持てるようにしてみたいものです。ミドルの皆さんならば、将来65歳迄繋がっていける「**20年人脈作り**」は、会社退職後もメールアドレスで繋がる、個人名刺の作成が成否を決する第一歩のように思います。

〈注〉

1　週刊東洋経済令和 5 年 10 月 28 日号

2　住田暁弘（東京都市大学キャリア支援センター勤務）の著述。日本キャリアデザイン学会監修『キャリアデザイン支援ハンドブック』ナカニシヤ出版 2014 年 156 頁〜 157 頁引用

3　高年齢者雇用安定法の定めでは、45 歳以上を中高年齢労働者、55 歳以上を高年齢労働者としている。

4　労働契約法が定める「有期労働契約が反復更新されて通算 5 年を超えると、労働者の申し入れにより、期間の定めのない労働契約（無期労働契約）に転換できるルール」のこと。詳細は第 14 講参照

5　この法律は、M&A や企業再編に伴い行われる会社分割の際に、これまで働いていた会社とは別の会社に転籍することになる労働者及び会社分割後に承継会社へ移籍しない労働者が、転籍後も会社分割前と同じ労働契約内容で働けるように保護するために制定されている。

6　60 歳定年制を採用している会社の場合。

7　私は、これらの仕事は素晴らしいものであると思っているが、読者のスキルによっては、そのスキルが活かせるか否かを論じられることになるので、このような表現としている。

8　堺屋太一が小説『団塊の世代』（1976 年）で、戦後のベビーブーム期の人々のたどる人生ドラマを描き、日本の人口高齢化問題を世に問うたことから使われ始めた言葉。団塊の世代は 2006 年時点で 50 歳代後半であった。

9　正式名称は会計年度任用職員という。

10　契約書の更新は契約内容を見直した上で引き続き契約されるのに対して、延長はそのままの内容で引き続き契約される。

11　2013 年は『労政時報 第 3852 号』（2013 年 6 月）の調査で、2020 年は独立行政法人労働政策研究・機構『高年齢者の雇用に関する調査』（2020 年 3 月）の調査による。

12　早期退職優遇制度は、定年年齢前に会社を辞めるよう従業員に促す仕組み。退職金の上積み、職探しのための特別休暇、再就職支援会社による再就職のアドバイス等の利用などの優遇措置も合わせて設けられていることが多い。

第**7**講 企業で働くとは

1. 企業とは

1-1 企業について

　私たちは、会社という言葉を当然のように日々聞いています。その名前が書いてある路上看板や駅の広告板なども目にしています。そして、一般的に会社と企業は、ほぼ同義語として使われており、その殆どは株式会社

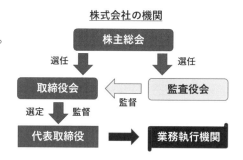

株式会社の機関

です。日本の企業は、会社法上[1]は、株式会社以外にも、合名会社、合資会社及び合同会社などがあり、有限会社[2]というものもあります。これらは利益を生み出し、その利益を株主配当などとして得ることを目的とした組織体です。

1-2 株式会社の仕組み

(1) 株式会社の機関

　株式会社とは、株主の出資によって活動の元手となるお金（資本金）を集めて成立している会社のことです。株式会社の機関は、会社法上、様々なパターンが認められていますが、大きな企業で良く見かけられるのは、株主総会、取締役会、監査役会、代表取締役によって構成されているものです。企業の組織も、国の制度のように三権分立に似た体制となっています。国の機関は「立法、行政、司法」の三権分立の体制とな

っていますが、これを企業組織として見てみると、差し詰め株主総会が立法で、取締役会が行政、監査役会が司法ということになります。

（2）上場企業とは

　上場企業とは、会社が発行している株式が証券取引所に登録されていて、証券取引市場を通じて株式売買ができる対象企業のことです。株式会社に限り上場することができます。上場するには、資本金などの上場基準に合致しなければならないので、一定の信用力のある企業ということになります。そして、株主数や流通株式時価総額などの基準規模や企業の育成目的などによって、市場を幾つかの種類に分類して運営されています。

　従来、東京証券取引所（以下、「東証」という。）には、市場第一部、市場第二部、マザーズ及びジャスダックの４つの市場区分がありましたが、令和４年（2022）４月より、「プライム市場・スタンダード市場・グロース市場」の３つの市場区分に再編されました。この背景には、各市場区分の位置づけを更に明確にすることで、投資者の利便性を高めて、併せて新規上場と上場廃止の基準を見直すことで、上場企業の持続的な企業価値向上の動機付けを行う目的がありました。

　証券取引市場の種類と其々の主な基準要件は次頁の図の通りです。

　上場した場合のメリットは、「①株式の市場売却（時価換金）が可能で、資金調達がしやすい。②増資、起債、借入が比較的容易にできる。③企業の社会的評価が高まる。④新卒・中途の採用活動が有利になる。」を挙げることができます。とりわけ、就職や転職を目指している皆さんには、④などは真っ先に気に留めることになると思います。

　日本の上場企業は東証に限ると約 3800 社[3]、全法人が約 285 万社（国税庁 2021 年調べ）ある訳ですので、ほんの一握りの割合ですが、売上高は凡そ四分の一、利益は三割と日本経済への影響は大きいと言えます。もっとも、サントリー、竹中工務店、JTB、ヤンマーなどの著名な大企

上場区分 主な上場基準	プライム	スタンダード	グロース
株主数	800 人以上	400 人以上	150 人以上
流通株式	流通株式数 20,000 万単位以上 流通株式時価総額 100 億円以上 流通株式比率 35%以上	流通株式数 2,000 単位以上 流通株式時価総額 10 億円以上 流通株式比率 25%以上	流通株式数 1,000 単位以上 流通株式時価総額 5 億円以上 流通株式比率 25%以上
純資産の額	50 億円以上	正であること	基準なし
利益額	最近 2 年間の利益合計が 25 億円以上	最近 1 年間の利益合計が 1 億円以上	基準なし

<新上場区分　2022 年 4 月 4 日以降>

東証一部　東証二部　ジャスダック　マザーズ

<旧上場区分>

業[4] でも、上場していない企業もあります。上場企業には、株価変動などのリスク回避の観点から投資家保護を目的として、企業情報を常に公開（ディスクロージャー）する義務があります。内部情報を使って不正に利益を得るようなことがあれば、インサイダー取引として、金融商品取引法[5]違反となります。

1-3　企業系列と企業グループ

（1）企業系列

　企業系列とは、大きな企業（親会社）を頂点として、子会社や孫会社がそこに繋がり、更に事実上の支配下にある協力企業（下請）も加わって、生産や流通で協力体制が構築されているタテの関係にある企業集団のことです。親会社は資金提供、人的交流、技術支援、安定取引などで子会社等を支援し、子会社等は品質向上、納入価格の引き下げ、納期厳守による安定供給などの実行によってこれらに応じています。自動車の生産や電気製品の販売などでよく知られています。

（2）企業グループ

　タテの系列に対して、ヨコの結合が企業グループと呼ばれる企業集団です。ヒト・モノ・カネ・情報などあらゆる局面で相互支援し、金融支援や融資、株式の相互持合い、役員の相互派遣、社長会、イメージ戦略などを行っています。三菱、住友、三井などの戦前の財閥からの流れのグループもあれば、楽天などの新興企業がグループ企業をつくり、事業の多角化を進めることもあります。

2．企業の社会的責任

2-1　コーポレートガバナンス

　コーポレートガバナンス（企業統治）とは、「組織での不正や不祥事を防ぎ、企業経営において公正な判断、運営がなされるよう監視・統制する仕組み」のことで、「会社は経営者のものではなく、株主といったステークホルダーに最大限の利益を還元する必要がある」との考えに基づいています。三権分立に似た、株主総会・取締役会・監査役会の原則的機関は、相互監視・抑止の機関でもありますが、確り機能しないと、粉飾決算や企業の私物化などに繋がります。株主に対する責任を明確にするためにも、社外監査役、社外取締役などのチェック機能を拡充してコーポレートガバナンス体制の構築が図られています。

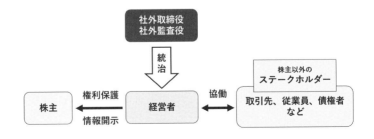

2-2　企業の不祥事

　現在は、企業の**社会的責任**が要請されている時代です。そもそも企業の社会への背信的行為は戦後色々ありましたが、1970年代の公害問題や狂乱物価とも呼ばれた異常な物価高騰、そして1980年代後半からの地価高騰などで徹底的に社会からの糾弾を受けました。また、2000年代には食品偽装や粉飾決算、製品データ詐称などの不祥事が相次ぎ、一般消費者の企業に対する信頼は大きく低下しました。このようなことから、企業もようやく自己反省し、或いは「このままでは、まじめにやっている企業まで同じようにみられてはかなわない」とばかりに、経営者のモラルも含めて、企業の社会的責任への取り組みが活発化し今日に至っています。

　ここで、近年発生した企業不祥事について振り返ってみます。

（1）雪印乳業食中毒事件[6]

　2000年6月に、雪印乳業の大阪工場で製造された低脂肪乳を飲んだ人が、次々に食中毒を起こすという前代未聞の食中毒事件が発生しました。原因は、停電事故により有害菌が発生した脱脂乳を、廃棄せずにそのまま使用したことでした。この事件が起きた当初、幹部陣にはさほど緊迫感がなく、すぐに公表しなかったことから事態の悪化を招き、被害者数は1万3千人を超えるほどでした。しかも、事件が公になった時点でマスコミの前に立った社長（当時）は「私は寝ていないんだ」と発言しました。この会話がマスメディアで広く配信されたことから、更なる世論の批判を浴びることとなり、この社長は、この5日後には辞任に至っています。安全管理の甘さ、危機管理広報における脇の甘さにより、伝統の「雪印」のブランドはその信用が完全に失墜しました。

（2）東芝不適切会計事件[7]

　東芝は、2015年に1,500億円以上の利益を水増しするという不適切会計問題を引き起こしました。

当時の社長はパソコン事業の責任者に対して、「3日で120億円の利益改善」という無茶苦茶な目標を与え、「チャレンジ」だと部下を鼓舞しました。それがすなわち粉飾を指示していたことは明らかで、いわば常態化していたのです。一連の不適切会計により、東芝の信用力は大きく失墜し、当時の経営幹部だった社長や副会長、相談役の歴代社長経験者を含む9人が引責辞任する事態へと追い込まれました。

(3) 船場吉兆産地偽装・料理使い回し事件[8]

高級料亭として知られる船場吉兆で、2007年頃から賞味（消費）期限偽装、産地偽装、無許可酒造等の不祥事が相次いで発覚しました。その後2008年には、食べ残しの再提供（使い回し）をしていたことが発覚し廃業に追い込まれました。

当初、一連の偽装問題を会社側は「パートによる独自判断」と説明していましたが、その後、一転して関与を認める謝罪会見を行いました。この会見では、言葉に詰まった社長である長男の隣にいた母親の女将が回答をささやいたため、「ささやき女将」と揶揄されました。また、料理の使い回しが発覚した際、女将は「食べ残し」と呼ばず「手付かずのお料理」と呼ぶようにマスコミに要望して、事件への認識の甘さを指摘されました。これらの事件後の対応が、世間の船場吉兆に対する非難を更に大きくし、顧客の信頼を急速に失う結果となりました。

近年の主な企業不祥事					
2000年	雪印乳業の食中毒	2007年	船場吉兆の産地偽装・料理使い回し	2016年	電通新入社員過労自殺（電通第二事件）
2001年	米国のエネルギー大手エンロン社の不正会計	2008年	グッドウィルの労働者の二重派遣	2016年	三菱自動車の燃費詐称
2002年	日本ハムの牛肉偽装	2011年	オリンパスの不正会計処理	2017年	神戸製鋼所の品質検査データ改竄
2004年	西武鉄道の有価証券虚偽記載	2011年	大王製紙会長の豪遊不正流用	2017年	てるみくらぶの粉飾、詐欺
2005年	明治安田生命の保険金不払い	2013年	JR北海道によるレール異常の放置	2018年	スルガ銀行による不正融資
2006年	村上ファンドのインサイダー取引	2015年	東芝の不適切会計	2019年	かんぽ生命保険による不適切販売
2007年	石屋製菓「白い恋人」賞味期限改竄	2015年	旭化成建材マンション不正構築（三井不動産）	2022年	日野自動車の燃費、排ガス規制値改竄

2-3　企業の社会的責任

　企業不祥事はなかなか撲滅できていませんが、近年では企業が法律や内部管理基準を遵守し、社会的責任を果たしているかどうかの基準を評価尺度とする、CSR（企業の社会的責任）がクローズアップされています。法律を守っていく法令遵守は当然のこととして、取引基準、労働環境、社会貢献などについて、どのように取り組んでいるかを**CSR報告書**[9]として公表することで、企業自らの社会的責任を対外的にも明確化していこうというものです。

　企業が積極的にCSR活動に取り組むメリットとしては、①企業が環境や社会問題に真剣に取り組むことによる**企業イメージの向上**と**優秀な人材の確保**、②法令遵守の徹底による従業員の**コンプライアンス意識の向上**、③社会貢献を通しての**従業員満足の向上**などがあります。

　次に、近年注目されているSDGs及びコンプライアンスとCSRの関係について確認してみます。

①SDGsとの関係

　　SDGsは、2015年に国連総会で採択された「持続可能な開発のための17の国際目標」[10]のことで、開発が進む中で地球環境を保全していける世界を目指すための国際目標です。企業だけでなく政府や個人にも関わる課題です。SDGsで示された17の目標は、企業がCSRを果たすに当たり、何れも意識すべき重要な方向性を示しています。但し、CSRは企業が自主的に方針を決めるのに対し、SDGsは具体的な目標とターゲットが設定されています。

②コンプライアンスとの関係

　　コンプライアンスは、法令や社会的規範の遵守を意味します。コンプライアンスを強化することは、企業がCSRを果たしていくためにも重要です。コンプライアンスは当然に確りと遵守し、その上で、法令遵守を超えた業が有するリソースや能力を活かして、社会

貢献を目的とする幅広い活動を図っていくことになります。

3．働く意欲を高める

　この第3節については、編者の中川直毅先生の著書である『要説キャリアとワークルール』[11]から転載して説明することにします。

3-1　人材育成の手法

　企業は教育訓練[12]や能力開発[13]を通じて人材の育成に努めています。人材育成の主たる施策としてOJT（On the Job Training）があり、従たる施策としてはOff-JT（Off the Job Training）があります。これらが企業においての教育訓練の中心をなしており、これらを補完する施策も色々あります。

（1）人材育成の施策

①OJT[14]

　　職場の中で仕事を通じて業務に必要な知識、技能、態度について意識的、計画的に上司・先輩が部下に対して行う教育方法なので、ニーズに合った教育を進めることができます。指導者や職場のレベルで品質に差が出てくるという問題点がありますが、人材育成の基本中の基本の施策です。

②Off-JT

　　階層別教育や職種別教育で、座学方式を基本としていく人材育成施策です。日常業務とは別に視野を拡大することができるので、問題意識を高めることができます。また、部門を超えて又は社外の方達とのコミュニケーションを図ることもできます。但し、即効性はないことを予め認識しておく必要があります。

◎階層別研修→新入社員研修、新任管理職研修、管理職研修、経営幹部研修など

◎職種別研修→営業研修、MR試験対策研修など

◎その他テーマ別研修

人事政策の基本方針研修、人事評価研修、課題解決力養成研修、インバスケット研修、報連相研修、マネジメント力養成研修、ハラスメント防止教育、コンプライアンス教育など

③自己啓発

小集団活動、通信教育、外部講習会の受講などの支援や情報提供などです。

（2）人材育成の補完施策

人材育成を補完的に行う施策としては、次のようなものがあります。

①ジョブローテーション

計画的に異動させ、多くの仕事を経験する中で、幅広い業務知識を習得させ総合的な能力開発を行っていきます。メリットとしては、「社員の視野の拡大が可能」「社員の適性を見出すことができる」「適材適所の配置ができる」など、社内の活性化にも役立ちます。また、仕事のマンネリ化やブラックボックス化を防ぐことができ、不正防止にも繋がっていきます。

②自己申告

社員のキャリア開発についての希望を申告させ、それを踏まえながら異動や能力開発を行う制度です。よく似た制度に社内公募制度というものもあります。こちらは、特定ポストの要員を会社主導ではなく自由公募で決定していく制度です。どちらもある程度の企業規模が必要だと思います。

③キャリアパス

入社してからどのような能力や知識を身につけたらよいのか、ま

たどのような実務をこなしていくのかを明確にしていくものです。

3-2　人事考課

　人事考課（人事評価などとも呼ばれています）とは、従業員の日常の勤務や実績を通じて、その能力や仕事ぶりを評価し、賃金、昇進、能力開発等の諸決定に役立てる手続きのことです。人事考課の役割は育成の論理と選抜の論理です。**育成の論理**は、能力や仕事ぶりを評価し、それをフィードバックして能力開発に活かしていこうとするものです。**選抜の論理**は、評価に差をつけ、昇給・昇格に差をつけ、インセンティブを与えて、労働生産性と人件費の効率的配分を行うものです。とりわけ人材育成についての大切な役割を担っています。

　人事考課は、人間が行うものなので、いくら正確に評価しようとしても完璧なものではありません。人間の判断には一方向性や特殊な傾向性が現れてしまいます。この傾向性を評定上の誤りや歪みとして捉えることを**評定誤差**といっています。

　傾向としては、次のようなものがあります。

①ハロー効果　　→特定の対象が、他の評価項目や全体的評価に影響を与えてしまう傾向。例えば、薬剤師の資格を有している者について、それと関係のない業務についての評価まで高くなってしまうようなこと。

②寛大化傾向　　→個人的感情等の理由で、実際よりも甘く評価してしまう傾向。逆は、厳格化傾向。

③中心化傾向　　→評定効果が平均的な階層に集中し余り差が生じないこと。中央化傾向ともいう。

④対比誤差　　　→考課者本人を基準とすることにより過大評価又は過少評価してしまう傾向。

⑤自己類似性評価→考課者が同じ大学出身や同郷など自分と似ている

部下を高く評価してしまうこと。

　また、人事考課を補完するものとして、自己申告制度やヒューマン・アセスメントなどがあります。

3-3　モチベーション

　人が一定の方向や目標に向けて行動を喚起する心理的エネルギーのことです。目標や報酬などによって動機（人が行動を起こす理由や目的）が刺激され、行動が引き起こされる過程（道すじ）を指す言葉です。「動機づけ」「やる気」と呼ばれています。なお、仕事に関係するものが、ワーク・モチベーションです。

（1）マズローの欲求5段階説

　マズローは、人間の持つ欲求を、次表のように5種類に分類できるとしています。低次の欲求ほど緊急性が高く、優先的に充足していくべきものと想定しており、低次の欲求が満たされた後に、より高次の欲求が達成されると考えました。このような高次への自己実現の欲求を**成長動機**と呼んでいます。

v	自己実現欲求	理想的な自分になりたいという欲求。（自分が本来、潜在的に持っているものを実現したいとする欲求）
iv	承認欲求	周囲の者から高く評価されたい、尊重されたいという欲求。
iii	社会的欲求	集団の一員としての立場を確かなものとしたい、愛情のある人間関係を築きたいという欲求。（周囲との望ましい人間関係を築き生活したいとする欲求）
ii	安全欲求	病気や災害から身を守りたいという欲求。（生きていける条件を確保する欲求）
i	生理的欲求	食べたい、眠りたいなどの生理的欲求。（低次の欲求）

（2）動機づけ・衛生理論

　ハーズバーグが提唱しました。この理論では、職務に対する要因を、**動機づけ要因**（＝満足要因）と**衛生要因**（＝不満足要因）に区別しています。衛生要因を整備するだけでは動機づけには繋がらず、動機づけ要

因を整備することこそが「やる気」を引き出すものであるとしています。

　例えば、労働者により高い賃金を支払うことや、福利厚生施設を完備しても、これらは不満足要因の除去に過ぎず、衛生要因を整備したに留まります。したがって、労働者の不平不満の未然防止に役立っても、それ以上の期待はできず、労働生産性の継続的な向上には寄与できないことになります。

| 【動機づけ要因】
◇やりがいのある仕事（仕事の内容の向上、充実）
◇仕事の達成感
◇他者からの承認・評価
◇自己の成長
◇責任の増大、昇進など | 【衛生要因】
◇労働条件、作業条件
◇監督者との関係
◇賃金、地位・身分・安全、生活の安定感など |

◎動機づけ・衛生理論に基づく方策には、職務充実、職務再設計がある。

1　会社法とは、会社設立や運営ルールについて規定した法律。従来は会社法という単
　　一名称の法律は存在しておらず、「商法第2編 会社」、「有限会社法」、「商法特例法」
　　などの総称であった。2005年にこれらを統合して口語体に改めて新たな「会社法」
　　が成立した。その後はこちらを指している。経済活動の実態に合わせて柔軟に対応
　　できるよう定款事項の拡大、会社形態の多様化、企業買収手続等の簡素化、内部統
　　制システムの概要の開示を求めて経営の透明化も図られた。

2　有限会社は、現在の法的な通称は「特例有限会社」となっている。

3　2023年4月13日現在：東証プライム（1835社）、東証スタンダード（1440社）、
　　東証グロース（546社）、他801社。日本取引所グループホームページより

4　2017年3月現在。他にも、小学館、朝日新聞社、出光興産、エースコック、富士
　　ゼロックス、カルピス、シチズン電子、住友電装、日本IBM、森ビルなどがある。

5　金融商品取引法（旧証券取引法）の規制対象の金融商品としては、銀行預金や生命
　　保険、損害保険は対象外。これらは従来通り銀行法や保険業法で規制されている。

6　2000年6月30日付朝日新聞報道資料などを参照

7　2015年7月29日付日本経済新聞報道資料などを参照

8　2008年5月3日付朝日新聞報道資料などを参照

9　社会的責任投資（Socially Responsible Investment：SRI）は、社会的責任を公表し、
　　実行している企業を選び出して投資対象とすることにより、CSRを後押しする投
　　資家行動をいう。

10　いわゆる「持続可能な開発目標」のこと。

11　中川直毅編 『要説キャリアとワークルール（第3版）』 三惠社 2021年 55頁～59
　　頁引用

12　教育（education）とは教え込むことであり、社員に職務遂行に必要な知識や技能を
　　身につけさせることで、訓練（training）とは教育を受けたことで身につけたもの
　　を実際に仕事の場で使いこなせるようにすること。これらを一語化して「教育訓練」
　　と呼び、「研修」と同義語となる。

13　能力開発（development）とは、問題解決能力・論理的思考力・プレゼンテーショ
　　ン能力・外国語能力など、社員が現在担当している仕事を行う上で、幅と深みをつ
　　けるために必要とされる知識や技能を高めていくこと。なお、マネジメントスキル
　　などのキャリア形成で必要となるものや、リーガルマインドの養成も含まれる。

14　OJTの機会は「指示や命令、部下の報告・連絡・相談、ミーティングなど、仕事
　　の進捗状況の確認、仕事のトラブル発生時・面談」などの際を捉えて行うと効果的

である。また、ＯＪＴのステップとしては「①教える　②やってみせる〜お手本
③経験させる　④評価する　⑤定着させる〜反省して是正を繰り返す」の順で行っ
ていく。

第**3**章

労働法の
ポイントを学ぶ

第8講 労働法総論

1．労働法を学ぶ

1-1 働く者にとっての労働法

　労働法は、歴史的に労働者保護から始まり、労働運動の台頭の影響を受けつつ、**ILO（国際労働機関）**[1]を中心とする条約により国際的な労働基準が設定されてきました。経済のグローバル化の進展に伴う社会経済の変動とともに、労働立法も多様化していますが、企業活動において遵守されるべき行為規範をなしています。

　労働者は雇用され労働の対償として賃金を得て生計を維持しています。しかしながら、労働者は雇用されていて、使用者に対して弱い立場にあることから、労働条件等で不利となり、使用者からの一方的な条件に妥協して契約せざるを得なくなってしまいます。このような自由な契約の下では、労働者は、低賃金や長時間労働などの劣悪な環境下で働かざるを得なくなるのです。

　したがって、これらの事態を回避すべく、労働者を保護するために労働法が定められています。私たちは、労働法の知識を備えておけば、積極的に自己の権利擁護を図っていけるのです。もちろん雇用形態を問わずに保護されていますが、例えば使用者の立場となっても、労働法の知識は適法経営による健全な職場環境の形成に役立ち、生産活動の向上に繋げることができます。

　また、労働組合についても、労働者は自らの権利擁護のために、数の力を整えて団結し、経営者と対等の立場を保って、「労働者が主体となって自主的に労働条件の維持・改善や経済的地位の向上」を図っていく

ことができます。これも結果的には健全な社会を形成していくために有益なことです。

　これらの理由により、労使双方の立場の違いはあっても、労働法を学んでいくことは、健全な社会の維持・発展に繋がっていくのです。

1-2　憲法第27条と労働法

　憲法第27条1項は「すべて国民は、勤労権を有し、義務を負う。」と定め、勤労権を保障しています。その権利に具体性を帯びさせて働くことを担保するべく、環境整備、働く機会の提供を目的として、労働施策総合推進法や職業安定法などの法律群による施策化を図っています。併せて、憲法第27条2項は「賃金、就業時間、休息その他の勤労条件に関する基準は、法律でこれを定める。」として、労働条件の法定主義を規定しており、これにより労働基準法や最低賃金法などが制定されています。

　また、憲法第28条は、「勤労者の団結する権利及び団体交渉その他の団体行動をする権利は、これを保障する。」として、労働者の団結権、団体交渉権、団体行動権のいわゆる**労働基本権**の保障を根拠づけた条項で、労働組合法などが制定されています。

2．労働法の概要

2-1　労働法とは

　労働法という名称の法律はありません。労働法とは、一般法たる民法の特別法に位置する労働基準法をはじめ、労働安全衛生法、労働者災害補償保険法、男女雇用機会均等法など、労働関係の法律の総称です。また、労働基準法、労働組合法に労働関係調整法を加えたものを、**労働三**

法と呼んでいます。

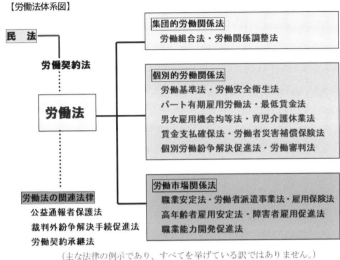

【労働法体系図】

集団的労働関係法
労働組合法・労働関係調整法

個別的労働関係法
労働基準法・労働安全衛生法
パート有期雇用労働法・最低賃金法
男女雇用機会均等法・育児介護休業法
賃金支払確保法・労働者災害補償保険法
個別労働紛争解決促進法・労働審判法

労働市場関係法
職業安定法・労働者派遣事業法・雇用保険法
高年齢者雇用安定法・障害者雇用促進法
職業能力開発促進法

民 法 —— 労働契約法 —— **労働法**

労働法の関連法律
公益通報者保護法
裁判外紛争解決手続促進法
労働契約承継法

（主な法律の例示であり、すべてを挙げている訳ではありません。）

民 法 ＜ 労働基準法 ＜ 労働安全衛生法　優先度大

出所：中川直毅『概観 日本国憲法と昭和政治史』三恵社 2023 年 191 頁の図に加筆

2-2　労働法の仲間

主な労働法の内容を簡単に紹介します。

集団的労働関係法

①労働組合法

戦後の日本の民主化を代表する法律です。昭和 24 年（1949）成立。労働組合の成立要件やその活動内容などを定めており、集団的労使紛争解決機関である労働委員会の規定もあります。平成 16 年（2004）には、労働委員会の不当労働行為審査制度の審査迅速化等を図るために、大幅な改正が行われましたが、このような実質的な改正は実に 52 年ぶりのことでした。

個別的労働関係法

①労働基準法

　労働法の中心的な法律です。昭和22年（1947）成立。「使用者は、この法律で定める労働条件を下回って、労働者を働かせてはならない」（法1条）を基本理念に、採用から退職までの使用者と労働者との関係を、労働者保護の立場で、罰則付で規定しています。平成9年（1997）に女性保護規制が緩和されて以降、社会経済のニーズに応えるべく大きな改正が続いています。

　平成22年（2010）4月には、長時間労働の回避・軽減対策を主眼とした、時間外割増賃金の段階的設定と、年次有給休暇の一部を時間単位で取得可能とする規定などを盛り込む改正がありました。

　また、安倍内閣において、働き方改革が推進され、労働基準法（労働時間等設定改善法を含む）も、時間外労働の上限設定、使用者による年次有給休暇5日付与の義務などが導入されていましたが、この上限設定の改正は、昭和22年（1947）の同法の制定以来、実に72年ぶりのことです。

②労働安全衛生法

　昭和47年（1972）に労働基準法から独立して制定されました。労働基準法と相まって、労働者の安全管理と快適な職場環境形成に効力を発揮しています。平成17年（2005）に産業医を活用したメンタルヘルスの配慮措置が初めて導入され、平成26年（2014）には、ストレスチェック制度の創設と受動喫煙防止措置の努力義務化の改正が行われました。

③男女雇用機会均等法

　昭和58年（1983）に勤労婦人福祉法を全面改正する形で成立し、昭和61年（1986）に施行されました。施行後三十数年を経て、男女の均等意識向上や職場環境整備に相当寄与したといわれています。こ

の法律は、今後も益々その重要性を高めていくと思われますが、施行当初は、規定の大多数が努力義務条文であるなど、多くの課題を抱えていました。その後、平成11年（1999）の改正により、重要箇所での禁止条文（罰則なし）が増え、平成18年（2006）には、「間接差別の禁止」など、法の趣旨そのものに変更を加える改正も行われ、女性差別禁止法から、性差別を禁止する雇用平等法へと衣替えが図られ、罰則も盛り込まれました。平成27年（2015）には、いわゆるマタハラに対する措置義務などが盛り込まれる改正が行われています。

④育児介護休業法

少子・高齢化に対処するため、平成3年（1991）に新設されました。当初は育児休業関係のみでしたが、その後、介護休業も含めることとなり、内容が拡充されました。平成16年（2004）改正では、休業取得対象労働者の拡大、育児休業期間の延長、介護休業取得回数制限の緩和など大幅な改正が行われました。更に、平成21年（2009）6月には、一定要件下での育児期間の拡大（1年から1年2カ月への拡大）などや、3歳未満の子のいる労働者を対象とする短時間勤務制度の導入を柱とする改正法が成立し、対象労働者の一層の利便向上が図られました。

平成22年（2010）に、男性の育児休業取得促進を目指して、いわゆる「パパママ育休プラス」が新設され、平成29年（2017）には、育児休業の2歳迄の再延長が可能となる改正がなされています。令和3年（2021）には「子供が生まれてから8週の間に夫が最大合計4週分の休暇取得できる出生時育児休業制度（男性版産休）」が新設されています。

⑤パート有期雇用労働法

パート労働者の重要性が高まったことから、平成5年（1993）に、パート労働法は、正社員との均衡待遇の確保などを図るべく、短時間

労働者の適正な労働条件の確保、雇用管理の改善などを目的として制定されました。当初は努力義務の羅列となっていましたが、平成26年（2014）の改正で、正規雇用者との差別的取扱い禁止の対象範囲の拡大、事業主の雇入れ時の説明義務、相談体制の整備などが義務化。平成30年（2018）の働き方改革関連法の公布に伴って、従来のパート労働者は、パート労働法、有期雇用労働者は労働契約法として別個に定められていたのを統一整備しました。令和2年（2020）4月の改正法施行により、対象労働者の範囲を更に拡大して、法律名も変更され、パート有期雇用労働法となりました。

<u>**労働市場関係法**</u>

①職業安定法

公共職業安定所の職業紹介・職業指導と、学校・民間職業紹介事業者の職業紹介、労働者の募集方法などのルールを定めています。平成21年（2009）1月には、施行規則の一部が改正され、社会問題となっていた新卒者の採用内定取り消し問題に対処すべく、違反企業名の公表等の措置が定められました。令和4年（2022）には、求人情報の適確開示の義務、個人情報の取扱いなどについての改正が行われています。

②高年齢者雇用安定法

中高年齢者の継続雇用や再就職促進などの制度について定めています。各地にあるシルバー人材センターも、この法律を根拠にしたものです。また、一定規模以上の企業での定年が60歳となったのも、この法律の規定によります。なお、平成16年（2004）に大幅な改正があり、特別支給の厚生年金の支給開始年齢の引き上げに連動して、段階的に65歳迄の雇用継続が義務化され、また、高年齢者の再就職促進措置の強化も図られました。その後、65歳迄の雇用延長の定着の浸透を見計らいながら、70歳迄の定年引き上げなどの努力義務を規

定した改正が行われ、令和 3 年（2021）4 月より施行されています。

③職業能力開発促進法

　　職業訓練法を引き継ぎ、昭和 60 年（1985）に成立。労働者の職業能力の開発と向上を図ることを目的としています。雇用保険法の能力開発事業と連携して、労働者のスキルアップと雇用の安定を支援しています。ファイナンシャル・プランニング技能士などを認定する職業能力検定や、職業訓練・職業訓練学校などについて定めています。その後の改正では、国家資格キャリアコンサルタントの職場での活用などの制度が設けられて、平成 28 年（2016）4 月から運用されています。

2-3　労働基準法の概要

(1) 前述のように、労働基準法は労働法の中心的存在で、とりわけ民間企業などで働く者にとっては身近な法律です。同法は、民法の定める契約自由の原則を修正して労働者を保護することを目的とし、憲法第 27 条 2 項に紐づいて制定されています。強行法規として位置づけられており、同法に定める最低基準以上の労働条件としなければなりません。

　　労働基準法は、労使が合意の上で締結した労働契約であっても、同法に定める最低基準に満たない部分があれば、その部分については同法に定める最低基準に置き換わる強行法規性を有しています（労働基準法 13 条）。また、一部の訓示規定を除いて、殆ど全ての義務規定についての違反に対して罰則を付加しており、法人に対する両罰規定も定めています。

　　併せて、法規制の実効性を確保するために、同法及び厚生労働省設置法により、厚生労働省の下に、**労働基準監督官**や、労働基準監督署長、都道府県労働局長などの労働基準監督機関[2]の設置を定め、これらの機関に企業や事務所（以下、「事業所」という。）や寄宿舎への立入検査や違法状況の調査、使用者等に対する報告徴収、行政処分等の権限を付与

しています。同法のみならず、労働安全衛生法や最低賃金法についても同様の権限が付与されています。なお、労働基準監督官は、独任官として身分保障[3]されており、刑事訴訟法に規定する特別司法警察権（司法警察員）[4]も付与されていて、行政監督から犯罪捜査までを通じた一元的な労働基準監督行政を可能にしています。

(2) 個別労働トラブル（以下、「個別労働紛争」という。）に対して簡易迅速な解決を図るために裁判所以外での解決方法が生み出されています。都道府県労働局に設けられた紛争調整委員会によるあっせん・調停や、地方裁判所に設けられている労働審判委員会による労働審判などです。

　また、労働基準法は、一般企業に雇用される者に適用されるもので、一般職の国家公務員の労働条件等には、国家公務員法が適用されます。地方公務員については、原則としてその一部が適用されます。

3．労働法の歴史と労働政策

3-1　労働法の変遷（Ⅰ）～戦後混乱期から高度成長期へ～

(1) 労働法と呼称される法律群（集団的労働関係法、個別的労働関係法、労働市場関係法）は、資本主義社会の根本原理である**契約自由の原則**を修正するものであり、国家による営業の自由の侵害であると考える使用者と対峙しながらも、従属する労働者の保護を目的として制定されました。日本における最初の労働法は、明治 44 年（1911）制定の工場法です。その適用範囲は、常時 15 人以上の職工を使用する工場であり、危険有害な事業を行う工場に限定されたものでした。労働組合に関しては、労働組合法案が戦前にも幾度か衆議院で審議されましたが結局は成立していません。

　もっとも、これらの準備は決して無駄にはならず、終戦直後の民主化

の急変な動きの中で花開くこととなり、明治憲法[5]の下、昭和20年（1945）12月に**労働組合法**（旧法）として成立しています。翌年5月には、明治憲法が改正される形で日本国憲法が成立し、労働三権が明文化され、**労働基準法、労働関係調整法**も誕生し、いわゆる**労働三法**が勢揃いすることになります。昭和22年（1947）には、終戦後の社会経済の混乱から失業者が激増する中、職業紹介事業を国家独占にして、政策直結・信頼安定等に寄与させるべく職業安定法が失業保険法と共に制定されたことで、スピード感ある職業安定行政と信頼される失業対策を行っていくことになり、労働省も新たに発足しました。

(2) 経済復興とともに労働基準法から独立する形で最低賃金法が制定されました。その後は、驚異的な戦後復興を遂げて高度経済成長期を迎え、石油ショックを契機に安定成長と換言された低成長期に入っていきます。この間は、労働安全衛生法、賃金支払確保法、障害者雇用促進法や雇用政策の基本法たる雇用対策法などの新法が相次いで誕生し、個別的労働関係法と労働市場関係法の法律群がバランスよく整備されて、労働法の領域は益々拡大し進化していく時期でもありました。

　昭和35年（1960）に、ILO（国際労働機関）の勧告を機に、身体障害者の社会参加を支援するために制定された**障害者雇用促進法**は、努力義務ながらも一定以上の障害者の雇用を促す制度の創設でした。現在では義務化されていますが、この時には初期の障害者雇用の枠組みが型造られたことになります。また、高度経済成長期には、無理な生産性の向上に伴う弊害も多数起こり、労働者の身体を傷つけ蝕むことにもなったことから、このタイミングで、昭和47年（1972）に労働災害から労働者の防護を図り、安全と衛生を確保するべく、労働基準法から独立して**労働安全衛生法**が成立しました。その後の労働基準監督行政の主体的な対象となっていきます。

　昭和48年（1973）に第四次中東戦争に端を発して第一次石油ショッ

クが起こり、世界的な原油の供給不足と価格急騰、そして深刻な経済混乱を招いて日本経済を震撼させ、経済成長も終焉を迎えることになります。この状況下に鑑みて、国は雇用保障の政策の考え方を大きく変えて、失業後の金銭給付中心の対策から、雇用の促進と失業の予防を図る雇用維持と雇用創出の積極方針の機能強化へと転換していきます。これに伴い昭和49年（1974）に失業保険法から発展して**雇用保険法**が制定され、これまでの失業者だけの対象から、現役の労働者や事業主に対する支援まで範囲が広がり、能力開発事業も加わりました。この際に現在の雇用調整助成金の前身である給付制度も設けられています。更に昭和52年（1977）には雇用安定事業も加わり現在のスタイルに至っています。

(3) 低成長期に入り経済のサービス化が著しく伸展し、これに伴って非正規労働者としての女性の社会進出が進んでいきます。そして国際的な女子差別禁止の動向とも相まって、国連の**女子差別撤廃条約の批准**を急ぐべく、国内法制の整備の一環として昭和60年（1985）に**男女雇用機会均等法**が制定されました。併せて、必然的に労働基準法の女性労働者の深夜業の制限等の女性保護関連の規定も削除されています。しかし、この動向に経済界は猛反発しており完全に行き詰まり、制定が危ぶまれていました。苦肉の策として当時の労働省が智恵を出して、法制化のハードルが比較的低い法改正の方式を選ぶことにして、勤労婦人福祉法の全面改正という形式的な手続きが採られました。その中身は殆どが努力義務の規定となっており、ザル法との陰口を囁かれもしていました。当時の赤松良子労働省婦人局長が「**小さく産んで大きく育てよう**」と発言していた経緯からみても、当時の法制定の困難が窺えます。もっともこの辺りから、経済界もこの法律の存在を意識して大卒新卒採用時に総合職、一般職などとコース別雇用管理を導入するなどして、労働法制の変更に適合した身の施し方に積極的になっていきます。男女雇用機会均等法は、赤松局長が言ったように、その後大きく育ち、男女平等法のスタ

イルを備えるまでに変化を遂げて、現在では大きな役割を担う労働法として不可欠な存在の法律に成長して、今に至ります。

　同時期には、日本の製造業による輸出が欧米経済を著しく圧迫する事態となっており、日本国民の働き振りが長時間労働としてやり玉にあがり、国際的な圧力が掛かる事態にも至っていました。そこで国際協調の視点から、昭和63年（1988）に労働基準法の労働時間に関わる規定が大きく改正されました。法定労働時間の短縮化が図られて**原則週40時間制**となり、雇用の多様なニーズに応えた柔軟な労働時間制度として、フレックスタイムや裁量労働制などの選択肢を増やす条項も加えられました。また、**高年齢者雇用安定法**も制定され、60歳定年制が努力義務ながらも初めて法律条項に載ることになりました。

　平成3年（1991）には育児休業法が制定され、女性労働者の仕事と家庭の両立支援が図られ、その後に**育児介護休業法**へと機能拡大の改正も行われ、今に繋がる道筋が立っています。平成5年（1993）にはパート労働法が制定され、非正規労働者の増加に対処すべき措置が講じられています。その後、男女雇用機会均等法と育児介護休業法、そして**パート労働法**（現在のパート有期雇用労働法）は度々の改正を経て、現在のワークライフバランスの推進的な位置付けとしての存在感を放っています。

3-2　労働法の変遷（II）～バブル経済崩壊から働き方改革へ～

（1） バブル崩壊後の日本経済は「失われた20年」と呼ばれる長い停滞期に入り、経済構造の改革なども遅れ気味のところに、グローバル経済化の波をまともに受けることになり、低成長の時代が続くことになってしまいました。この間、政府は経済活性化を図るべく積極的に**規制緩和の政策**を進めます。これらの動きを受けて、平成15年（2003）に**労働者派遣法**が改正され、派遣可能期間の上限が3年に拡大されるなどの緩和措置が講じられ、非正規労働者の雇用安定策もパート労働法の改正な

どを通じて実行されていきます。

　併せて、頻発する個別労働紛争に対して、集団的労働紛争を想定した制度や裁判所による司法判断では、時間と費用が掛かり過ぎることや相談体制の不備などから、泣き寝入りや有耶無耶にされるなどで労働者の権利が十分に保護されることは叶わず、制度疲労が顕著なものとなり対応できていませんでした。これらに対して、簡便迅速に対応できる個別労働紛争解決の体制整備を以て問題解決を図っていく方針が採られました。平成 12 年（2000）に**個別労働紛争解決促進法**が、平成 16 年（2004）に**労働審判法**が矢継ぎ早に制定され、多様なラインの**裁判外紛争解決機関（ADR）**の導入が図られました。これらの制度は急速に普及することとなり、これを切っ掛けとして国民の個別労働紛争への関心の高まりに繋がっていきます。平成 19 年（2007）には**労働契約法**が制定され、重要判例法理が明文化されることで、労働トラブル防止の予見可能性を保つ立法措置も講じられています。

(2) 平成 20 年（2008）秋にリーマンショックが起こり、動揺した企業により派遣労働者の解雇の多発や不条理な雇止めが頻発して社会問題化しました。これが切っ掛けとなり今までの臨時的措置であった**求職者支援制度**（詳細は第 24 講）が法制化され、第 2 のセーフティネットの機能を持つことになります。平成 24 年（2012）には正規雇用と非正規雇用の格差是正を図るべく、労働契約法が改正され、有期契約労働者の通算雇用期間が 5 年超の場合に、期限の定めのない労働契約に転換可能となる**無期転換権の付与**が実現します。同年には労働者派遣法も改正され、規制緩和でなし崩し的に適法化され評判の悪かった日雇い派遣が原則禁止となっています。また、同法は平成 27 年（2015）にも改正されて、派遣先の同一組織単位の派遣可能期間を一律 3 年に制限し、全ての派遣を許可制とするなど、一時は緩和されていた措置が見直されて規制強化されています。

2010 年代は、リーマンショックの後遺症で学卒者の就職氷河期と呼ばれる状況となり、不本意な非正規労働者が増加しており、その一方では、非正規労働者から置き換えられることで正規労働者が減少し仕事のしわ寄せを食らった形で、正規労働者の**過重労働の問題**が深刻さを増していきます。平成 20 年（2008）に労働基準法が改正され、月 60 時間超の時間外労働の割増賃金率の引き上げが、実効性に疑問は残っていたものの抑止効果を狙って導入されました。

　長引く不景気の影響は企業倫理感を後退させることになり、若年労働者は長時間労働やパワハラ等に晒され、不本意な離職が増大する状況にもなっていました。いわゆる**ブラック企業の蔓延**が社会問題化し始めた頃に当たります。このような状況を受けて、平成 27 年（2015）に**青少年雇用促進法**が制定され、事業主による募集採用や雇用管理の情報提供の義務付けが行われ、企業の内部透明度を高めて労働者のリスク回避の一助にすべく取り組みが行われました。併せて、平成 26 年（2014）には、時限立法の**次世代育成支援対策推進法**が延長改正されて、子育てサポート企業の認定（くるみん認定制度）が維持され、更に 10 年間継続されることになりました。平成 28 年（2016）には新法として**女性活躍推進法**が制定され、女性の活躍推進に取り組む企業の認定（えるぼし認定制度）なども始まりました。これらは何れもが、社会構造の変化を促す取り組みを図るための法制化です。

(3) 第 4 次安倍内閣により推進された働き方改革は、平成 30 年（2018）6 月に八つの法律の一括法案による**働き方改革関連法**（労働基準法や労働時間等改善法など 8 法律の改正一括法）の成立で具現化されています。働き方改革は、少子高齢化による労働生産力の低下や育児介護と併用しての労働者の質の充実など、働き方の多様性に対処すべく、創造的生産性の向上、就業機会の拡大や意欲・能力を発揮できる環境整備を意図したものです。しかしながら、一方では、過重労働の防止対策などが不十

分であるにもかかわらず、概して労働力の創出と人材の効率活用が顕著なことから、労働生産性の向上ばかりに重点を置く施策であるとの批判的見解も多数起こりました。

　働き方改革関連法として改正された労働基準法や労働時間等設定法の関連では、時間外労働の上限設定、使用者による年次有給休暇5日付与の義務、勤務間インターバルなどが導入されています。とりわけ、**時間外労働の上限設定**は意義あるものであり、月45時間以内年間360時間以内に規制して、繁忙期等の時間外労働についても上限無しから100時間未満とされました。この上限設定の改正は、昭和22年（1947）の労働基準法の制定以来、実に**72年ぶり**のことです。併せて、中小企業の人手不足と大企業における中高年齢労働者の余剰対策の相反状況の是正や、兼業・副業の推進、高度な専門的業務従事者の時間制約の撤廃など、かなり思い切った画期的な制度も導入されています。

　平成28年（2016）には人手不足の切り札的な外国人技能実習法が制定され、その2年後には新たな在留資格も創設されました。改元により令和時代に入ってからは、**労働施策総合推進法**が制定されましたが、雇用政策関連の基本法であると共に、個別労働紛争の相談内容で最も多いパワーハラスメント（以下、「パワハラ」という。）の対策を講じるためのものです。令和2年（2020）には、高年齢者雇用安定法が改正され、**70歳**迄の就業確保の努力義務の措置が図られています。

　また、2020年前半に世界を席巻した新型コロナ禍は約3年半もの間、猛威を振るいました。この影響は労働環境にも繋がることとなり、リモートワークの普及や在宅勤務などの情報通信技術を活用した働き方改革、ワークライフバランスの推進などが急速に動きました。とりわけ、リモートワークの普及は、労働時間ではなく職務や役割で評価を行おうとの動きとなり、その結果ジョブ型雇用という仕事の範囲を明確にした専門性の高い雇用スタイルを採り入れる企業も出てきました。

〈注〉

1　1919年に当時の国際連盟により創設され、国際連合にも引き継がれた最古参の専門機関。国際労働基準の制定により世界の労働者の労働条件と生活水準の改善を目的としている、本部はスイスのジュネーヴ。

2　労働基準監督制度。厚生労働省の下、全国約330拠点の労働基準監督署が設置され、約3000人の労働基準監督官が配置されている。

3　労働基準法97条5号により、労働基準監督官を罷免するには、労働基準監督官分限審議会の同意が必要とされている。

4　刑事訴訟法に基づき捜査を行い、事件を検察庁へ送致することができる権限。警察官と同様の権限で、強制の処分である捜索・検証・差押のほか、逮捕・勾留することもできる。

5　大日本帝国憲法のこと。

第**9**講 労働契約

1. 労働契約と採用

1-1 労働契約と契約期間

（1）労働契約

　労働契約とは、使用者と労働者が対等の立場で締結する**労務提供契約**のことで、民法の契約自由の原則と雇用契約規定を修正するものです。労働契約法6条は「労働契約は、労働者が使用者に使用されて労働し、使用者がこれに対して賃金を支払うことについて、労働者及び使用者が合意することによって成立する。」と定めています。労働者が使用者の下で働き、その対価を**労働の対償**として受領し、使用者は、労働の提供を受けてその対価として賃金を支払います。

　なお、労働条件の決定については、この労働契約による合意決定の他にも、就業規則による決定（第10講）、労働協約による決定（第15講）があります。其々の該当箇所で詳しく説明します。

（2）権利・義務関係

　労働関係の権利・義務関係は、労働契約の締結とともに、使用者には、先ずは主たる義務として「賃金支払義務」が生じ、労働者にも「労務提供義務」が生じます。また、民法の定める信義則に基づき、本来の債務を履行する上で、附随的に生じる義務として、使用者には「安全配慮義務」や「職場環境配慮義務」が生じ、労働者にも「企業秩序遵守義務」「競業避止義務」「秘密保持義務」「職務専念義務」などが生じます。これらの義務は、判例法理による考え方に基づき積み重なってきたものです[1]。

（3）契約期間

　労働契約の期間については、期間の定めのないものを除き、一定の事業の完了に必要な期間を定めるものの他は、原則として**3年を超えて**締結することはできません。但し、博士の学位を有する者、公認会計士、社会保険労務士や薬剤師などの**高度な専門的知識や技術などを有する者**が、その知識・技術等を必要とする業務に就く場合や、**満60歳以上の者**の場合は、**5年以内**の期間で締結することができます（労働基準法14条）。

1-2　労働者と使用者
（1）労働者の定義について

　労働基準法9条は、**労働者**を、「職業の種類を問わず、事業に使用される者で、賃金を支払われる者をいう。」と定めています。企業と使用従属関係にあり、**労働の対償**として賃金を支払われている者であれば、頭脳労働者も肉体労働者も分け隔てなく、全てが労働者ということになります。

　なお、労働者の定義は、労働基準法と労働組合法では異なっています。労働基準法では、現に使用従属関係にある者に限られていて、パート労働者・アルバイトなども、名称に関係なく労働者となります。労働組合法では、これらに加え、失業者も労働者に含まれています。したがって、労働基準法では失業者は労働者には含まれません。

（2）使用者の定義について

　労働基準法10条で、**使用者**を、「使用者又は事業の経営担当者その他その事業の労働者に関する事項について、使用者のために行為をするすべての者をいう。」と定めています。使用者とは、企業自体であり、事業の経営担当者とは、取締役や部門長のことです。使用者のために行為をする者とは、人事その他の労働条件の決定や具体的な指揮権限を持つ

人（実質的な責任者）ということになります。使用者であるかどうかの判断は、部長、所長などの呼称のみではなく、実態に基づいて行います。

（3）管理監督者の定義について

第11講で説明する労働時間規制については、管理監督者や特定の労働者[2]については一部の適用がありません。また、企業等で管理職と言われている者が、イコール管理監督者となる訳ではありません。労働基準法に定める**管理監督者**とされ、労働時間規制の一部の適用が除外されるためには、次の要件が必要となります。

①重要な職務と責任をもって経営者と一体的な立場にある。

②出退勤について自由裁量の権限を持ち、厳格な労働時間管理を受けない地位にある。

但し、②の条件が十分でなくても、賃金・待遇などについて、他の労働者と明確な差があるように工夫をして、処遇をしているのであれば問題はありません。

1-3　採用

（1） 採用に関しての法的ルールは、最高裁の**三菱樹脂事件**[3]（最大判昭和48年12月12日）**【判例1】**の判決に基づき、企業における採用の自由に関する判例法理が確立しています。同判決では、採用の諾否は、法律の定めによる場合を除き、いかなる理由でも使用者が労働契約の締結を強制されることはないとして、企業における採用の自由を認めています。

【判例1】三菱樹脂事件（最大判昭和48年12月12日民集27巻11号1536頁）
事実 大学法学部を卒業したA君が、学生時代の自治会活動や生協活動に熱心に取り組んでいたのに、採用試験の際に提出を求められた身上書に記載しなかったことから、採用面接時における、虚偽記載、記載すべき事項の秘匿、及び虚偽の回答をしていたとの理由で、試

用期間の終了直前に本採用を拒否された。会社は、A君の行為は、詐欺（民法96条）に該当し、管理職要員としての適格性を否定するものと主張した。これに対してA君は、憲法第14条（法の下の平等）及び第19条（思想及び良心の自由）に違反するとして、採用拒否の撤回を求めて提訴した。

経過 会社は、A君の行為は、詐欺（民法96条）に該当し、管理職要員としての適格性を否定するものと主張した。一審は、試用期間は解約権留保期間中であると捉え、本採用拒否は解雇権濫用にあたると判断。二審は、会社が主張する経歴秘匿等の事実は、何れもA君の思想・信条に関係するものであり、憲法第14条、労働基準法3条に反し、公序良俗違反であり許されないと判断した[4]。一審・二審ともに、A君の請求を容認したが、上告審となった。

判旨 最高裁は、採用の自由に関しては、「憲法は、思想、信条の自由や法の下の平等を保障すると同時に、他方、22条、29条等において、財産権の行使、営業その他広く経済活動の自由をも基本的人権として保障している。それゆえ、企業者は、かような経済活動の一環としてする契約締結の自由を有し、自己の営業のために労働者を雇傭するにあたり、いかなる者を雇入れるか、いかなる条件でこれを雇うかについて、法律その他による特別の制限がない限り、原則として自由にこれを決定することができるのであって、企業者が特定の思想、信条を有する者をそのゆえんをもって雇入れることを拒んでも、それを当然に違法とすることはできない」と判示し、会社側の主張を認めた上で高裁に差戻した。その後両者間で和解が成立した。

　また、最高裁は、**三菱樹脂事件**において、憲法第14条は、私人間には間接的にしか適用されず、労働基準法3条による信条を理由とする賃

金その他の労働条件における差別の禁止は、企業の採用の自由を制約する規定ではないとしています。

（2）採用の際によく耳にする**採用内定**についても、労働基準法で明文化されてはいませんが、契約が申込と承諾による意思の合致により成立することに鑑みた、最高裁の**大日本印刷事件**（最2小昭和54年7月20日）【判例2】では、新規学卒者の採用内定取消の無効が争われました。最高裁は、採用内定について、「労働者の募集が申込の誘引、労働者の応募が労働契約の申込、これによる使用者からの採用内定通知が承諾に当たり、申込と承諾の意思の合致によって労働契約は成立する」と説いています。即ち、採用内定は通知の時点で契約が成立しているということです。もっとも、「この時点での労働契約の成立では、就労や賃金の義務が生じる訳ではないので、就労の始期を学校卒業時とし、所定の採用内定取り消し事由に基づく解約権を留保して、就労の始期を大学卒業直後とする」と判示し、**始期付の解約権留保付労働契約**の成立と判断しています。また、**電電公社近畿電通局事件**（最2小昭和55年5月30日）[5]では、「労働契約の効力発生の始期を採用通知に明示された4月1日とする労働契約が成立している」として、**効力付の解約権留保付労働契約**の成立を認めています。

【判例2】**大日本印刷事件**（最2小判昭和54年7月20日民集33巻5号582頁）

事実 Ｙ社から内定通知を受けたＢ君は、もう一社内定していた企業を辞退して待機していたところ、卒業を目前に控えた2月下旬になって、突然にＹ社から内定を取り消す旨の通知を受けた。その理由は、Ｂ君がグルーミーな印象なので当初から不適格と思われたが、その後それを打ち消す材料が出なかったからというものであった。Ｂ君は他の会社にも行けず、困惑し、従業員としての地位確認及び賃金支払いと慰謝料の請求を求めて提訴した。

経過 一審は、採用内定契約ともいうべき一種の無名契約が成立しているとして、慰謝料以外のB君の請求を認容。二審は、採用内定取消理由に基づく解約権をY社が就労開始時まで留保し、就労の始期をB君の大学卒業直後とする労働契約が成立したと解するのが相当であるとして、解約権留保付き労働契約の成立を認め、B君の請求を認容[6]。一審は一部認容、二審は認容、上告審となった。

判旨 最高裁は、「本件採用内定通知のほかには労働契約締結のための特段の意思表示をすることが予定されていなかったことを考慮するとき、Y社からの募集（申込の誘引）に対し、B君が応募したのは、労働契約の申込みであり、これに対するY社からの採用内定通知は、右申込みに対する承諾であって、Y社の本件誓約書の提出とあいまって、これにより、B君とY社との間に、B君の就労の始期を昭和44年大学卒業直後とし、それまでの間、本件誓約書5項目の採用内定取消事由に基づく解約権を留保した労働契約が成立したと解する」として、「採用内定の取消事由は、採用内定当時知ることができず、また知ることが解約権留保の趣旨、目的に照らして客観的に合理的と認められ社会通念上相当として是認することができるものに限られる」と判示し、社会通念上相当として認めることはできず、解約権の濫用であるとして、会社側の上告を棄却。

このように、二つの最高裁判決を考えるにあたって、始期を**就労の始期**とする解釈[7]であれば、採用内定時に労働契約の効力が発生していることから、就労を前提としない労働基準法の規定であっても、内定期間中にも適用されることから、賃金を支払えば、内定期間中の研修やレポート提出も義務として課すことができます。また、始期を労働契約の効力発生の始期と解釈[8]すると、内定期間中の研修等を業務として課す法的根拠はないことになります。前者の始期付の解約権留保付労働契約の

成立が有力説です。

1-4　試用期間の法的性質

（1）試用期間とは、労働者を新規採用する際に、職種の専門性にもより
ますが、一般的には 2 カ月から 6 カ月程度の期間を設けて、採用した者
の人物や能力を評価してその適格性を判断し本採用とするもので、広く
普及している制度です。公務員法では「条件付き任用」として法定され
ていますが、民間企業を対象とする労働基準法では、12 条（平均賃金
の算定）や21 条（解雇予告期間の除外）で試みの使用期間として言及
していますが、明確な定義化はしていません[9]。したがって、同制度を設
けるには、就業規則に、試用制度の有無、試用期間、期間延長の可能性
の有無、使用者の解雇権等について規定化されているのが一般的です。

　また裁判例でも、「試用の制度を実施するには、就業規則に一定期間
を試用期間とし、同期間中又は終了後に、『試用期間中、不適当と認め
られた場合は社員として採用しない』旨の規定を置いておかなければな
らない」（**テーダブルジェー事件**：東京地裁平成 13 年 2 月 27 日）[10]や、「試
用期間制度の定めがあることを採用時に労働者に対して告知しなかった
場合には、試用期間のない雇用契約が成立したものとされる」（**京新学
園事件**：大阪地裁昭和 60 年 12 月 25 日）[11]などの司法判断があります。

（2）試用期間の法的性質については、停止条件説や特別契約説など様々
な学説[12]がありましたが、最高裁大法廷判決の**三菱樹脂事件**[13]（前出）に
おいて、「期間の定めのない契約に通常の解雇よりも広い範囲の解約権
を留保する期間が付いている」との解約権留保説の立場で判断されたこ
とから、期間の定のない労働契約に停止条件や解除条件が付与された
ものとして法的に説明されるようになりました。したがって、試用期間
中は、特別の解約権が留保されているだけで、既に期間の定めのない労
働契約が成立していることになります。

西谷敏先生[14]は、「高卒・学卒定期採用の試用期間については、能力不足等を理由として解約権行使が許されるのは例外的な場合に限定されよう。これに対して、高いマネジメント能力を期待されて管理職として中途採用された労働者の場合には、解約権行使の適法性は相対的に緩やかに判断される。」[15]との見解です。司法判断でも、「親会社の社長に声を出して挨拶しなかった」ことを理由に採用取消しした事案（テーダブルジェー事件：前出）や、「事実の裏付けがない業務能力の不良、不適格性、実務英語力の不足、職務経歴の不実記載などの理由が事実に裏付けられていなかった」との事案（**オープンタイドジャパン事件**：東京地裁平成14年8月9日）[16]、システムエンジニアとして会計システム・開発事業に従事させるべく中途採用した社員が、「単に技術・能力・適格性が期待されるレベルに達しないというのではなく、著しく劣っており、且つそれは簡単に矯正することができない持続性を有する性向に起因することが認められる」とした事案（**日水コン事件**：東京地裁平成15年12月22日）[17]。そして、**欧州共同体委員会事件**（東京地裁昭和57年5月31日）では、「能力主義人事により能力ランク別に地位・賃金等に格差を設けている場合には、高いランクで採用した労働者の能力不足を理由とする本採用拒否は有効であり、使用者はより低いランクに降格させて雇用を続ける必要はない」と判示して、試用期間満了の解雇を認めています。もっとも、**医療法人健和会事件**（東京地裁平成21年10月15日）[18]では、「3カ月の試用期間のうち20日を残して能力欠如を理由に解雇」した事案について、客観的に合理的理由を有し社会通念上相当であるとはいえないとして無効としています。なお、軽微な職務経歴の不実記載などでは不問にされています。

(3) 試用期間の延長については、**ブラザー工業事件**（名古屋地裁昭和59年3月23日）[19]で、「2カ月の見習い期間の後、試用社員登用試験に合格した労働者に対し、更に6カ月から1年間の試用期間を設けたこと

を、「試用期間としては2カ月の見習い期間だけで十分である」と判示して、その後の試用期間を公序良俗違反としたものがあります。もっとも、**神戸弘陵学園事件**（最3小平成2年6月5日）【**判例3**】では、高校の契約行使の新規採用について、「雇用契約に期間を設けた趣旨・目的が労働者の適性を評価・判断するためのものであるときに、この期間は試用期間であると解するのが相当である」としています。また、教員の場合は、試用期間は学年末迄の1年間も有効とされました。

【**判例3**】神戸弘陵学園事件（最3小判平成2年6月5日民集44巻4号668頁）

事実 Ｙ学園は新設校であり新規教員の採用は1年の有期雇用としていた。Ｔ氏は、4月1日付でＹ学園の教員（常勤講師）として採用された。面接の際に理事長から採用後の身分は常勤講師とし契約期間は1年間、1年間の勤務状態を見て再雇用についての判定をするなどの説明を受け、口頭で長期雇用の可能性を含んで採用の旨が伝えられた。そして5月中旬に、Ｔ氏はＹ学園から求められるままに予め交付されていた「3月31日迄の期限付の常勤講師として採用される旨の合意が成立したこと、その期限が満了したときは解雇予告その他何らの通知を要せず期限満了の日に当然退職の効果が生ずる」等の記載がある期限付き職員契約書に自ら署名捺印した。その後、Ｙ学園は、3月31日にＴ氏の労働契約については期間満了を以て終了する旨の通知を行なったため、Ｔ氏は教諭の地位確認と、4月以降の賃金支払いを求めて提訴した。

経過 一審は、契約期間1年の有期雇用が成立したものとして反復更新されていないことから、更新拒否は正当とした。二審もこれを支持、Ｔ氏の請求を棄却し[20]、上告審となった。

判旨 最高裁は、「使用者が労働者を新規に採用するにあたり、その雇用契約に期間を設けた場合において、その設けた趣旨・目的が

労働者の適性を評価・判断するためのものであるときは、右期間の満了により右雇用契約が当然に終了する旨の明確な合意が当事者間に成立しているなどの特段の事情が認められる場合を除き、右期間は契約の存続期間ではなく、試用期間であると解するのが相当である」と判示し、原判決破棄、高裁に差し戻した。

1-5　身元保証人

　身元保証人を立てる**身元保証契約**とは、労働者が使用者に与える一切の損害を、身元保証人が責任を負い（極度額あり）、企業に対して、その損害を賠償するという契約のことです。もっとも、予め損害賠償額を定めておくことは、労働基準法16条によりできませんが、身元保証人は、「身元保証ニ関スル法律」（昭和8年制定）によって適法化されています。主な内容は次の通りです。

①保証期間の制限

　　身元保証期間についての定めがない場合は3年、期間を定めても5年を超えることはできません。

②身元保証人の責任軽減

　　使用者が、労働者の管理監督に関して過失があった場合には、身元保証人が負う責任の範囲は制限され、その程度も軽減されます。なお、改正民法により、極度額の定めがなければ身元保証自体が無効となります。

③身元保証人の解除権

　　使用者は、労働者の職務内容などに変化があった場合（営業部から経理部への職務転換など）は、身元保証人に対して、直ちにその旨を通知する必要があります。この通知を受けて、身元保証人は、身元保証契約を解約することができます。

1-6 青少年雇用促進法について

　青少年雇用促進法は、新規学卒者の募集を行う全ての企業が、幅広い青少年雇用情報の提供に努めることを定めています。また、求人企業は、申込み先の公共職業安定所や職業紹介事業者から、そして応募者たる学生から求められた場合は、次表のA〜Cの3類型の其々から1つ以上の青少年雇用情報を提供しなければなりません。

「応募者等から求められた場合の情報提供項目」

A 募集・採用に 関する状況	①過去3年間の新卒採用者数、離職者数
	②過去3年間の新卒採用者数の男女別人数
	③平均勤続年数（可能な場合は平均年齢も）
B 職業能力の開発・ 向上に関する状況	④研修の有無・内容
	⑤自己啓発支援の有無・内容（教育訓練休暇制度、教育訓練短時間勤務制度を含む）
	⑥メンター制度の有無
	⑦キャリアコンサルティング制度の有無・内容
	⑧社内検定等の制度の有無・内容
C 企業における 雇用管理に関する 状況	⑨前年度の月平均所定外労働時間の実績
	⑩前年度の年次有給休暇の平均取得日数
	⑪前年度の育児休業取得対象者数・取得者数（男女別）
	⑫役員に占める女性の割合及び管理的地位にある者に占める女性の割合

　個別に学生から情報を求められた場合に、企業は、メール又は書面による情報提供をしなければなりません。実際には、各企業は、ホームページでの公表、会社説明会での提供、求人票への記載、求人媒体を通じての提示などにより、自主的な情報提供をしています。学生の皆さんにとって、これらは余りにも少ない情報かもしれませんが、労働条件を知るというよりも、企業が示していない情報は、何故出せないのかを考え、ブラック傾向にある企業のあぶり出しに使っていくとよいと思います。

2．配置

2−1　配置転換の判例

　日常的には転勤と呼ばれている、転居を伴う配置転換について。

　最高裁の**東亜ペイント事件**（最 2 小昭和 61 年 7 月 14 日）**【判例 4】**は甘受論を唱えた有名な判決です。企業の合理的運営に寄与する限りは、業務上の必要性の存在を肯定し、使用者に条件付で**配置転換命令権**の存在確認を認め、労働者は許容するべきだとする**甘受論**を唱えて、使用者に大幅な配置転換命令権を認めました。その条件とは、「**①業務上の必要性があること　②不法な動機・目的でないこと　③労働者が通常甘受すべき程度を著しく超えて不利益を受ける場合でないこと**」というものです。ところが、時代の流れとともに、甘受論の程度に変化があり、**帝国臓器製薬事件**（最 2 小平成 11 年 9 月 17 日）[21] は、単身赴任者の不利益性が争われたもので労働者側が敗訴しました。これは当時における画期的な判決であったと思います。「（当時の）単身赴任は一般化している」として、労働者が、甘んじて異動を受けるのは当然としながらも、労働者の「**経済的不利益を軽減せよ**」と判示しています。軽減の程度は企業の実情（利益が上がっているか否かなど）に合せればよいとするもので、経済的不利益を軽減せよとは、新幹線定期代や単身赴任手当、住宅手当、別居手当の新設や増強あるいは単身赴任社宅の新設など、少しでも労働者が困難な状況を回避する経済的負担の軽減措置のことです。

【判例 4】東亜ペイント事件（最 2 小判昭和 61 年 7 月 14 日労判 477 号 6 頁）
　事実　Y 社の神戸営業所で主任として勤務していた S 氏は、大卒資格で採用されていた。Y 社では、大卒資格で採用された社員については、勤務地を限定する合意はなく、また就業規則において転勤を命ずることも定めていた。Y 社は、S 氏に対して、広島営業所への

転勤を内示したが、S氏は、家庭の都合（71歳の母、2歳の子を持つ妻は保育園に勤務しながら保母資格取得の勉強中）を理由に、転居を伴う転勤はできないと拒否した。その後、より近場の名古屋営業所への転勤を打診したのであるが、これも拒否した。最終的には、同意を得られないまま、名古屋営業所への転勤命令を発令したが、S氏は従わず赴任することはなかった。そこで、転勤命令の拒否は、就業規則の懲戒理由（業務命令違反）に該当するとして懲戒解雇とした。

経過 一審は、S氏を転勤させる必要性はそれほど強くないうえ、単身赴任を強いられることにより相当の犠牲を払うものであるから、転勤命令は無効で、それを根拠にする懲戒解雇も無効として、請求を認容。二審も支持し[22]、上告審となった。

判旨 最高裁は、使用者の配転命令権について、「使用者は業務上の必要性に応じ……その裁量により労働者の勤務場所を決定することができるものというべきであるが……これを濫用することの許されないことはいうまでもない」とした上で、「当該転勤命令につき、業務上の必要性が存在しない場合又は業務上の必要性が存する場合であっても、当該転勤命令が他の不当な動機・目的をもってなされたものであるとき若しくは労働者に対し通常甘受すべき程度を著しく超える不利益を負わせるものであるとき等、特段の事情の存する場合でない限りは、当該転勤命令は権利の濫用になるものではない」とした。また、業務上の必要性については、「当該勤務先への異動が余人をもって替え難いといった高度の必要性に限定することは相当ではなく、労働力の適正配置、業務の能率増進、労働者の能力開発、勤労意欲の高揚、業務運営の円滑化など企業の合理的運用に寄与する点が認められる限りは、業務上の必要性の存在を肯定するべきである」として、権利濫用の基準を示した。そして、本件については、

「転勤がS氏に与える家庭生活上の不利益は、労働者が、転勤に伴い通常甘受すべき程度のもの」と判断し、当該転勤命令は権利濫用にはあたるものではないとして、原審を破棄し、高裁差戻しとした。

2-2　出向・転籍の法的な考え方

（1） 労働基準法などの労働諸法において、出向・転籍に関する直接的な定義や規制の規定は存在していません。したがって、出向・転籍の実施については、使用者と労働者との間の契約に委ねられています。しかしながら、裁判例により一定のルールが確立されています。**転籍**は、その実施の有無について、個々の労働者の同意が必要とされており、**出向**については、就業規則又は労働協約により、予め出向規定を定めておき、採用時に周知させておけば、**包括的同意を得ている**として、出向命令が有効なものとされています。労働契約法14条[23]は、出向権の濫用に関する判例法理を明文化したものです。

　なお、労働基準法3条（均等待遇の原則）、労働組合法7条（不当労働行為）等の法規制があります。

（2） 出向に関する判例動向は、当初は就業規則等で出向命令に係る規定が存在しても労働者の同意が必要とされていましたが、企業グループ内での出向などが頻繁に行われるようになり、それに伴い就業規則の整備も進んでくると、前述の包括的同意で事足りるとする司法判断[24]がなされるようになりました。**興和事件**（名古屋地裁昭和55年3月26日）[25]は、「労働者の同意は…真に同意に値するものである限り、明示とか個別的なものに限る理由はなく、暗黙或いは包括的態様のものでも足りる」として、就業規則や労働協約を通じて労働契約の内容となっており、労働者は包括的に合意していると判示しています。また、**ゴールド・マリタイム事件**（大阪高裁平成2年7月26日）[26]では、「就業規則や労働協

約で出向先を限定し、身分、待遇等を明確に定めている場合には、個別合意がなくとも出向義務が生ずる」として出向命令を是認しています。

2-3 育児介護休業法 26 条と裁判例

　平成 13 年（2001）改正の際に、育介休業法 26 条に、「雇用する労働者の配置変更で就業の場所の変更を伴う場合に、子の養育又は家族介護が困難になる労働者がいるときは、その状況に配慮しなければならない」と規定されました。**配慮義務**に留まる規定[27] ですが、実務上は配転命令の効力に影響を与えています。

　明治図書出版事件（東京地裁平成 14 年 12 月 27 日）[28] では、共働きで重症の疾病の子を有する男性社員に対してなされた、東京本社から大阪支社への転勤命令の事案で、「育児の負担や配転回避策などを真摯に検討することなく、配転命令を一方的に押し付けるような態度を一貫してとることは、育介休業法 26 条の趣旨に反し、配転命令は権利濫用として無効である」と判示しています。

　ネスレジャパンホールディングス事件（神戸地裁姫路支部平成 17 年 5 月 9 日）[29] では、妻が精神疾患に罹患し、又は母が要介護度 2 の状態にある姫路工場採用の社員 2 名の霞ヶ浦工場への配転命令について、「育介休業法 26 条にいう配慮の有無の程度は、配転命令を受けた労働者の不利益が、通常甘受すべき程度を著しく超えるか否か、配転命令権の行使が権利の濫用となるかどうかの判断に影響を与える」と判示し、本事案では「配慮が不十分で配転命令権の濫用にあたる」としています。

2-4 損害賠償予定の禁止と減給の制裁

（1）損害賠償予定の禁止

　使用者は、労働契約の不履行について、違約金を定める契約を行うことや損害賠償額を予定する契約はできません（労働基準法 16 条）。も

っとも、この規定は、実際の損害賠償の具体的金額を予定することを禁止しているのであって、損害賠償を予定すること自体までを、違法としている訳ではありません。**野村證券留学費用返還請求事件**（東京地裁平成 14 年 4 月 16 日）[30] に代表されるように、社費留学などの是非について、損害賠償額の予定なのか、金銭消費貸借契約なのかが争われたケースがあります。本事案では、留学中の態様が自由意思を不当に拘束するものではないとして、労働基準法 16 条に違反しないとしています。

（2）減給の制裁

　労働者に対して減給の制裁を行う場合は、次の①から③の要件の全てを満たさなければなりません（労働基準法 91 条）。

　　①就業規則において、減給に関する規定を設けること。

　　②減給は 1 回の額が平均賃金の 1 日分の半額を超えないこと。

　　③一賃金支払期に発生した複数事案の減給の場合であっても、減給の総額が一賃金支払期の賃金総額の 10 分の 1 を超えないこと。

３．雇用形態

3-1　非正規労働者の法制度

（1）正社員と非正規労働者

　同一企業における通常の労働者（正社員）と非正規労働者（「非典型労働者」ともいう。）の間の不合理な待遇格差の解消を目的として、従来からのパート労働法が発展的に解消する形で制定された、**パート有期雇用労働法**が、令和 2 年 4 月（中小企業は令和 3 年 4 月）から施行されています。

　同法において、**短時間労働者**は「一週間の所定労働時間が同一の事業主に雇用される通常の労働者（正社員）に比べて短い労働者」であると、

有期雇用労働者は「事業主と期間の定めのある労働者」であると定義しています。したがって、正社員と週の所定労働時間が完全に同じ労働者（いわゆる疑似パート社員）以外は、パートタイマー、アルバイトや契約社員であっても、この定義の範囲に入り同法が適用される労働者ということになります（パート有期雇用労働法2条）。

（2）非正規労働者の態様

　一般的に、パートタイマー・アルバイト・嘱託社員・契約社員・派遣社員などと呼ばれている、非正規労働者。これらの呼び方は、一般用語で法令用語ではありませんが、日常的な観点から就業形態別の特徴を説明してみることにします。

①**パートタイマー**と**アルバイト**について。何れもほぼ同じようなものですが、アルバイトは、学業をもつ者が「副業」的に行なうものであり、パートタイマーには、家庭の補助的な「兼業」的色彩があります。なお、アルバイトには、卒業や就職といったかたちで「終期」もあります。しかし近時では、名称に関わらず個人事業主の形態をとる「専業のアルバイト」的なフリーターの存在が、法の網目から漏れがちとの問題も生じています。パート有期雇用労働法では、これらを短時間労働者と呼んでいます。

②**契約社員**とは、正社員と同じような仕事をしていても、有期の契約期間で、正社員より労働時間を短くしている企業が多いようです。もっとも、契約社員であっても、プロフェッショナル社員などと呼称して、高度な知識や技術を持ち専門性の高い仕事をする、高給な年俸制の者が対象となる企業もあります。パート有期雇用労働法では、これらを有期雇用労働者と呼んでいます。

③**嘱託社員**とは、一般の企業では、定年退社した正社員が新たな労働条件の下、引き続き雇用される場合や、守衛・運転手・保養所管理人のように、企業本来の事業とは関係のない部門で働き、労働条件

も異なる場合に使われます。もっとも、特徴は極めてあいまいで、私立大学などでは有期契約事務職員のことを指すこともあります。法令の定義には定かなものはないのですが、パート有期雇用労働法の有期雇用労働者が該当すると思われます。

④**派遣社員**とは、労働者と労働契約を締結している企業（派遣元事業主）から、労働者派遣契約により、依頼主（派遣先事業主）にその雇用労働者を派遣し、派遣先の指揮命令下で働く者のことです。労働者派遣法では、派遣労働者と定義化されています（労働者派遣法2条）。

〈注〉

1　判例を明文化した労働契約法では、その5条で、「使用者は、労働契約に伴い、労働者がその生命、身体等の安全を確保しつつ労働することができるよう、必要な配慮をするものとする。」として安全配慮義務を規定している。

2　労働時間規則の適用除外者は、次の①から③の労働者である。①農業・水産業従事者（林業従事者には適用）　②管理監督者と機密事務取扱者（管理監督者としての管理職や労務担当者、秘書業務担当者など）　③監視断続的業務従事者（守衛や石油コンビナート計器監視員など）

3　三菱樹脂事件（最大判昭和48年12月12日判時724号19頁）

4　一審は東京地方裁判所（東京地判昭和42年7月17日判時498号66頁）、二審は東京高等裁判所（東京高判昭和43年6月12日判時523号19頁）の判決。

5　電電公社近畿電通局事件（最2小判昭和55年5月30日民集34巻3号464頁）

6　一審は大津地方裁判所（大津地判昭和47年3月29日判時664号18頁）、二審は大阪高等裁判所（大阪高判昭和51年10月4日判時831号15頁）の判決。

7　始期付の解約権留保付労働契約のこと。

8　効力付の解約権留保付労働契約のこと。

9　林弘子　『労働法（第2版）』　法律文化社 2014年 35頁参照

10　テーダブルジェー事件（東京地判平成13年2月27日労経速報1767号3頁）

11　京新学園事件（大阪地決昭和60年12月25日労経速報1251号18頁）

12　試用期間を本採用後の労働契約とは別の特別な契約関係とする特別契約説、適格性の判断などの目的から適格性があることを労働契約の停止条件とする停止条件説、適格性がないことを労働契約の条件とする解除条件説。

13　「採用拒否は解雇にあたるが、その制度趣旨からすれば、通常の解雇とは同一に論ずることはできず、広い範囲の解雇の自由が認められる」とした上で、「本採用拒否は『客観的に合理的な理由が存し社会通念上相当として是認される場合』に限って可能である」と判示している。

14　西谷敏大阪市立大学名誉教授。

15　西谷敏　『労働法（第3版)』　日本評論社 2020年 171頁引用

16　オープンタイドジャパン事件（東京地判平成14年8月9日労判836号94頁）

17　日水コン事件（東京地判平成15年12月22日労判871号91頁）

18　医療法人健和会事件（東京地判平成21年10月15日労判999号54頁）

19　ブラザー工業事件（名古屋地判昭和 59 年 3 月 23 日労判 439 号 64 頁）

20　一審は神戸地方裁判所（神戸地判昭和 62 年 11 月 5 日労判 506 号 23 頁）、二審は大阪高等裁判所（大阪高判平成元年 3 月 1 日労判 564 号 21 頁）の判決。

21　帝国臓器製薬事件（最 2 小判平成 11 年 9 月 17 日労判 768 号 16 頁）

22　一審は大阪地方裁判所（大阪地判昭和 57 年 10 月 25 日労判 399 号 43 頁）、二審は大阪高等裁判所（大阪高判昭和 59 年 8 月 21 日労判 477 号 15 頁）の判決。

23　労働契約法 14 条「使用者が労働者に出向を命ずることができる場合において、当該出向命令が、その必要性、対象労働者の選定に係る事情その他の事情に照らして、その権利を濫用したものと認められる場合には、当該命令は、無効とされる。」

24　新日本製鐵事件（最 2 小判平成 15 年 4 月 18 日労判 847 号 14 頁）

25　興和事件（名古屋地判昭和 55 年 3 月 26 日労判 342 号 61 頁）

26　ゴールド・マリタイム事件（大阪高判平成 2 年 7 月 26 日労判 572 号 114 頁）

27　配慮とは、子の養育や家族の介護が困難にならないように意を用いることをいい、配置をしないとか、労働者の負担軽減のための積極的な措置を講ずることを求めるものではない。（平成 21 年職発 1228004 号・児発 1228002 号）

28　明治図書出版事件（東京地決平成 14 年 12 月 27 日労判 861 号 69 頁）

29　ネスレジャパンホールディングス事件（神戸地裁姫路支判平成 17 年 5 月 9 日労働判例 915 号 60 頁）

30　野村證券留学費用返還請求事件（東京地判平成 14 年 4 月 16 日労判 827 号 40 頁）

第**10**講 就業規則

1．就業規則について

1-1　就業規則の機能

　労働条件は、前述（第9講）の労働契約によって決定されるのが原則なのですが、多数の労働者を雇用する企業では、個別に締結されることになる労働契約では詳細な労働条件を定めるのは困難で、実際的ではありません。そこで労働契約関係を集合的・統一的に扱っていく必要があり、使用者が労働条件を定型的に定めた**就業規則**によることでこれを可能にしています。労働基準法が法定労働条件の最低基準を定めているのに対して、就業規則は、最低基準としての労働契約の内容を規律するとともに、事業場における労働条件を画一的、公平に設定するという機能を有しています。これらに鑑みて、就業規則は、「使用者が、多数の労働者を雇入れ、効率的に事業を経営するために、職場の規律や労働条件につき、作成する規則類である」[1]と定義することができます。

　就業規則は、常時10人以上の労働者を雇用する事業場[2]において、労働者の意見を聴いて、これを作成し、所轄労働基準監督署に届け出なければなりません。そしてその内容や作成・周知の方法等が法定されています（労働基準法89条）。なお、労働契約と就業規則の関係は、労働契約7条が「労働者及び使用者が労働契約を締結する場合において、使用者が合理的な労働条件が定められている就業規則を労働者に周知させていた場合には、労働契約の内容は、その就業規則で定める労働条件によるものとする。」と定めています。

1-2　就業規則の法的根拠

　就業規則は法的に遵守を強制されるものですが、その法的根拠は、労働基準法89条や法適用通則法16条を基底として、学説では法規範説（就業規則に法規範性が有るので、労働者の同意不要にて当事者を拘束する）や契約説（就業規則は契約のひな型なので、労働者の同意により契約内容となる）など多岐に亘っているものの、判例における最高裁の考え方をまとめてみると、次の2つの規範性を有しています。

　　①就業規則は、事業主が労働関係を組織付け、秩序付けするため、事業場内において法律同様の規範性を持つ。

　　②就業規則は、事業場における労働条件を統一的に制定し、労働者保護法の目的実現のために、法律同様の規範性を持つ。

秋北バス事件（最大判昭和43年12月25日）**【判例5】**で、最高裁は「就業規則に規定されている労働条件が合理性を有する限りにおいては、それは、約款としての事実たる慣習が成立している」と判示しており、普通契約約款論（就業規則＝契約内容）に基づく明確な**法的規範性**が確立しました[3]。これに加えて、**フジ興産事件**（最2小平成15年10月10日）[4]では、「就業規則はその内容を適用事業場で労働者に周知することで、法的規範の性質を有する」として、事業場で周知されていなかった懲戒解雇規程には拘束されないとされました。

　このように、現在では「就業規則を労働者に周知している場合には、労働契約の内容は、就業規則で定める労働条件となる」ことが直接的な法的根拠で、就業規則が法律と同じように取り扱われる所以です。したがって、使用者が作成・変更・周知等を適法に行い、法的違反事項や社会常識的に容認できない事項、いわゆるプレッシャー条項など合理的な説明がつかない条項以外は、労働者はその内容を知っているか、知らないかに関わらず、また、労働者が個別に同意しているか、いないかに関わらず、労働者に適用され、労使共々遵守する義務が生じます。また、

使用者は、就業規則の定める範囲で労働者に義務命令等を行うことができ、労働者は原則としてこれに従うことになります。

【判例5】秋北バス事件 （最大判昭和 43 年 12 月 25 日民集 22 巻 13 号 3459 頁）

事実 Ｙ社の就業規則には、主任以上の職の従業員には適用されない 50 歳定年制の定めがあったが、就業規則の変更により、これを改正して、主任以上の職にある者の定年を 55 歳とした。この改正により、当時 55 歳に達していた営業所次長のＡ氏が解雇された。そこで、Ａ氏は、改正就業規則の同条項の無効確認及び雇用関係の存在確認を求めて提訴した。

経過 一審は、Ａ氏の雇用関係の存在確認については認容。二審は、一審判決を破棄して請求を棄却[5]。上告審となった。

判旨 最高裁は、「労働条件を定型的に定めた就業規則は、一種の社会的規範としての性質を有するだけでなく、それが合理的な労働条件を定めているものである限り、経営主体と労働者との間の労働条件は、その就業規則によるという事実たる慣習が成立しているものとして、その法的規範性が認められるに至っている（民法 92 条[6]）」とした上で、「新たな就業規則の作成又は変更によって、……労働者に不利益な労働条件を一方的に課することは、原則として、許されないと解すべきであるが、労働条件の集合的処理、特にその統一的且つ画一的な決定を旨とする就業規則の性質からいって、当該規則条項が合理的なものである限り、当該事業場の労働者は、就業規則の存在及び内容を現実に知っているか否かに関わらず、また、これに対して個別的に同意を与えたかどうかを問わず、当然に、その適用を受けるものというべきである」と述べて、「本件就業規則条項は、決して不合理なものということはできず、同条項制定後、直ちに同条項の適用によって解雇されることになる労働者に対する関

係において、Y社がかような規定を設けたことをもって、信義則違反ないし権利濫用と認めることもできないから、A氏は、本件就業規則条項の適用を拒否することができないものといわなければならない」と判示し、A氏の上告を棄却した。

1-3　就業規則の作成・変更手続

　就業規則を作成・変更する際に、労働者の過半数で組織する労働組合（**過半数労働組合**）がある場合は、その労働組合との、又は過半数で組織する労働組合がない場合には、労働者の過半数を代表する者（**過半数労働者代表**）との**意見聴取**をして**意見書**とし、それを添えて労働基準監督署に届け出ることになっています。就業規則の作成・変更の流れを図示すると、次のようになります。

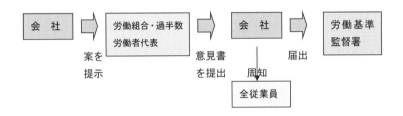

1-4　就業規則の不利益変更

　就業規則の変更については、労働基準監督署への届出をする必要がありますが、過半数労働者代表の同意を必要としていません（労働基準法90条）。そのため労働組合のない企業などでは、使用者が、ほぼ一方的に変更できるような誤解が生じがちですが、勝手に労働条件を自由に切り下げることは、判例法理による**「労働条件の不利益変更」**として、禁じ手となっています。

　就業規則に定める労働条件の引き下げ（悪く）を検討する場合には、

先ず、**第四銀行事件**（最 2 小平成 9 年 2 月 28 日）[7]、**みちのく銀行事件**（最 1 小平成 12 年 9 月 27 日）[8] などの判例が示す要件を理解した上で、過半数労働者代表（過半数労働組合）についての理解をしておく必要があります。判例が示す、就業規則の労働条件の引き下げを可能とする要件は、次のとおりです。

  ①就業規則を変更（労働条件切り下げ）する必要性

  ②不利益の程度、認容度

  ③不利益の程度と世間相場との比較

  ④不利益を被る場合の代償措置の有無とその程度

  ⑤労働者に対する説得努力の実行

 これらは「合理性の判断考慮要素」と呼ばれており、第四銀行事件で確立しましたが、これが立法化されたものが労働契約法 10 条[9] です。

1−5　就業規則の構成

 就業規則の記載事項（内容）は、必ず就業規則に記載しなければならない事項（**絶対的必要記載事項**）と、制度を定める場合には、就業規則に記載しなければならない事項（**相対的必要記載事項**）があります（労働基準法 89 条）。この他にも、服務規律や経営理念など、労働基準法上は記載しても記載しなくても自由な**任意的記載事項**と呼ばれているものもあります。

 就業規則には、賃金規程・退職金規程・育児介護休業規程・旅費規程・出向規程など様々な規程が附属しているのが一般的です。これらの諸規程も、就業規則の一部であることには変わりはありません。また、昨今では、社会情勢の動向に伴って、営業秘密管理規程・再雇用規程・テレワーク規程など益々多種化しています。

 就業規則の構成については、全く自由ですが、次のような構成が分かりやすく一般的だと思います。

【就業規則の構成とその内容例】

項　　目	内　　容
1章　総則（前文）	△制定趣旨　△経営理念
2章　採用及び配置	△採用手続　◎試用期間　◎配置、異動、昇進
3章　労働時間及び休憩時間	●始業・終業時刻　●休憩
4章　休日及び休暇	●休日、●休暇、●交代勤務
5章　賃金及び退職金	●賃金の決定・計算・支払方法・締切日・支払時期・昇給　◎退職金　◎賞与　◎旅費
6章　休職及び退職	◎休職　●退職（解雇）
7章　服務規律	△就業上の遵守事項　△労働者たる身分にともなう遵守事項
8章　表彰及び懲戒（制裁）	◎表彰　◎懲戒（制裁）
9章　福利厚生	◎食費　◎作業用品の労働者負担　△保養施設
10章　安全及び衛生	◎安全衛生
11章　災害補償	◎労働災害　◎私傷病扶助
12章　諸　　則	△紛争解決機関　△就業規則の解釈・適用　△施行

※●＝絶対的必要記載事項　◎＝相対的必要記載事項　△＝任意的記載事項
※「服務規律」を2章の後に置く構成の就業規則もよく見かけます。

出所：中川直毅編著『就活キャリアスキル読本』三恵社 2021 年 201 頁の図を引用

2. 就業規則の法的な位置づけ

2-1　就業規則と労働協約、労働契約

　就業規則は、労働組合のある企業が締結している労働協約や、個別に労働者と締結している労働契約との関係は、其々について関係法令に基づいて、次のように定められています。

　先ずは、其々がどのようなものかについて説明します。

　労働協約（詳細は第15講）は、労働組合法14条の定めにより、使用者と労働組合が、労働条件などについての合意内容を文書にして、双方の当事者が署名又は記名押印したものです。**労働契約**とは、使用者と労働者が労務提供及び賃金支払義務等を約束することです。労働契約が締結されると、労働者は、使用者の使用従属関係の下、労務提供を行う義

務が生じ、一方の使用者には、労務提供の対価として、労働者に応分の賃金を支払う義務が生じます。なお、**労働契約**と民法に定める**雇用契約**が混同されて使用されがちですが、法律的には労働契約よりも、雇用契約の方がより広い概念です。

　次に、就業規則と労働協約と労働契約の関係について説明します。当然のことですが、何れもが、法令で定める労働条件以上の内容で定めていなければ、法令違反となり、その部分は無効となります。

　これらと法令の優先順位（**規範的関係**）は、次図の通りで、労働協約、就業規則、そして労働契約の順となります。直律効とも呼ばれています[10]。

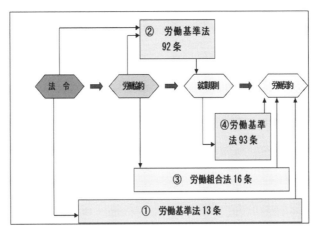

出所：中川直毅編著『要説キャリアとワークルール（第3版）』三恵社 2021 年 97 頁の図を一部修正

2-2　労使協定について

　労使協定とは、使用者と事業場の過半数の労働者で組織された労働組合、又は過半数労働者を代表する者との間で締結した文書のことです。**労使書面協定**とも呼ばれています。法的拘束力のある労使協定では、労働基準法により法定された事項に限って取り決めを行うことができます。

　労使協定を締結すると、使用者が、強行法規である労働基準法に反す

る違法性のある措置を行っても、使用者には、法違反を問われない**免罰効果**が生じます。例えば、**時間外・休日労働協定**（いわゆる三六協定〜サブロク協定）や**賃金控除協定**（いわゆる二四協定〜ニーヨン協定。チェック・オフ協定とも呼ばれている）などに適用があります。もっとも、労使協定締結だけでは、免罰効果があるに過ぎず、労働者に義務（債務）を課すことは、その必要条項を就業規則に定めない限りできません。

労使協定が必要なとき	届 出	労働基準法の規定
①労働者の委託による社内預金管理	必　要	18条2項
②賃金から一部控除して支払う		24条1項
③交替制等により、一斉休憩を与えないとき		34条2項
④1カ月単位の変形労働時間制	必　要※	32条の2
⑤フレックスタイム制		32条の3
⑥1年単位の変形労働時間制	必　要	32条の4
⑦1週間単位の非定型的変形労働時間制	必　要	32条の5
⑧一斉休憩の適用除外		34条
⑨時間外労働・休日労働（サブロク協定）	必　要	36条1項
⑩割増賃金の支払いに替えて年次有給休暇を付与		37条3項
⑪事業場外みなし労働時間制	必　要※	38条の2
⑫専門業務型裁量労働制	必　要	38条の3
⑬年次有給休暇の計画的付与		39条6項
⑭年次有給休暇について支払われる賃金の算定基礎を健康保険法上の標準報酬日額とするとき		39条9項

※④は就業規則に定めれば届出不要。⑪は法定労働時間を超えなければ届出不要。

2-3　法令等の周知義務

　使用者は、次の①から③の事項を、常時各作業場の見やすい場所へ掲示すること、又は備え付けること、書面を交付することなどの方法により、労働者に周知しなければなりません。なお、この方法には、パソコンなどを活用して代用することも含まれています。

　　①労働基準法及び労働基準法に基づく命令の要旨

　　②就業規則（賃金規定・退職金規定等の法令で許された別規程も含

む。）

③労働基準法上の全ての労使協定など

〈注〉

1 小畑史子・緒方桂子他『労働法（第4版）』有斐閣 2023 年 35 頁引用

2 厚生労働省は、「10 人未満の事業所も含め、小規模事業場における就業規則の一層の整備を図るよう指導すること」（昭 63.1.1 基発 1 号）との通達に基づき、10 人未満の中小企業へも就業規則の作成を促している。

3 学説は契約説や法規範説などと分かれていたが、最高裁の判断が、普通約款に関する法理を応用したものであることから、一種の契約説であるとの見解が有力説となっている。

4 フジ興産事件（最 2 小判平成 15 年 10 月 10 日労判 861 号 5 頁）

5 一審は秋田地方裁判所大館支部（秋田地裁大館支判昭和 37 年 6 月 27 日労民集 13 巻 2 号 459 頁）、二審は仙台高等裁判所秋田支部（仙台高裁秋田支判昭和 39 年 10 月 26 日労民集 15 巻 5 号 1137 頁）の判決。

6 民法 92 条は「法令中の公の秩序に関しない規定と異なる慣習がある場合において、法律行為の当事者がその慣習による意思を有しているものと認められるときは、その慣習に従う。」としており、法令中の公の秩序に関しない規定（いわゆる任意規定）と異なる慣習がある場合、法律行為の当事者がその慣習による意思があったと認められる事情があるときは、その慣習が優先する。

7 第四銀行事件（最 2 小判平成 9 年 2 月 28 日民集 51 巻 2 号 705 頁）

8 みちのく銀行事件（最 1 小判平成 12 年 9 月 27 日民集 54 巻 7 号 2075 頁）

9 労働契約法 10 条「使用者が就業規則の変更により労働条件を変更する場合において、変更後の就業規則を労働者に周知させ、且つ、就業規則の変更が、労働者の受ける不利益の程度、労働条件の変更の必要性、変更後の就業規則の内容の相当性、労働組合等との交渉の状況その他の就業規則の変更に係る事情に照らして合理的なものであるときは、労働契約の内容である労働条件は、当該変更後の就業規則に定めるところによるものとする。ただし、労働契約において、労働者及び使用者が就業規則の変更によっては変更されない労働条件として合意していた部分については、第 12 条に該当する場合を除き、この限りでない。」

10 ①労働基準法 13 条：「労働基準法に定める基準に達しない労働条件を定める労働契約は、その部分については無効とする。この場合において、無効となった部分は、労働基準法で定める基準による。」　②労働基準法 92 条：「就業規則は、法令・労働協約に反してはならない。労働基準監督署は、法令・労働協約に抵触する就業規則の変更を命ずることができる。」　③労働組合法 16 条：「労働協約に定める労働条件その他の労働者の待遇に関する基準に違反する労働契約の部分は、無効とする。この場合において無効となった部分は、労働協約に定める基準による。」　④労働基準

法 93 条：「労働契約と就業規則との関係については、労働契約法 12 条の定めるところによる。」労働契約法 12 条：「就業規則で定める基準に達しない労働条件を定める労働契約は、その部分については、無効とする。この場合において、無効となった部分は、就業規則で定める基準による。」

第**11**講 労働時間と休日・休暇

1．労働時間

1−1　労働時間

　労働基準法上の労働時間とは、使用者の指揮命令下にあり、始業時刻から終業時刻までの時間から休憩時間を除き、現実に労働している時間のことです。作業のために待機している時間（**手待時間**）も、労働時間にあたります。より詳しく述べると、労働時間には、法定労働時間、所定労働時間、実労働時間という概念があります。**法定労働時間**とは、労働基準法で定める、原則1日8時間1週40時間と法定されている時間のことです。**所定労働時間**とは、就業規則等により定められた所定勤務時間のことで、**実労働時間**は、実際に勤務した時間のことです。他にも、異なる事業場で労働した場合の労働時間は、其々の事業場を通算して計算することになっており、事業場外労働時間制などのみなし労働時間制という制度もあります。

1−2　変形労働時間制度について
（1）概要

　変形労働時間制度とは、法定労働時間の例外にあたり、一定期間を平均して労働時間を計算し、その平均労働時間が法定時間内ならば適法とする制度です。1カ月単位の変形労働時間制、フレックスタイム制、1年以内単位の変形労働時間制、1週間単位の非定型的変形労働時間制の4種類があります。

　次に、これらの制度の概要を説明します。

①１カ月単位の変形労働時間制（労働基準法32条の2）

就業規則又は労使協定により、１カ月以内の一定期間を平均して、１週間あたりの所定労働時間を、法定労働時間（40時間）の範囲内とする旨を定めた場合には、特定の日・週（例えば、月初・月末など）について、１日及び１週間の法定労働時間を超えて、使用者は労働者に対して、労働をさせることができます。なお、労使協定による場合には、労働基準監督署に届け出る必要があります。

②フレックスタイム制（労働基準法32条の3）

清算期間（３カ月以内の一定期間）を平均して、１週間あたりの所定労働時間を、法定労働時間の範囲内となるように、総労働時間を定めます。労働者は、その範囲内で、各日の始業・終業時刻を自主的に選択して労働をすることができる制度です。

この制度の採用には、先ずは就業規則に、始業・終業時刻を労働者が自主的に選択できる旨を記載した上で、労使協定により、対象労働者の範囲・清算期間とその期間内の総労働時間・１日の標準労働時間などを取り決めることになります。

③１年以内単位の変形労働時間制（労働基準法32条の4）

労使協定により、１カ月超え１年以内の一定期間を平均して、１週間あたりの所定労働時間を、法定労働時間の範囲内とするなどの法定要件を満たした場合には、特定の日・週について、１日及び１週間の法定労働時間を超えて、所定労働時間を設定することができます。なお、この労使協定は、労働基準監督署に届け出る必要があります。

④１週間単位の非定型的変形労働時間制（労働基準法32条の5）

労働者数30人未満の小売業、旅館・料理店・飲食店事業を行う事業所において、労使協定により、１週間単位で毎日の労働時間を弾力的に定めることができる制度です。１週間あたりの所定労働時

間を、法定労働時間の範囲内となるようにすれば、1日について10時間迄の所定労働時間を設定することができます。なお、この労使協定は、労働基準監督署に届け出る必要があります。

(2) 変形労働時間制の計算方法

労働基準法上の1週間とは、就業規則に別段の定めがない限り、日曜日起算の土曜日迄とされ、1日とは、午前0時から午後12時迄のいわゆる暦日とするとされています。したがって、就業規則に定めることにより、例えば、1週間の起算日を月曜日としたり、水曜日としたりすることも可能となります。また、変形期間中の所定労働時間の合計は、次の計算式により算出できます。

1週間の法定労働時間×（変形期間の日数÷7日）　小数点第2位以下切捨て

(3) 1年以内単位の変形労働時間

変形労働時間制で最もよく利用されているのが、**1年以内単位の変形労働時間制**です。この要件については、次のようになっています。

①**労使協定を締結**し労働基準監督署に届出を行い、且つ就業規則には**制度導入規定**を設ける

②対象となる**労働者の範囲**

③1カ月超え1年以内での**対象期間の設定**

④変形期間内の**各日・各週の所定労働時間を設定**（1週を平均して40時間以内）

なお、変形期間を1カ月以上の期間区分とする場合は、最初の期間における労働日ごとの労働時間を定め、最初の期間以降の各期間については、労働日数と総労働時間を定めるだけとなります。

⑤**1日・1週の労働時間の限度**

1週間の所定労働時間の上限　⇒　52時間

1日の労働時間の上限　⇒　10時間

（特定期間では1週間に1日の休日を確保できる期間。連続12日労働）

原則の連続労働日数　　　　⇒　6日限度

　また、変形期間が3カ月超えの場合は、週48時間超えの連続週は3週以内で、且つ一定期間（3カ月単位）に3回以内。併せて、年間総労働日数（対象期間）は280日を限度とされています。

1-3　労働時間制度の特例

（1）みなし労働時間制

　みなし労働時間制とは、一定の労働時間を労働したものとみなしてしまう制度です。

　　①労働基準法38条の2で定める「**事業場外労働のみなし労働時間制**」は、事業場外で業務に従事した場合で、労働時間の算定が困難な場合に対応する制度です。

　　②労働基準法38条の3で定める「専門業務型裁量労働制」と労働基準法38条の4で定める「**企画業務型裁量労働制**」は、業務の性質上、その遂行について労働者の裁量に委ねる必要があり、且つ使用者がその業務遂行手段と時間配分の決定等について、具体的指示が困難な業務について対応する制度です。

　最高裁は、「労働時間の算定が困難な場合」について、**阪急トラベルサポート事件**（最2小平成26年1月24日）【**判例6**】の判断により、「使用者が主観的に算定困難と認識したり、労使が算定困難と合意すれば足りるというものではなく、就労の実態等の具体的事情から客観的にみて労働時間を算定し難い場合であることが必要」[1]であるとしています。

【**判例6**】**阪急トラベルサポート事件**（最2小判平成26年1月24日労判1088号5頁）
　事実　D氏は、登録型派遣社員であり、Y社が主催する募集型企画旅行ごとにその期間を雇用期間と定めて、派遣添乗員として添乗業務に従事していた。旅行日程の日時や目的地等が定められることで、

業務の内容が予め具体的に確定されており、Ｄ氏が自ら決定できる
事項の範囲、その決定に関する選択の幅は限られていた。また、Ｙ
社は国際電話用の携帯電話を貸与した上で、添乗日報を作成し提出
することも指示しており、その記載内容からは、添乗員の旅程管理
等の状況を具体的に把握することができる状況であった。Ｄ氏は、
この添乗業務は、事業場外労働のみなし労働時間制の「労働時間の
算定が困難な場合」には該当しないので、未払いの時間外割増賃金
があるとして、遅延損害金を含めた未払い賃金の支払い、及び同額
の付加金の支払いを求めて提訴した。

経過 一審は、未払いの時間外割増賃金等の請求を一部認容、二審は、
添乗業務には事業場外労働のみなし制は適用されないとして請求認
容[2]。Ｙ社により上告審となった。

判旨 最高裁は、事業場外労働のみなし労働について、「業務の性質、
内容やその遂行の態様、状況等、本件Ｙ社と添乗員との間の業務に
関する指示及び報告の方法、内容やその実施の態様、状況等に鑑み
ると、本件添乗業務については、これに従事する添乗員の勤務の状
況を具体的に把握することが困難であったとは認め難く、労働基準
法38条の２第１項にいう、『労働時間を算定し難いとき』に当た
るとはいえないと解するのが相当である」として、Ｄ氏の請求を認
容した。

（2）専門業務型裁量労働制

　大学の教授・研究者、企業の研究開発員、新聞記者、デザイナーや弁
護士などの業務に就く労働者は、労働時間の決定と業務遂行の方法を使
用者が具体的に指示しないこと、健康・福祉確保措置を講ずることなど
を要件に、労使協定を締結して、所定労働時間労働したものとみなす働
き方ができます（労働基準法38条の３、労働基準法施行規則24条の２

の 2）。例えば、大学教員で極端な場合、大学の研究室で 10 分間だけ学術書を調べて帰宅しても所定労働時間の勤務となります。なお、行政解釈では「授業や講義準備、学生指導等の割合が週の労働時間の概ね 5 割未満」としており、裁量度合いが少ないと適用されません。

（3）勤務間インターバル制度

　勤務間インターバル制度は、働き方改革の一環として、平成 30 年（2018）7 月に労働時間等設定改善法の改正により新しく設けられた制度です。労働者の長時間労働による健康障害の回避を目的に、生活時間や睡眠時間をとれるように、前日の終業時刻と翌日の始業時刻の間に一定時間の休息を確保するものです。

　もっとも、この制度には法的拘束力がないため、その普及は緩慢ですが、医療機関における採用が顕著となっており、厚生労働省「令和 4 年就労条件総合調査」によれば、「導入している」企業は 5.8％（平成 31 年 3.7％）と毎年徐々に伸びています。

1-4　シフト勤務について

　飲食店などのアルバイトの際によく耳にする**シフト勤務**は、法的には 1 カ月単位の変形労働時間制、又は 1 年以内単位の変形労働時間制に規定する変形労働時間制の要素を取り込んだ位置付けにありますが、実は法律用語ではありません。厚生労働省は、シフト勤務を、「勤務時間がある特定の時間及び日に固定されるものではなく、日ごと又は一定期間ごとに、複数の勤務時間を交替して勤務する形態」と定義しています。交替勤務の一類型でもあることから、企業には労働条件の書面を労働者に交付し明示する義務があります（労働基準法 15 条）。

　シフト勤務の実施は変形労働時間制として、行政通達[3] で定められており、事業所ごとに就業規則や労使協定で対象となる労働者の範囲や労働日ごとの労働時間、期間などを定めるとともに、原則として、労働基

準監督署への届出が必要となります。各変形期間中の労働日や各日の労働時間が不規則な場合には、勤務日時を**シフト表**などにより各変形期間の開始日前迄に、具体的に特定することが求められています。また、シフト勤務を労働者の同意なくして削減するようなことは、企業側の事情となり、休業手当の支払義務が生じることにもなります。更にシフト勤務を過重にさせるようなことがあれば、たとえ労働者の同意があったとしても健康障害リスクが発生することから、労働契約法5条の**安全配慮義務**（詳細は第17講）に反する恐れがあり、逆に同意がなければ労働基準法5条の強制労働の禁止に問われます。

2.休憩、休日・休暇

2-1　休憩時間と法定休日

(1) 休憩は、使用者が労働者に対して、原則として、労働時間が6時間を超える場合は少なくとも45分を、8時間を超える場合は少なくとも1時間を、労働時間の途中に一斉に与えなければなりません（労働基準法34条）。

　また、休憩時間は労働からの解放を保障する時間です。使用者は、労働者に対してこれを自由利用させなければなりません（休憩の自由利用の原則）。したがって、休憩時間中の外出は原則自由であり、許可制により制約する場合は合理的な理由が必要となります。

　休日とは、労働契約において、労働者に労働義務がないとされている日のことをいいます。使用者は、労働者に対して、1週間に少なくとも1日の休日を与えなくてはなりません。これを**法定休日**といいます。但し、就業規則などで、4週間の起算日を明らかにした上ならば、4週間4日以上の休日を与えることでも適法です[4]。

休憩の一斉付与は、次の何れかの場合には、一斉に与えなくてもよいことになっています。

　　①労使協定により、一斉休憩を与えない労働者の範囲と休憩の与え方を協定した場合。

　　②坑内で労働する場合。

　　③運送、物品販売、金融・保険、保健衛生などの事業に従事する場合。

（2）週休2日制の場合の休日労働について。**休日労働**（法定休日労働の略称）とは、労働者が法定休日に労働することにより、使用者には割増賃金の支払い義務が生じる労働日のことです。労働基準法36条の定める以外のいわゆる法定外休日労働は、就業規則上の休日労働ではあっても、労働基準法上の休日労働には該当しません。したがって、週休2日制を採用している事業場では、1週間に2日の休日を与えていることになり、どちらか一方の休日に労働をさせても、週に1日の法定休日が与えられていれば休日労働にはなりません。

2-2　振替休日と代休

（1）振替休日について

　振替休日は、就業規則の規定に基づき、予め休日と定めていた日と他の労働日を振替、休日として定めていた日を労働日とし、その代わりとして、振り替えた日を休日とすることです。振替後も1週間に1日又は4週間に4日の休日を確保することが必要です。この結果、当初の休日は、そもそも労働日となるので、この日に労働をしても休日労働とはなりません。

（2）代休について

　代休（代償休日の略）は、休日に労働し、その代償として、その日以降の特定労働日の労働義務を免除するものです。したがって、休日に労

働をした事実は無くならず、特に法定休日では、3割5分以上の割増賃金を支払う必要があります。

『振替休日と代休の違い』のポイント整理

	振替休日	代　休
内　容	事前に、所定の休日を労働日に振替、他の労働日を休日とします。	所定の休日に労働させた後、その代償として、他の労働日を休日とします。
所定休日の労働はどのように取り扱われるか	通常の労働と同じです。	休日労働となります。 （法定休日の場合のみ）
賃金（割増賃金）の支払の有無	休日労働日は通常賃金となります。振替休日に対する賃金の支払いは不要です。	休日労働日には、休日労働に対する割増賃金が必要です。
その他留意事項	振替休日をする場合がある旨、就業規則に記載しなければなりません。	代休を与えるかどうかは、使用者の判断に委ねられています。

2-3　時間外労働・休日労働・代替休暇

（1）時間外労働の考え方

　法定労働時間を超えて労働者に労働をさせることを**時間外労働**といい、前述のとおり、法定休日に労働をさせることを**休日労働**といいます。予め、過半数労働組合や過半数労働者代表と、いわゆる**サブロク協定**と呼ばれている労使協定[5]（労働基準法36条の規定に基づく書面による協定）を締結し、これを労働基準監督署に届け出ることにより、時間外労働・休日労働について、使用者への**免罰効果**が生じます。もっとも、これらは、本来臨時的でやむを得ず行うものであるので、労使協定さえ締結していればいくらでもできるものではありません。

　また、この段階では、時間外労働・休日労働が可能とされるだけで、就業規則又は労働協約に「時間外労働・休日労働を命じることがある」旨を記載することにより、初めて労働者に対して、時間外労働・休日労働の**応諾義務**が生じます（使用者は、業務命令ができるようになる）。

なお、育児介護休業法には、小学校就学以前の子を養育する労働者が、その子を養育するために請求した場合などについては、「**1月24時間、且つ1年150時間以内**に、時間外労働を制限する」との定めがあり、労働基準法60条でも満18歳未満の者に対して、その健康維持に配慮し時間外労働を禁止しています。

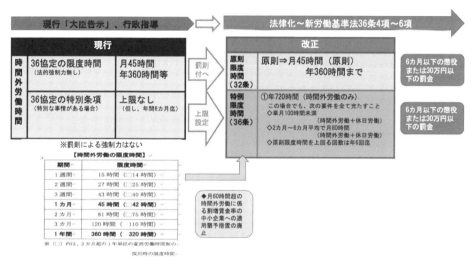

出所：中川直毅編著『要説キャリアとワークルール（第3版）』三恵社 2021年 111頁の図を引用

　時間外労働の限度時間は、従来は、厚生労働大臣告示の範囲内で行うことになっていましたが、平成30年（2018）6月の働き方改革法の制定に伴う労働基準法の改正により、法律に明文化されました。サブロク協定による時間外労働の限度時間は、1カ月に45時間迄、且つ年360時間迄となっています。この限度時間を超えて労働をさせた場合は、使用者には6カ月以下の懲役又は30万円以下の罰金が科されます（労働基準法32条・119条）。

（2）特別条項付の労使協定

　時間外労働の限度時間を超えて労働を行わざるを得ない特別の事情が予想される場合には、労使間で、予め限度時間を超えて一定時間まで労

働時間を延長できる旨を協定することができます。**特別条項付の労使協定**と呼ばれています。但し、この特別条項付の労使協定は、限度時間を更に超えるものなので、長時間労働による健康障害などに配慮する点からも、特別の事情とは、臨時的なものに限られており、一時的、突発的な事由による時間外労働は認められません。しかも、これらが全体として1年の半分を超えないものと見込まれなければなりません。なお、「臨時的なもの」には、次のような事例があります。

　　　◇予算、決算業務

　　　◇年末商戦に伴う業務の多忙

　　　◇大規模クレームへの対応や納期の逼迫など

　抽象的な「業務上やむを得ないとき」「使用者が必要と認めるとき」などの事由は、臨時的とは認められません。また、特別条項の労使協定を締結しても、特例となる限度時間は、年720時間迄（時間外労働のみ）、且つ「①時間外労働と休日労働を合わせて単月100時間未満＋②2カ月から6カ月平均で月80時間迄＋③1カ月に45時間超の時間外労働は年6回迄」の制限条件がついています。この特例に違反すると、使用者には、6カ月以下の懲役又は30万円以下の罰金が科されます（労働基準法36条・119条）。

（3）代替休暇

　平成22年（2010）4月の労働基準法の改正により、労使協定を締結すれば、1カ月60時間を超える時間外労働の部分は、引き上げられた分（25％から50％に引き上げられた差の25％分）の割増賃金の支払いに代えて、有給の休暇（年次有給休暇を除く）を付与することでもよいことになっています。この休暇を代替休暇と呼びます。なお、代替休暇を取得するかどうかは労働者の判断によります。

　また、この代替休暇は、1日又は半日単位で取得することができ、他の労働時間の賃金が支払われる休暇（時間単位年次有給休暇等のこと）

と組み合わせて取得することもできます。

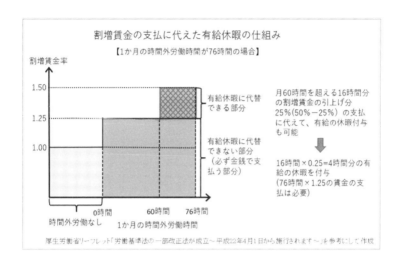

2-4　年次有給休暇

（1）年次有給休暇は、職場などでは年休又は有休とも言われており、労働義務日の給与を補償して労働を免除する制度です。労働者の疲労回復、健康の維持・増進その他労働者の福祉の向上を図ることを目的としています。

　6カ月継続勤務し、**全労働日の8割以上出勤**した労働者には**10労働日**の年次有給休暇が付与されます。その後、継続勤務1年ごとに、その期間の全労働日の8割以上出勤した労働者に対して、勤続年数に応じて**最高20日**を限度として段階的に付与されます。

　また、付与日数には違いがありますが、パート労働者やアルバイトにも、年次有給休暇は当然に与えられます。なお、年次有給休暇は2年間（民法は原則5年、当面はこの期間）の不行使で消滅時効にかかり権利が消滅します。

継続勤務年数		6カ月	1年6カ月	2年6カ月	3年6カ月	4年6カ月	5年6カ月	6年6カ月以上
週所定労働日数が5日以上又は週所定労働時間30時間以上		10日	11日	12日	14日	16日	18日	20日
週所定労働時間30時間未満で右の週勤務日数（比例付与）	週1日	7日	8日	9日	10日	12日	13日	15日
	週2日	5日	6日	6日	8日	9日	10日	11日
	週3日	3日	4日	4日	5日	6日	6日	7日
	週4日	1日	2日	2日	2日	3日	3日	3日

（2）使用者には、**時季変更権**があり、業務繁忙期や経営上必要な時、年次有給休暇取得者が過度に集中し過ぎる時など事業の正常な運営を妨げる場合には、他の適当な日に変更指示をすることができます。また、**国鉄郡山工場事件**（最2小昭和48年3月2日）[6] では、前述の年次有給休暇の目的に則って、「年次有給休暇をどのように利用するかは、使用者の干渉を許さない労働者の自由である」と判示しており、同じく、**林野庁白石営林署事件**（最2小昭和48年3月2日）[7] でも、同様に「年次有給休暇の権利は、労働基準法39条1項、2項の要件の充足により、法律上当然に労働者に生ずるものであって、その具体的な権利行使にあたっても……使用者の承認という観念を容れる余地はない」と判示しています。したがって、年次有給休暇の利用目的は労働基準法の関知しないところであり、休暇をどのように利用するかは、使用者の干渉が及ばない**労働者の自由**ということになるので、年次有給休暇の取得請求があった場合に、使用者は、特段の理由が無い限り[8]、原則として、取得の理由を聞くことはできないとされています。

【判例7】**時事通信社事件**（最3小判平成4年6月23日民集46巻4号306頁）
事実 科学技術庁の記者クラブに配属されていたY通信社のA記者は、担当する原子力問題を欧州で取材しようと24日間の長期休暇をと

るべく年次有給休暇を申請した。Y通信社は、代替要員がいないことを理由として、後半の12日分の時季変更をした。ところが、A記者は、使用者による時季変更権の行使を無視して休暇をとり、欧州に出かけてしまい就業しなかった。この間は欠勤となり、気象庁記者クラブの記者が代替勤務を務めている。A記者は、業務命令違反として、就業規則に定める懲戒規定に則って、譴責、賞与減額の懲戒処分を受けた。A記者は、譴責処分の無効と賞与減額分の支給を求めて提訴した。

経過 一審は、時季変更権の判断は有効と判断したが、二審は、「職務に専門性があるといっても代替困難という程のものではなく……遊軍記者やデスク補助記者等により代替することとして、これを認め得たはずである」として請求を認容した[9]。Y通信社により上告審となった。

判旨 最高裁は、「労働者が長期且つ連続の年休を取得しようとする場合には使用者との事前の調整が必要であり、使用者が時季変更権を行為するにあたり、右休暇の時期、期間につきどの程度の修正、変更を行うかに関し、事業活動の正常な運営の確保にかかわる諸般の事情について蓋然性に基づく判断をせざるを得ない。時季変更権行使にはある程度の裁量的判断の余地を認めざるを得ないにしても、この判断が、労働者に休暇を取得させるための状況に応じた配慮に欠くなど不合理であると認められるときは違法となる」とした上で、「専門的知識を求められる業務の単独配置は不適正とは一概に断定できず、A記者がY通信社との十分な調整をしなかった上、変更は休暇の後半部分のみでありY通信社は相当の配慮をしている」との理由により、A記者の請求を却下した。

このように**時事通信社事件**（最3小平成4年6月23日）**【判例7】**では、最高裁が長期の年休の時季変更権に関する時季変更権の判断基準を示しました。この控訴審では、東京高裁は「時季変更権の行使は他の時季における年休の完全消化が可能であることを前提とする」と判断していました。また、使用者は、年休の取得を可能にするような人員配置をするなどの通常の配慮を尽くすべき」とする、**西日本JRバス事件**（名古屋高裁金沢支部平成10年3月16日）[10]の裁判例もあります。

(3) 平成22年（2010）4月からは、労使協定を締結して就業規則に規定すれば、5日を限度に、労働者は自らの意思に基づき時間単位の年次有給休暇を取得できます。なお、平成30年（2018）の働き方改革法の制定による労働基準法の改正により、年10日以上の年次有給休暇を付与されている労働者に対して、使用者はそのうちの5日については、時季を指定して年5日の年次有給休暇を、使用者の法定義務として与えなければなりません。これに違反すると30万円以下の罰金です（労働基準法120条）。また、使用者は、この際に労働者に時季に関する意見を聴いた上で、労働者の意見を尊重するよう努めるものとされています。

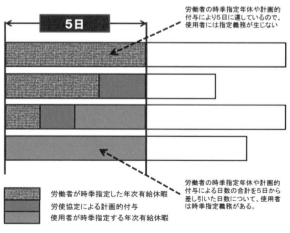

出所：中川直毅編著『要説キャリアとワークルール（第3版）』三恵社 2021年 114頁の図を引用

〈注〉

1　両角道代・森戸英幸・小西康之『労働法（第4版）』有斐閣 2020 年 147 頁引用

2　一審は東京地方裁判所（東京地判平成 22 年 7 月 2 日労判 1011 号 5 頁）、二審は東京高等裁判所（東京高判平成 24 年 3 月 7 日労判 1048 号 6 頁）の判決。

3　昭和 63 年 3 月 14 日基発 150 号

4　変形休日制と呼ばれている。

5　労働基準法 36 条の規定に基づく書面による協定のこと。

6　国鉄郡山工場事件（最 2 小判昭和 48 年 3 月 2 日民集 27 巻 2 号 210 頁）

7　林野庁白石営林署事件（最 2 小判昭和 48 年 3 月 2 日民集 27 巻 2 号 191 頁）

8　著しい長期取得による代替要員の確保の必要性や副業・兼業等の事情による健康管理上の必要性がある場合に限定されている。

9　一審は東京地方裁判所（東京地判昭和 62 年 7 月 15 日労判 499 号 28 頁）、二審は東京高等裁判所（東京高判昭和 63 年 12 月 19 日労判 531 号 22 頁）の判決。

10　西日本JRバス事件（名古屋高裁金沢支判平成 10 年 3 月 16 日労判 531 号 22 頁）

第12講 女性労働と育児休業

1．女性労働の保護

1-1 妊産婦の就業制限

　妊産婦（妊娠中の女性及び産後1年を経過しない女性）については、次の①から④までの、就業上の制限があります。

①妊産婦からの請求があれば、使用者は、時間外労働・休日労働・深夜労働をさせることはできません。→深夜労働とは、午後10時以降午前5時迄の労働です。

②妊産婦からの請求があれば、変形労働時間制を採用していても、使用者は、1日8時間、1週40時間を超えて労働させることはできません。→フレックスタイム制の場合は、労働をさせることができます。

③使用者は、妊産婦を危険有害業務に就かせることはできません。

④産前6週間の妊産婦が請求した場合と、産後8週間以内の妊産婦の場合、使用者は、就業をさせることはできません。但し、産後6週間を経過した妊産婦が請求した場合で、且つ医師が支障ないと認めた業務には就かせることができます。

　■産前6週間とは、出産予定日の6週間前のことであり、産後8週間とは出産日の翌日から8週間のことです。なお、出産予定日から出産日迄の期間は、産前期間に加算されます（下頁の※印期間）。図示すると、次頁のようになります。

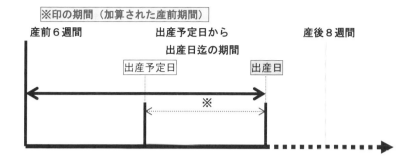

また、産前休業については、妊産婦からの請求がなければ、使用者には与える義務はありませんが、産後休業については、6週間経過後の例外規定を除いて、必ず与える必要があります。

1-2　女性労働者への配慮措置

女性労働者については、前述の妊産婦に係わる就業制限以外にも、労働基準法や男女雇用機会均等法が、女性労働者であることや、婚姻・妊娠・出産を理由として、男性との差別を行うこと、解雇することなどの不利益取扱いを禁止しています。

主として、次の①から⑤までのようなものがあります。

①1歳未満の子供を育てる女性労働者（母親でなくてもよい）からの請求があれば、使用者は、勤務時間中に、1日2回各々少なくとも30分の育児時間を、休憩時間とは別に与えなければならない（労働基準法67条）。

②生理日の就業が著しく困難な女性労働者に対する措置（労働基準法68条）。

③婚姻・妊娠・出産等を理由とする不利益取扱いの禁止（男女雇用機会均等法9条）。

④セクシュアル・ハラスメントに関する雇用管理上必要な措置（男女雇用機会均等法11条）。

⑤妊娠中及び出産後の健康管理に関する措置（男女雇用機会均等法
　12条・13条）。
　　　→女性労働者からの請求があれば、使用者には次の義務が生じ
　　　　ます。
　　　　ⅰ．母子保健法に定める保健指導・健康診査を受ける時間を、
　　　　　女性労働者のために確保すること。
　　　　ⅱ．厚生労働省の指針にそって、勤務時間短縮・勤務負担軽
　　　　　減などの措置をとること。
　なお、妊娠中の女性労働者については、その者からの請求があれば、
使用者は、軽易な業務への転換措置を講じる必要があります。

２．育児休業

2-1　育児介護休業法の変遷

　育児休業は、ILO（国際労働機関）の勧告を契機として、女性労働者
の増加や社会的要請の高まりをも背景に、平成３年（1991）に育児休
業法として制定され、平成７年（1995）に介護休業制度も導入され、
育児介護休業法として、「職業生活と家庭生活の両立」を図るための制
度化が行われましたが、この制度には、**家族的責任の男女平等化**の目的
と**少子化対策**という目的の二つの使命があります。もっとも、育児休業
制度の真の目的は、出生率の著しい低下という状況の下で、次世代育成
のための有力な対策としての位置付けが濃厚なものと考えられます。

【育児介護休業法の主な改正】

平成3年	ILO165号勧告(男女労働者が平等に家族的責任を負担する就労条件を整備する義務を課す)の批准を契機に、育児休業法を制定
平成7年	高齢社会の到来に対処する制度として介護休業制度が考案され、介護保険制度と連動する形で導入、家族介護についての事業主の努力義務を規定
平成11年	介護休業制度も導入され、法律名称も「育児介護休業法」に改称
平成13年	事業主の義務が強化
平成16年	育児休業の対象拡大、子の看護休暇の新設
平成22年	男性の育児休業の取得促進を目指して、いわゆる「パパママ育休プラス」を新設
平成27年	介護休業の各種制度が育児休業に準ずるレベルに改正された
平成29年	育児休業の2歳迄の再延長が可能となるよう改正された
令和3年	男性の育児休業の取得促進強化の措置を新設

　なお、令和3年（2021）5月の改正では、男性の育児休業取得を促進するため、「子供が生まれてから8週の間に、夫が最大合計4週分の休暇取得できる特例措置たる**出生時育児休業制度**（男性版産休）が新設され、令和4年（2022）3月から施行されています。

2-2　育児休業

（1） 1歳未満の子を養育する労働者は男女を問わず、仕事を継続しながら育児を行えるよう、企業に対して育児休業の申し出をすることができます。原則として、子が1歳に達する日（誕生日の前日）迄取得することができます。ここでの養育する子とは、実子、養子は勿論、特別養子縁組[1]の養育機関の子も該当します。企業は、当該申し出を拒否できませんが、日雇労働者は対象外であること以外にも、次のような労働者については、一定の制限があります。

　　①有期雇用労働者で、子が1歳6カ月に達する迄に労働契約の期間が満了することが明らかでない者。

　　②事業場の過半数労働組合（過半数代表者）との書面での労使協定により、次の何れかに該当する労働者を対象外とすることができる。

　　　ⅰ）雇用された期間が1年未満の者

ⅱ）1年以内に労働契約が終了することが明らかな者

ⅲ）1週間の所定労働日数が2日以下の者

　また、育児休業の申し出や育児休業の取得を理由とした、労働者に対して解雇その他の不利益取扱いは禁じられています（育介休業法10条）。

(2) 育児休業の原則の育児休業期間は、子が1歳に達する日迄の1年間です。例外として、子が1歳に達しても保育所に入れないなど特別の理由があれば、1歳6カ月又は最大2歳になる迄休業延長できます。また、子の父母が同時に育児休業を取得する、又は交代で取得する場合には、いわゆる「パパママ育休プラス」として、子が1歳2カ月に達する迄休業延長することができます（育介休業法5条、9条）。この間について、企業は有給とする必要はありません（育介休業法6条）。労働者には、雇用保険制度から、当該期間について育児休業給付金が支給されます。また、育児休業期間中は、健康保険料及び厚生年金保険料は、労働者の被保険者負担分も企業のいわば使用者負担分も両方免除されています[2]。

2-3　看護休暇

　育介休業法16条の2は、子の看護休暇を定めています。企業は、小学校就学前の始期に達する迄の子を養育する労働者から請求があった場合には、原則として、毎年4月1日から翌年3月31日迄の間に5日を限度として、負傷し、若しくは疾病に罹ったその子の世話又はその子の疾病予防のための世話等を行うための休暇を与えなければならないとされています。なお、この期間は必ずしも有給とはなりません。なお法改正があり、従来の「1日単位」及び「半日単位」の取得は、令和3年（2021）4月からは「1日単位」及び「1時間」単位で取得することが可能となっています。

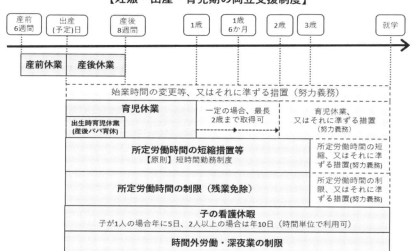

【妊娠・出産・育児期の両立支援制度】

| 産前6週間 | 出産(予定)日 | 産後8週間 | 1歳 | 1歳6か月 | 2歳 | 3歳 | 就学 |

産前休業 **産後休業**

始業時間の変更等、又はそれに準ずる措置(努力義務)

育児休業
出生時育児休業(産後パパ育休)
一定の場合、最長2歳まで取得可
育児休業、又はそれに準ずる措置(努力義務)

所定労働時間の短縮措置等
【原則】短時間勤務制度
所定労働時間の短縮、又はそれに準ずる措置(努力義務)

所定労働時間の制限(残業免除)
所定労働時間の制限、又はそれに準ずる措置(努力義務)

子の看護休暇
子が1人の場合年に5日、2人以上の場合は年10日(時間単位で利用可)

時間外労働・深夜業の制限

厚生労働省「第9回今後の仕事と育児・介護の両立支援に関する研究会(2023年月12日)」資料を参考に作成

3. 女性活躍推進法と次世代育成法

3-1　女性活躍推進法について

　女性活躍推進法は、我が国における「就職を希望していても働けない女性が多い」「出産・育児を理由に離職する女性が多い」「国際比較で日本での女性管理職の割合が低い」といった、女性の雇用環境の諸課題の解決に向けて制定されました。同法では、国や地方自治体、企業等の事業主に対して、女性の活躍に関する状況把握や課題分析、数値目標を設定して、一般事業主行動計画を策定し、それを公表することが義務付けられており、職場環境の整備の下地作りを進めています。企業にとっては、「労働力不足の回避」「定着率や勤労意欲の向上」「企業認知度の向上」が期待できます。積極的な取組企業では、女性のキャリア形成や育児と仕事の両立を可能とする職場環境整備を充実させて、女性の多様な働き

方の実現への取り組みを行っています。また、同法による**えるぼし認定制度**は、一般事業主行動計画を策定している企業のうち、女性活躍への取り組みの実施状況が優良な企業が申請すると、厚生労働大臣の認定が受けられる制度です。

3-2　次世代育成法について

　次世代育成法は、急速な少子化の進行と家庭及び社会環境の変化に対応するべく、次世代の育成を図っていくことを目的としています。同法では、支援対策への基本理念や、国、地方自治体、及び企業等の事業主に対してその責務を明確にしています。次世代育成対策は、次代の社会を担う子供を育成し、その家庭を支援することで、次代の社会を担う子供が健やかに生まれ育つ環境整備を期待しています。併せて、父母等の保護者が子育てについての第一義的責任を有するとの考えに基づいて、家庭における子育ての意義の理解が深められ、子育てに伴う喜びが実感されるように配慮することも定めています。

　また、同法による**くるみん認定制度**は、企業等に次世代育成対策の行動計画を策定させて、計画目標を達成し、一定基準を満たした企業が申請すると、厚生労働大臣が「子育てサポート企業」と認定するものです。認定を受けた企業は「くるみんマーク」[3]を使用できます。

〈注〉

1 　特別養子縁組とは、民法 817 条の 2 から 817 条の 11 に定められている、児童福祉のための養子縁組の制度のこと。諸般の事情で育てることができない子供を、家庭での養育を受けられるようにすることを目的としている。普通養子縁組の養子は、戸籍上は実親と養親の 2 組の親がいるが、特別養子縁組では、養親と養子の親子関係を重視し、戸籍では、養親の子となり実親との親族関係は消滅する。2020 年施行の民法改正で、特別養子縁組の養子となる者の年齢上限が原則 6 歳未満から原則 15 歳未満に引き上げられた。

2 　免除期間中であっても健康保険の各種給付を受給でき、厚生年金保険の加入期間としてもカウントされる。

3 　くるみんマークを使用している事業主が、より高い水準の支援を行う企業として規準を満たすとプラチナくるみんマークが使用できる。令和 4 年からは、くるみん認定・プラチナくるみん認定の基準引き上げに伴い、トライくるみん認定が新設された。

第13講 | 賃金

1. 賃金の概要

1-1 賃金の定義と原則

（1）賃金の定義

　賃金の定義は、労働基準法11条で、「賃金・給与・手当・賞与その他名称の如何を問わず、**労働の対償**として、使用者が労働者に支払うすべてのものをいう。」と定めています。

　通勤定期代については、支払う旨を就業規則に定めてあれば、現物であろうと、現金であろうと、賃金として取り扱われます。したがって、通勤定期代を含む通勤手当は、社会保険料や労働保険料の算定に算入され、失業時の基本手当や、老後の年金額に反映されます。なお、所得税については、非課税扱いとされています。

（2）賃金支払いの5原則

　賃金支払いの5原則について。「賃金は、原則として、**通貨**で、**全額**を、**直接**労働者に、**毎月1回以上**、**一定期日**を決めて支払わなければならない。」と定めています（労働基準法24条）。

　但し、例外として、次のようなものがあります。

　　①「**通貨払いの例外**」

　　　　労働者の同意があれば、金融機関への振込みにより支払うことができるなど。

　　②「**全額払いの例外**」

　　　　労使協定締結による控除（チェック・オフ）や法令に基づいて源泉徴収される税金・社会保険料等の控除など。

③「毎月・一定期日払いの例外」

　３カ月を超える期間ごとや臨時に支払われる賃金や賞与は除かれます。

	原則	例外
①通貨支払いの原則	賃金は通貨で支払わなければならない	※通貨は日本円限定 ※労働者との合意により金融機関振込みできる ※労働協約によれば現物支給（通勤定期券など）も可能
②直接払いの原則	賃金は直接労働者に支払わなければならない	※代理人や賃金債権の譲受人への支払いは禁止 但し、家族が使者として受け取るのは適法
③全額払いの原則	賃金は所定の全額を支払わなければならない	※社会保険料や所得税等の税金を控除することは適法
④毎月1回以上の支払いの原則	賃金は毎月1回以上支払わなければならない	※年俸制の場合も12分割し毎月1回支払わなければならない
⑤一定期日払いの原則	賃金は一定期日(支払日)を特定して支払わなければならない	※例えば第3週の金曜日などは、支払日が特定されないので不可

出所：中川直毅編著『就活キャリアスキル読本』三恵社 2021 年 204 頁の図を引用

1-2　賃金の法的な留意事項

（1）賃金の口座振込

　労働者の個人同意があれば、その者の指定する金融機関への口座振込による賃金の支払いが可能です。この同意には形式は問われず、口頭でも、単なる口座指定だけでも、同意とみなされ適法です。

　なお、口座は本人名義とされ、支払い日には、払い出せる状態にして振り込まなければなりません（労働基準法施行規則７条の２）。

　したがって、給料日の銀行取引開始時間（午前10時）迄には振り込んでおかなければ、違法行為となります。退職手当についても、労働者の個人同意があれば、銀行振出小切手、銀行支払保証小切手、郵便為替により支払うことができます。なお法改正があり、令和５年（2023）４月から、デジタルマネーによる賃金の支払いが可能となっています。

（2）賃金控除

賃金控除は、**チェック・オフ**とも呼ばれています。法令に別段の定めがある場合（所得税法、地方税法、健康保険法、厚生年金保険法の源泉徴収規定に基づき控除する場合）を除き、賃金控除をするには、過半数労働組合や過半数労働者代表と、**賃金控除に係わる労使協定**の締結が必要です[1]。法令外の控除としては、社宅料や生命保険料、会社製品の購入代金などが考えられます。

（3）年次有給休暇日の賃金

年次有給休暇の期間については、次の①から③までの、何れかの賃金を支払う必要があります。

①労働基準法 12 条に定める平均賃金

②所定労働時間労働した場合に支払われる通常の賃金

③健康保険法 40 条に定める標準報酬日額に相当する金額（労使協定が必要）

（4）平均賃金とその用途

労働基準法では、解雇予告手当（解雇を予告した時に必要な補償金）、年次有給休暇賃金（年次有給休暇取得時の補償賃金）、減給制裁の制限（懲戒時の制裁賃金）、休業手当（使用者都合による休業時の補償）などの金額を算定する場合の基礎となるものとして、平均賃金という算式規則が定められています。

平均賃金は、これらの事由が発生した日**以前 3 カ月間**に、対象労働者に対して支払われた賃金総額を、その期間の総暦日数で除した金額のことです。なお、算定する場合には、除外する賃金・期間や入社後 3 カ月未満の者の措置などの例外規定があります。

1-3　日給制と日給月給制

日給制とは、労働時間に関係なく、一定の日額賃金を支払う制度です。

日給額は、一日の所定労働時間の最初から最後まで勤務したことを前提に賃金日額を決めるので、仮に所定労働時間が短くなる労働日があっても、使用者は、最初に決めた賃金日額を支払う必要があります。同じく、完全月給制も、実際の労働日数に関係なく、一定の月額賃金を支払わなければなりません。

　日給月給制は、実際の労働日数に関係なく、予め定められた一定の月額賃金を支払い、仮に欠勤した場合は、その分を日割り計算して賃金カットする方法です。使用者は、この**ノーワーク・ノーペイの原則**を適用するには、就業規則にどのような欠勤をしたときに賃金カットをするのかを、その事由を明示しておく必要があります。

1-4　最低賃金

　最低賃金は、**最低賃金法**でそのルールが定められています。

　最低賃金には、都道府県内の全労働者に適用する**地域別最低賃金**と、都道府県内の一定の産業に従事する労働者に適用する**特定最低賃金**[2]とがあり、最低賃金額は、日給額と時給額で定められています（最低賃金法４条）。なお、最低賃金額には、「①精勤・皆勤手当、通勤手当、家族手当　②時間外・休日労働手当、深夜手当　③臨時に支払われる賃金　④１カ月を超える期間ごとに支払われる賃金」は算入されません。なお、アルバイトにも最低賃金額以上の賃金を支払わなければ、同法違反となります（最低賃金法２条）[3]。また、試用期間中の労働者にも原則として適用されます。但し、「最低賃金を一律に適用することで却って雇用機会を狭めてしまう恐れ」があるような場合には、都道府県労働局長の許可を得て、最低賃金の減額特例が認められることもあります[4]。

2．割増賃金

2-1　時間外労働手当

　割増賃金とは、労働基準法37条で定める法定の労働時間を超えて時間外労働（いわゆる残業）や深夜労働をした場合に支払われる賃金で、**時間外労働手当**（残業代）のことです。時間外の理由により、時間外労働手当、深夜労働手当、休日労働手当と区分されています。深夜（午後10時から午前5時迄）に労働をした場合、また、労働基準法で定める休日労働をした場合に、通常の労働時間に対する時間額に法定で定めた割増率以上の**割増率**を乗じた額を支給するものです。

　時間外労働した場合には、その時間については、通常の労働時間の賃金の **25％以上**の割増賃金が、休日労働をした場合には、その日の労働については、通常の労働日の賃金の **35％以上**の割増賃金が、支給されます。更に、深夜（午後10時から午前5時迄）に労働をさせた場合の割増賃金は、通常の労働時間の賃金の25％以上の支払いとなります。また、1カ月の時間外労働が60時間超の場合には、超えた時間分について、通常の労働時間の賃金の50％以上の割増賃金の支払いとなります。また、割増賃金は法定労働時間を超えた時間額に加算して割増されるものなので、所定労働時間外でも法定労働時間内の場合や、法定休日以外の休日に労働したとしても、通常の労働時間に対する時間額だけが支給されます。

　なお、上記通常の労働時間の賃金の50％以上の割増賃金の支払いについては、既に大企業においては適用されていましたが、令和5年（2023）4月1日以降は、中小企業にも適用されています。これに違反した場合は、使用者には6カ月以下の懲役又は30万円以下の罰金が罰則として付加されています（労働基準法37条・119条）。

　時間外労働、休日労働、深夜労働の支払い条件及び割増率等は、次表の通りです。

種類	割増手当の名称	支払い条件	割増率
時間外労働	時間外労働手当	法定労働時間を超える労働をさせたとき	25%以上
		時間外労働が1カ月60時間を超えたとき （60時間を超えた部分につき…）	50%以上
休日労働	休日手当	法定休日に労働をさせたとき	35%以上
深夜労働	深夜手当	22時から翌日5時までの間に労働させたとき	25%以上

出所：中川直毅編著『就活キャリアスキル読本』三恵社 2021 年 89 頁の図を引用

2-2　固定残業手当

　固定残業手当（みなし時間外手当）とは割増賃金の一部で、毎月一定の時間外労働を想定し、これに対する割増賃金を固定分の手当として支給するものです。求人票などでは諸手当の一種として記載されています。実際の時間外労働時間で計算された割増賃金がその金額（想定額）を超過すれば、別途超過分が超過残業手当として支給され、実際の時間外労働時間により計算された金額が下回ったとしても、原則として不足分は減額されません。

　固定残業手当は、仕事を早く済ませて、固定されている残業時間分より早く仕事を終えても、その金額がそのまま貰えるもので、時短意識が高まり長時間労働対策にも繋がるというメリットはあるものの、昨今では、弊害部分の方が大きいのではと思っています。固定残業代を導入している企業が、「残業が一定時間あることが想定されている職場」だけでなく、これを言い訳として、長時間労働を暗黙で強要する環境が形成されていることや、長時間労働が常態化しているのに健康管理が疎かになっていることが目立っているからです。また、固定残業代が想定する時間を超えて労働しても当該時間外労働の賃金支払いが曖昧になるなどの可能性もあります。

2-3 名ばかり管理職と裁判例

　一般的に言われている管理職とは、就業規則で企業が独自に規定している管理職のことであり、こちらは**就業規則に定める管理職**と呼ばれており、労働時間管理が確りと適用されます。時間外労働手当（深夜時間外労働の手当を除く）に係る労働時間管理の適用対象外で企業が残業代を支払う義務のない管理職とは、労働基準法41条2号に該当する**管理監督者**のことです。こちらを、**労働基準法上の管理職**（労働基準法41条に規定された管理監督者）と呼んでいます。部長や課長などの職名に関わらず、行政通達で、①重要な職務内容と責任権限、②時間規制になじまない勤務態様、③地位に相応しい賃金等の処遇を基準として実態に照らして判断するとされています。このように二つの管理職は、法的位置づけでは似て非なる別物なのです。したがって、前者の管理職に対しては、企業は残業代の支払い義務があるのに、管理職だから不要だとするのは、いわゆる**名ばかり管理職**の問題として違法行為となります。

　裁判例では、**静岡銀行事件**（静岡地判昭和53年3月28日）[5]は、「銀行の支店長代理の地位にあり、役席手当が支払われていたとしても、部下の労働に関与することが少なく、逆に自己の労働時間が管理されているような労働者は、労働基準法上の管理監督者とはいえない」とされた事案。

　また、マスコミが大きく取り上げて飲食業の実態が社会問題化した、**日本マクドナルド事件**（東京地判平成20年1月28日）[6]は、大手フードショップ店長が労働基準法の管理監督者か否かが争われた事案ですが、「①職務内容、権限及び責任、②勤務態様、③給与水準の視点から判断すべきとして、店長が当該企業全体の経営方針等の決定過程に関与している事実がないこと、労働時間に関する自由裁量性があったとはいえないこと、及び賃金は下位職位より低く十分ではないこと、権限もアルバイトの一部の者の雇用決定があるだけでは管理監督者ではない」と判断

しています。

3．賞与・退職金、年俸制

3-1　ボーナスと退職金
（1）賞与

　賞与（ボーナス）には、使用者の法的な支給義務はありません。支払い時期も企業の裁量に委ねられています。賞与は、支給日に在籍していないと支給は行われず、多くの企業の就業規則や賃金規程に「賞与支給日に在籍していない者には賞与を支給しない」という条項[7]が設けられています。これらの措置は、**大和銀行事件**（最1小昭和 57 年 10 月 7 日）**【判例8】**の最高裁判決に基づくものです。この事案は、査定期間中に勤務していたものの、賞与の支給日前に退職して支給されなかった従業員が、賞与の支給を求めて提訴したものです。最高裁は、賞与の賃金とは異なる性質を考慮して、企業側の主張を支持し、これにより企業の裁量に基づき支給が行われることが確立しています。

【判例8】大和銀行事件（最1小判昭和 57 年 10 月 7 日労判 399 号 11 頁）

　事実　Y 銀行では、従来から賞与は、年 2 回の決算期の中間時点を賞与支給日とすると定めている。上期 4 月 1 日から 9 月 30 日までを算定期間とする賞与を毎年 12 月に、下期 10 月 1 日から 3 月 31 日までを算定期間とする賞与を毎年 6 月に、その支給日に在籍する者にのみ支給するとの慣行があった。この慣行を、労働組合からの申入れを受けて就業規則に明文化した。そして Y 銀行は、6 月 15 日に夏の賞与を支給した。ところが、就業規則化した直後の 5 月 31 日に退職した従業員の A 氏には、前年度の下期の査定は終わっ

ており金額まで決まっていたのに、支給日在籍要件により6月15日及び12月10日を支給日とする各賞与は支給されなかった。A氏は、賞与が支払われないのは「後払い的性格」を有する賃金の未払いであるとして、賞与の支払いの請求を求めて提訴した。

経過 一審はA氏の請求を棄却し、二審もA氏は賞与の受給権を有していないとして請求を棄却[8]。上告審となった。

判旨 最高裁は、「Y銀行においては、本件就業規則32条の改訂前から年2回の決算期の中間時点を支給日と定めて当該支給日に在籍している者に対してのみ右決算期を対象とする賞与が支給されるという慣行が存在し、右規則32条の改訂は単にY銀行の従業員組合（ママ）の要請によって右慣行を明文化したにとどまるものであって、その内容においても合理性を有するというのであり……A氏は、Y銀行を退職したのち昭和54年6月15日及び同年12月10日を支給日とする各賞与については受給権を有しないとした原審の判断は、結局正当として是認することができる」と判示し、上告を棄却した。

このように賞与の支給在籍要件は適法ですが、整理解雇や定年退職などの退職日を労働者が自由に決定できない場合には、支給日に在籍していなくても賞与請求権はあります。

（2）退職金

退職金は、労働者が長期間に亘り企業に奉仕した結果としての経済的な保障や、その功績を評価して支給されるのが一般的です。退職金の支給基準や金額は、就業規則や労働契約、労使間の合意によって異なります。通常は、一定の在籍期間が充たされた場合や特定の退職事由、定年退職に基づいて支給されることが多いようです。賞与とは異なり、退職金は特定の「支給日」ではなくても、労働者が会社を退職する日が、その支給基準日となります。そのため、賞与における「支給日に在籍して

いること」のような条件は、退職金の支給には適用されません。

3-2　年俸制と同一労働同一賃金

（1）年俸制

　年俸制の賃金制度には、年単位で賃金を決定していく制度と、目標管理制度に基づく成果主義によって賃金が決定されていく制度があります。何れの場合であっても、賃金に関する毎月1回以上の支払いの原則の適用を受けるため、年間12回以上に分けて賃金は支払われることになります。

（2）同一労働同一賃金

　同一労働同一賃金とは、性別・年齢・雇用形態にかかわらず、同じ労働であれば、同じ賃金を支払うべきだとする考え方です。働き方改革関連法で、雇用形態に関わらない公正な待遇の確保が求められたことから、その実現のために、パート有期雇用労働法が制定され、賃金に限ることなくあらゆる待遇についての、不合理な待遇差の禁止（均衡待遇規定）、差別的取扱いの禁止（均等待遇規定）、待遇差の説明義務などの所要の措置が定められています。

〈注〉

1　労働基準監督署への届出は不要。

2　特定最低賃金は一定の事業や職業に適用される。従来の産業別最低賃金は平成 19 年の法改正で特定最低賃金として整理変更されている。

3　安倍内閣の景気浮揚政策以後、近年における最低賃金の上昇は顕著で、令和 5 年 3 月にも、厚生労働省は、物価上昇を考慮して最低賃金を引き上げている。これにより、全国平均時給（1002 円）が初めて千円台となった。因みに、東京都の場合、平成 18 年 10 月に 719 円だったが令和 5 年 10 月には 1113 円（前年＋41 円）となっている。

4　最低賃金法に定める減額特例は次の何れかに該当する場合に認められる。①精神又は身体の障害により著しく労働能力の低い者。②試みの使用期間中の者。③基礎的な技能等を内容とする認定職業訓練を受けている人のうち厚生労働省令で定める者。④軽易な業務に従事する者。⑤断続的労働に従事する者。

5　静岡銀行事件（静岡地判昭和 53 年 3 月 28 日民集 29 巻 3 号 273 頁 ）

6　日本マクドナルド事件（東京地判平成 20 年 1 月 28 日労判 953 号 10 頁）

7　合理的な理由があれば労働契約に取り入れることも可能。

8　一審は大阪地方裁判所（大阪地判昭和 55 年 10 月 24 日労判 1399 号 14 頁）、二審は大阪高等裁判所（大阪高判昭和 56 年 3 月 20 日労判 399 号 12 頁）の判決。

1．解雇と退職

1-1　解雇と退職について

　解雇と退職をあわせて、労働契約の終了（＝労働契約の終結）といいます。

　解雇とは、使用者からの申し出による一方的な労働契約の終了のことです。通例に従うと、解雇には、普通解雇、懲戒解雇、諭旨解雇があります。なお、懲戒解雇の場合でも、即時解雇できるのは、労働基準監督署長の認定があったときに限られます。また、解雇制限や解雇予告についての規定が、労働基準法 19 条及び 20 条にあります（後述）。

　退職とは、労働者からの申し出による労働契約終了のことです。細別すると、**辞職**と呼ばれている、労働者の一方的な意思表示によるものと、労働者と使用者が合意をして、労働契約を終了させる**合意解約**があります。もっとも、一般的には、これらを合わせて退職という言葉が使われています。なお、定年については後述します。

1-2　解雇の種類
（1）普通解雇と懲戒解雇

　解雇は、その事由により、**普通解雇**と**懲戒解雇**に区分できます。

　普通解雇は、病気などで労働者が労働契約に基づく労務提供ができないか、仕事上の能力不足により不完全な提供しかできない場合などで、使用者が労働契約を一方的に解消する解雇のことです。懲戒解雇は、売上金横領や重大な刑事事件の犯人となった場合などに、その制裁として

行われる解雇のことです。

使用者が一方的に労働契約を解消する点では、普通解雇も懲戒解雇も同じですが、懲戒解雇は、労働者に対して企業秩序違反を理由とする制裁としての目的があり、ここが大きな違いです。

（2）諭旨解雇と諭旨退職

懲戒解雇よりもいわば罪一等を減じる措置として、**諭旨解雇**があります。使用者が労働者に服務規律違反や非行などを諭して、反省を促した上で解雇するものです。したがって、労働者に反省する機会をほぼ保障することのない懲戒解雇よりも軽い処分といえます。

諭旨解雇よりも、更に穏やかな措置として**諭旨退職**があります。これは、労働者本人に退職を勧告し、これに応じて退職願の提出をするようであれば解雇とはせず、自発的に退職したと認める制度です。懲戒解雇の場合は、退職金は支給されないことが殆どですが、諭旨解雇又は諭旨退職の場合は、退職金規程どおりの退職金が支給されたり、一部減額した上で支給されたりします。

1-3 退職に関する法的手続

（1）退職通知

退職時の使用者承認の必要性は、労働基準法5条で強制労働を禁止し、同法14条で契約上限3年と定めている趣旨に鑑みて否定されています（高野メリヤス事件[1]）。したがって、いつでも解約の申し出ができるのが基本ですが、改正前の民法では、退職の効力は、民法627条1項で、時間給の者などには、「解約の申入日から2週間を経過することによって終了」するとされており、月給者については2項で「給与計算期間の前半に申し入れたときは、次期の初日に退職の効力が発生する」とされていました。

改正後は、労働者側からの解約の申し出については、改正民法627

条1項が適用され、2項については、使用者側からの解約の申し出についてのみ適用されることになりました。したがって、労働者が辞めたい場合には、**2週間前**にその旨を意思表示すれば退職の効力が生じることになります。また、**大隈鐵工所事件**（最1小昭和62年9月18日）²で、労働者からの退職願（届）が、退職承認の権限を有する者に提出されて受諾されてしまえば合意解約となり、それがたとえ口頭であっても承認と解されて、それ以後の撤回はできないとされました。

（2）退職証明書

退職証明書について。使用者は、労働者が退職する場合において、使用期間・業務の種類その他事業における地位、賃金又は退職の事由（解雇の理由を含む）についての証明書を、労働者が請求した場合には、遅滞なくこれを交付しなければなりません（労働基準法22条1項）。

また、退職証明書には、労働者の請求しない事項の記入は禁止されており、解雇される労働者から、解雇される日迄の間に、解雇理由を記した書面が欲しいと請求があれば、使用者は、解雇理由を記した書面を作成し、その者に交付することについても義務づけられています（労働基準法22条2項）。

（3）求職活動支援書

高年齢者等（45歳以上65歳未満）が事業主都合（解雇含む）により離職する場合には、使用者は、その者の請求により、在職中のなるべく早い時期から高年齢者等が主体的に求職活動を行えるよう、自主的に**職務経歴書**を作成するための参考情報（高年齢者等の職務の経歴、職業能力等の再就職に資する事項）で、再就職する際に有利となる事項を中心に記載する**求職活動支援書**³の作成義務があります。なお、65歳以上70歳迄の間では作成・交付は努力義務とされています。

（4）金品の返還

労働者が退職又は死亡した場合には、労働者本人又はその遺族などの

権利者からの請求により、使用者は、支払期日前であっても、7日以内に賃金を支払い、労働者の権利に属する**金品を返還**しなければなりません（労働基準法23条）。

1-4　解雇に関する制限

(1) 解雇予告

使用者が労働者を解雇する場合は、解雇の合理的必要性と判例により確立している解雇要件を満たした上で、①解雇予定日の **30日前に解雇予告**を労働者に伝えるか、②平均賃金の **30日分以上の解雇予告手当**を支払うか、どちらかの方法をとることになります（労働基準法20条）。なお、解雇予告が30日に満たない場合は、その不足日数相当額の解雇予告手当を支払う必要があります。

<u>労働者が退職を申し出る場合</u>は、次の何れかによる必要があります。

　　①就業規則に「30日前」と定めているときは、その期日前迄に申し出ること。

　　②就業規則に上記記載がない場合は、民法の規定により原則2週間前迄に申し出ること。

(2) 解雇制限

労働基準法19条は解雇制限を定めています。業務上のケガや病気で療養のために休業している期間、及びその後30日間は解雇することができません（打切補償があった場合を除く）。但し、療養開始後3年経過した日において、労災保険の傷病補償年金を受けている場合、又はその日後において傷病補償年金を受けることとなった場合には、打切補償があったとみなされ、解雇することができます（後述第22講）。また、女性労働者による産前・産後の休業期間及びその後30日間についても解雇することはできません。

なお、解雇予告も解雇制限の何れについても、天災事変その他やむを

得ない事由により、事業の継続が不可能となった場合には、所轄労働基準監督署長の認定を受けて、解雇することが可能です。

（3）解雇を制限する法律

　解雇を制限する法律の規制には、①労働基準法3条（国籍・信条・社会的身分を理由とする解雇）、②労働基準法20条（解雇予告手続を欠く即時解雇）、③労働基準法104条（労働基準監督署等への申告を理由とする解雇）、④個別労働紛争解決促進法14条（個別労働関係紛争の援助を求めたことを理由とする解雇）などがあり、使用者が労働者を自由に解雇することは制限されています[4]。

1-5　解雇権濫用法理

　最高裁の**高知放送事件**（最2小昭和52年1月31日）【**判例9**】の判断により、「解雇とすることが、著しく不合理で、社会通念上相当なものとして是認することができないときには、解雇の意思表示は、解雇権の濫用で無効になる」とする、**解雇権濫用法理**が確立しています。

　これを明文化したのが、労働契約法16条で、**「解雇は、客観的に合理的な理由を欠き、社会通念上相当であると認められない場合は、その権利を濫用したものとして、無効とする。」**と定めています。なお、この条文は、**日本食塩製造事件**（最2小昭和50年4月25日）[5]の判示を採り入れたものといわれています。

【判例9】高知放送事件（最2小判昭和52年1月31日労判268号17頁）

事実　ラジオ局Y社のアナウンサーであるA子は、ファックス担当の放送記者B太と宿直勤務をしたが、二人とも仮眠していて寝坊をし、2月23日午前6時からの10分間のラジオニュースを放送できなかった（第1事故）。3月7日にも、再び、A子も、補助的に起こす役割を担うB太も寝過ごしてしまい、5分間放送することができなか

った（第2事故）。このようにして2週間のうちに2度の放送事故（放送の中断）を引き起こしてしまった。第2事故については、A子は、直ちに報告せず、上司に報告を求められた際にも、事実と異なる事故報告書を提出した。これらに鑑みて、Y社は、A子が就業規則の「服務規律に違反しその程度が重いとき」「職務を著しく怠ったとき」などの懲戒事由に該当するとして懲戒解雇することを検討したが、A子の再就職などの将来を考慮して、普通解雇事由に該当することとして普通解雇した。一方のB太は譴責とされ軽い処分がなされたのみであった。A子は到底納得できず、Y社に対して労働契約上の地位の存在確認を求めて提訴した。

経過 一審及び二審共に[6]、懲戒事由が存在する場合に懲戒解雇によることなく普通解雇に処することは可能であるとしつつ、本件解雇は解雇権の濫用に該当するとして無効と判断し、Y社が上告した。

判旨 最高裁は、「A子に非がないということはできないが、本件事故は、いずれもA子の寝過ごしという過失行為によって発生したもので、悪意ないし故意によるものではなく、また、ファックス担当者B太がA子を起こすことになっていたが、第1、第2事故ともファックス担当者も寝過ごし、定時にA子を起こしてニュース原稿を手交しなかったのであり、事故発生につきA子のみを責めるのは酷であること。」とし、また「放送の空白時間はさほど長時間とはいえないこと、Y社において早朝のニュース放送に万全を期すべき措置を講じていなかったこと。A子が事実と異なる事故報告書を提出した点についても、短期間内に2度の放送事故を起こし気後れしていたこと等を考えると強く責めることはできない。」と述べている。そして「A子はこれまで放送事故歴がなく、平素の勤務成績も別段悪くないこと、B太はけん責処分に処せられたにすぎないこと、Y社において従前放送事故を理由に解雇された事例はなかったこと等

の事情の下で」とした上で、A子に対する解雇は、「いささか苛酷に
すぎ、合理性を欠くうらみなしとせず、必ずしも社会的に相当なも
のとして是認することはできないと考えられる余地がある」と判示
した。これらの理由により、この解雇の意思表示を解雇権の濫用で
あり無効とし、2審判断は正当として、上告を棄却した。

　また、会社の経営悪化等による整理解雇の場合についても、**東洋酸素
事件**（東京高裁昭和54年10月29日）[7] などの裁判例により判例法理が
形成されています。いわゆる **「整理解雇の四要件」** です。四要件とは、
次の判示であり、これらを全て満たさなければ解雇することはできない
ものとされています。

- **整理解雇の必要性**　　　→会社の存続のための必要性が存
　　　　　　　　　　　　　　　　在するか
- **解雇回避の努力**　　　　→新規採用中止・希望退職募集な
　　　　　　　　　　　　　　　　どを既に実施したか
- **整理解雇基準と人選の合理性**→合理的且つ公平な基準に基づい
　　　　　　　　　　　　　　　　た合理的な運用か
- **労働者との十分な協議**　→労働組合や労働者に対して誠意
　　　　　　　　　　　　　　　　ある協議を行ったかなど

　過去には、この四要件を否定的に解して、幾つかの組み合わせにより
総合的に判断していく、東京地裁の総合考慮の裁判例が続いて、**四要素**
と呼ばれたこともありましたが、現在では、回帰して四要件が厳守され
ています。なお、四要件で最重要と考えられているのは、**あさひ保育園
事件**（最1小昭和58年10月27日）[8] で判示された、「労働者との十分な
協議」であるとされています。

2. 雇止め

2-1　雇止めについて

(1) 雇止めとは、契約社員などと呼ばれることの多い**有期契約労働者**について、契約期間満了を理由に、次期の契約更新をせずに労働契約を終了させることです。契約期間満了を理由とする雇止めは不当な理由でない限り、違法行為ではありません。

　また、パート有期雇用労働法では有期契約更新時の基準を設けています。3回以上更新している有期契約や1年以下の有期契約が更新されていて通算1年を超えるなどの場合には、会社は「①少なくとも30日前に更新しないことを予告する。②雇止めの理由の証明書の請求があった場合は遅滞なくこれを交付する。」ことになっています。苦情処理等の相談窓口の設置などの相談体制の整備も怠ってはなりません。

(2) 令和6年（2024）4月から有期契約労働者に対する労働条件の明示事項は、次のようになっています。

　　①更新上限の明示　　　　→有期労働契約の締結と契約更新時ごとに、更新上限の有無と内容を明示すること。更新上限の内容とは、有期労働契約の期間又は更新回数の上限のこと。

　　②無期転換申込機会の明示→無期転換申込権が発生する更新時ごとに、無期転換申込みに関する事項の明示が必要。これは、「無期転換申込みができる旨（無期転換申込機会）」を明らかにすればよい。その機会ごとに無期転換後の労働条件の明示が必要。

　なお、全ての労働者に対しては、就業場所と業務の**変更の範囲**が明示義務です。変更の範囲とは、労働契約の締結時又は有期労働契約の更新

時に、将来の配置転換などによって変更される可能性のある就業場所や業務の範囲のことです。

2-2　無期転換権

　平成24年（2012）の労働契約法18条の改正で**無期転換権**が新設されました。「有期雇用の労働者について契約を更新した結果、通算5年を超える勤続となるような場合は、無期雇用に転換するよう求めることができる」というルールです。**平成25年4月1日以降**の締結契約から適用され、同一の使用者の下で有期労働契約が更新され、**通算5年超**えとなった場合に、労働者に無期労働契約への転換申込みの権利が生じます（更新以降でも）。これを行使しさえすれば、申込みの時点で使用者はその申込みを承諾したものとみなされ、有期契約の満了の翌日を就労の始期とする**期間の定めのない労働契約**が成立したことになります。なお、ふたつの有期労働契約の間に契約が存在しない期間が6カ月以上続くと、通算期間はリセット（**クーリング期間**）されます。なお、この期間が1年未満の場合は、その期間の2分の1の範囲内で厚生労働省令により定めています（労働契約法18条）。なお、無期転換権の例外措置として、大学教員任期法で、大学の教員・研究者は、無期転換権の申込権が発生する期間が**10年超え**となっています。また、有期雇用特別措置法で、定年後に引き続き再雇用された者には、都道府県労働局長の認定を受けることで、適用除外とすることができます。

2-3　無期転換権に関する判例

　無期転換権に関する最高裁の有名な判断として、東芝柳町工場事件と日立メディコ事件があります。

（1）期間の定めのない契約に変質

　最高裁の**東芝柳町工場事件**（最1小昭和49年7月22日）[9]の判決です。

期間の定めのない契約と実質的に異ならない状態であったと判断しています。

> 解雇権濫用法理が適用される期間2カ月の契約を5回から23回更新されている常用期間工の雇い止めは、その実情からみて、「実質において解雇の意思表示にあたり、解雇権濫用法理が類推適用される。よってその労働者に対して、契約更新という従来の取り扱いを変更しても、やむを得ない特段の事情がなければ、雇い止めは許されない」として、有期雇用が期間の定めのない契約と実質的に異ならないものになったとしている。

（2）雇用継続の期待権の保護

　最高裁の**日立メディコ事件**（最1小昭和61年12月4日）[10] の判決です。ある程度の雇用の継続が期待されていたと判断しています。

> 「解雇権濫用法理が適用される雇用が季節的・臨時的なものではなく、ある程度の雇用継続が期待されていた場合では、終身雇用の期待の下では、期間の定めのない労働契約を締結した労働者と比較し、要求される合理性の程度におのずから差異があることから、正規従業員の希望退職を行わずに雇止してもやむを得ない」と判示している。この場合、解雇権濫用法理が適用されると、労使の法律関係は、従前の労働契約が更新されたのと同様の法律関係になることから、期間の定めのある労働契約が存続する。

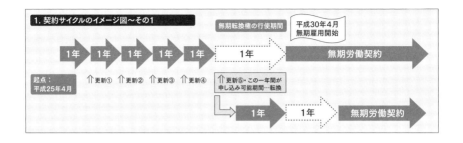

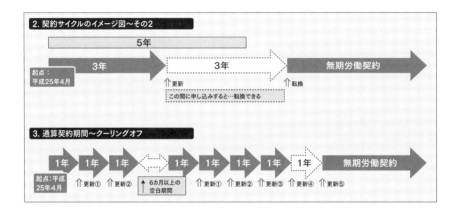

3. 定年と高年齢者措置

3-1　定年について

　定年とは、労働者が一定の年齢（定年年齢）に達したことを、労働契約の終結（労働契約の終了）事由として定めることです。定年を制度として定めるには、労働協約や就業規則に規定を設ける必要があります（労働基準法 15 条、89 条）。

　大昔は 55 歳定年制が主流でしたが、現在では**高年齢者雇用安定法**により、定年を定めた場合は **60 歳以上**とすることと、高年齢者雇用確保措置（65 歳迄）を講じることが義務化されています。また近年の労働

力不足を補うべく、平成26年（2014）に対象労働者の制限基準が撤廃され、更には定年年齢の再延長も検討組上にのぼっており、手始めに同法は令和2年（2020）に再び改正され、新たに高年齢者就業確保措置（70歳迄）が努力義務として新設されました。なお、前述（第6講）していますが、同法では高年齢者を満55歳以上の者とし、中高年齢者を満45歳以上の者としています。

3-2　高年齢者措置

　前述の通り、高年齢者の65歳迄の雇用確保措置は**高年齢者雇用確保措置**、70歳迄の雇用確保措置は**高年齢者就業確保措置**と呼称されています。

（1）高年齢者雇用確保措置

　高年齢者雇用確保措置には、定年年齢を、満65歳迄延長するか、或いは定年制度自体を定めず、何時まででも勤めてもらえるようにするか、又は満65歳迄の**継続雇用**としては、**勤務延長制度**か**再雇用制度**を採用していくかの三つのタイプがあります。法律は使用者に対して、この何れかの制度措置をとる義務を課しています。なお、継続雇用者については、会社は一定の手続きにより、基準に合致した者だけを継続雇用者とすることができる**選別基準**を設けることが可能でしたが、平成24年（2012）に廃止されています。また、募集・採用の上限措置を設定する際には、その理由の明示が義務付けられています。

（2）高年齢者就業確保措置

　高年齢者就業確保措置は、法的には努力義務ですが、**①雇用による措置**として、「70歳迄の定年引き上げ、定年廃止、70歳迄の継続雇用制度」を、**②雇用によらない創業支援等措置**として、「70歳迄継続的に業務委託契約を締結する制度、70歳迄継続的に社会貢献事業に従事できる制度」の何れかの採用が求められています（労使協定による対象者の一部

除外有り）。なお、社会貢献事業の制度については、事業主が自ら実施するもの、又は委託・出資した団体が行うものが対象となっています。

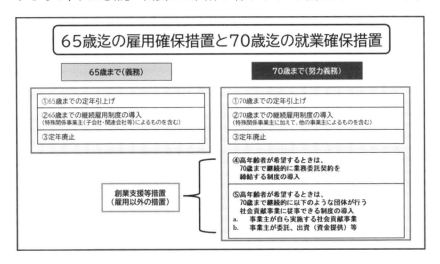

　津田電気計器事件（最1小平成24年11月29日）**【判例10】**では、雇止め法理を参考にして、「平成24年改正前の高年齢者雇用安定法9条2項[11]に基づく労使協定による継続雇用基準を満たしていた労働者に対する1年間の嘱託雇用の後の再雇用拒否は、労働者の雇用継続への合理的な期待に反する」と判示することで、継続雇用規程による雇用継続によって、定年後再雇用拒否についての法的救済を図れることを明らかにしています。

【判例10】津田電気計器事件（最1小判平成24年11月29日労判1064号13頁）
　事実　C氏は、期間の定めのない労働契約の下、定年（60歳）までY社に勤務し、その後、労働協約に基づき、定年に達した後引き続き1年間の嘱託雇用契約（嘱託契約）により雇用されていた。Y社は、高年齢者継続雇用規程を定めて継続雇用基準を設けていた。C氏は、Y社に対して、嘱託契約終了後の継続雇用を求めたものの、継続雇

用基準を満たしていないことを理由に、更なる再雇用は拒絶された。C氏は、高年齢者雇用安定法上の継続雇用制度により再雇用されていたなどと主張して、労働契約上の権利を有する地位にあることの確認等を求めて提訴した。

経過 一審は、継続雇用基準を認めるとしてC氏の労働契約上の地位を認めたが、二審も、再雇用契約は成立したものとして取り扱うべきだとしてC氏の地位確認を認めた[12]。Y社により上告審となった。

判旨 最高裁は、「Y社において法所定の継続雇用制度を導入したものとみなされるところ、期限の定めのない雇用契約及び定年後の嘱託雇用契約により雇用されていたC氏は、Y社規定の継続雇用基準を満たすものであったから、C氏において嘱託雇用契約の終了後も雇用が継続されるものと期待することには合理的な理由があると認められる。Y社においてC氏につき継続雇用基準を満たしていないものとして再雇用をすることなく嘱託雇用契約の終期の到来によりC氏の雇用が終了したものとすることは、他にこれをやむを得ないものとみるべき特段の事情もうかがわれない以上、客観的に合理的な理由を欠き、社会通念上相当であると認められないものといわざるを得ない。Y社とC氏との間に、嘱託雇用契約の終了後も規程に基づき再雇用されたのと同様の雇用関係が存続しているものとみるのが相当」と判示し、二審判決を支持した。

1 高野メリヤス事件（東京地判昭和 51 年 10 月 29 日判時 841 号 102 頁）

2 大隈鐵工所事件（最 1 小判昭和 62 年 9 月 18 日労判 504 号 6 頁）

3 内容は、①離職予定者の氏名・年齢・性別、②離職予定日、職務経歴（従事した主な内容・実務経験・業績及び達成事項）、③資格・免許・受講した講習、職業能力その他と事業主が講ずる再就職援助措置。再就職援助措置は、「職場体験講習の受講、資格試験の受験等求職活動のための休暇等の付与、在職中の求職活動に対する経済的支援、求人の開拓、求人情報の収集・提供、関連企業等への再就職のあっせん、再就職に資する職場体験講習、カウンセリング等の実施、受講等のあっせん」など。

4 他にも、労働基準法 19 条（業務上の療養期間とその後 30 日間に行う解雇、又は産前産後の女性が休業する期間とその後 30 日間に行う解雇）、男女雇用機会均等法 9 条（女性であることや、妊娠・出産により、産前産後休業をしたことを理由とする解雇）、育児介護休業法 10 条・16 条（育児・介護休業の申出、又は育児・介護休業取得を理由とする解雇）、公益通報者保護法 5 条（公益通報をしたことを理由とする解雇）、労働組合法 7 条（労働組合員であること、労働組合に加入しようとしたこと、労働組合を結成しようとしたことを理由とする解雇及び労働委員会への申立を理由とする解雇）などがある。

5 日本食塩製造事件（最 2 小判昭和 50 年 4 月 25 日民集 29 巻 4 号 456 頁）

6 一審は高知地方裁判所（高知地判昭和 48 年 3 月 27 日判例集未登載）、二審は高松高等裁判所（高松高判昭和 48 年 12 月 19 日労判 192 号 39 頁）の判決。

7 東洋酸素事件（東京高判昭和 54 年 10 月 29 日労判 330 号 71 頁）

8 あさひ保育園事件（最 1 小判昭和 58 年 10 月 27 日労判 627 号 63 頁）

9 東芝柳町工場事件（最 1 小判昭和 49 年 7 月 22 日民集 28 巻 5 号 927 頁）

10 日立メディコ事件（最 1 小判昭和 61 年 12 月 4 日労判 486 号 6 頁）

11 当時の高年齢者雇用安定法では、暫定的な措置ではあったが、労使協定による基準を定めることで継続雇用の不該当者を決められた。

12 一審は大阪地方裁判所（大阪地判平成 22 年 9 月 30 日労判 1019 号 49 頁）、二審は大阪高等裁判所（大阪高判平成 23 年 3 月 25 日労判 1026 号 49 頁）の判決。

第15講 労働組合法

1．労使関係の基本的な枠組み

1-1 労働組合法と労働組合

（1）労働基本権

　労働組合は、労働組合法2条で「労働者が主体となって自主的に労働条件の維持改善その他経済的地位の向上を図ることを主たる目的として組織する団体又はその連合体」と定義されています。

　労働基準法や労働契約法では、労働者と使用者（経営者）は対等であるとしていますが、実態としては、経営組織に対して一人ひとりの労働者の力は極めて弱いので、労働者が団結して対応していけるようにするものです。

【労働基本権】

出所：中川直毅『概観日本国憲法と昭和政治史』三恵社 2023 年 192 頁の図を引用

(2) 法による保護

労働組合法は適用される労働組合を対象として、刑事免責（刑法35条の適用／労働組合法1条）及び民事免責（正当な争議行為に関する損害賠償責任の否定／労働組合法8条）の規定を設けています。

また、労働基本権を侵害する使用者の行為（不当労働行為＝不利益取扱い、団体交渉拒否、支配介入）の禁止にも重きを置いており、併せて、労働委員会による救済制度を設けています。なお、労働組合法が適用されない労働組合であっても、憲法第28条「勤労者の団結権」[1]の保護については同様に受けられます。

1-2　法適合の労働組合

(1) 要件

労働組合の活動自体については、憲法第28条により保障されていることから、職場で仲間を募って団体を作り「労働組合」と名乗ることは全くもって自由にできます。しかしながら、労働組合法の要件[2]を満たしていて、労働委員会が行う資格審査を通過すると「法適合組合」と呼ばれ、法人格の取得が可能となり、労働協約による強力な保護や労働委員会による救済などの充実した保護も受けることができます。なお、企業内に複数の労働組合が存在することは否定されていません。

法適合組合の受けられる法的保護	刑事免責（法1条）、民事免責（法8条）、法人格の取得（法11条）、不当労働行為の救済（法27条他）労働協約の規範的効力（法16条）、一般的拘束力（法17条）、労働委員会への労働者委員の推薦資格（法19条の3）

(2) 労働組合

日本の労使関係の中心は、企業別労働組合です。企業別労働組合の共通イメージは次のとおりです。

①大企業には企業別労働組合（企業内労働組合）があるが、中小企

業には無いことが多い。

②組合員は正社員が中心であり、契約社員やパートなどの非正規労働者は非組合員である。

③入社と同時や、試用期間終了後に組合員となり、管理職になると非組合員となることが多い。

④企業内に二つ以上の労働組合があることもある（多数組合と少数組合）。

　近年では、地域労働組合（地域コミュニティ・ユニオン）が街頭などで活発に活動しているのを見かけることがあります。企業単位ではない労働組合なので、どの会社で働いていても加入可能な「誰にでも入れる組合」です。また、自社に労働組合がない労働者の個別労働紛争が生じた際の「駆け込み寺」的な存在です。

　法適合組合の要件のうち、とりわけ「自主性」の有無は抽象的な文言ですが重要です。「自主性がない」とされる具体的な判断基準は、①「利益代表者（上級管理職）の参加」②「経費援助」③「福利事業のみの活動目的」④「政治活動又は社会活動が目的」であり、何れかに該当してしまうと労働組合法上の労働組合とはなりません。

1-3　労働組合と利益代表者

　ここでは管理監督者と利益代表者について説明します。

　労働組合法では、使用者の定義を直接定める条項はありませんが、労働組合の自主性を担保する利益代表者の規定から、使用者の概念を間接的に定めています。利益代表者が労働組合員に含まれていると、労働組合法の定める労働組合とは認められません。一般的には、労働基準法41条に定める管理監督者は非組合員とされていますが、労働基準法の管理監督者と労働組合法の利益代表者とは、法的には一致しないのです。管理監督者は、労働基準法の労働時間の適用を及ぼすべきか否かで、利

益代表者は、労働組合の自主性を損ねるか否かで判断されるものであり、判断基準が異なるのです。

2．労働協約

2-1　労働協約について
（1）概要

　労働協約とは、使用者と労働組合との間で取り決めた労働組合員の賃金、労働時間、休日・休暇などの**労働条件**及び使用者と労働組合との関係事項について団体交渉を行い、その結果としての**労使間合意**を**書面**にして、労使双方が**署名又は記名押印**したものです。労使自治を尊重している証です。

　また、組合規約や就業規則[3]のように記載内容に法的規制はなく、名称や書式等の定めはありません（労働組合法14条）。したがって、労働協約の名称については、労働組合法は特に関知しておらず、協定や確認書などの名称が使われていることもあります。なお、書面化されない労働協約や労使の署名又は記名押印を欠く労働協約の規範的効力は、最高裁が**都南自動車教習所事件**（最3小平成13年3月13日）**【判例11】**で、その効力を否定的に解釈しています。

【判例11】都南自動車教習所事件（最3小判平成13年3月13日民集55巻2号395頁）
　事実　教習所を経営するY社は、ベースアップについて、毎年A氏らが所属する甲労働組合（丙支部、他にも乙労働組合があった）との労使交渉を行い、交渉の妥協結果を労働協約として締結して賃金を支給していた。Y社は、従来の賃金体系が年齢に比して勤続年数を偏重するものであったことから、従業員各人の技術力・知識、責

任の程度に応じた新賃金体系を導入することになった。そこで就業規則の改訂を労働組合に提示したところ、甲労働組合は就業規則の改訂に反対した。しかし、就業規則は改訂され、その後、Y社は、新賃金体系に基づいて、労働組合との間でベースアップについて、毎年労使交渉を行い、労働組合に協定書の作成を求めた。甲労働組合は、Y社が示すベースアップの金額については合意していたが、協定書の作成については新賃金体系の導入に賛成したことになるとして拒否していた。このため、Y社は、労働協約が書面で作成されないことを理由に、甲労働組合の組合員であるA氏らにはベースアップの賃金を支給せず、他の同意していた労働組合の組合員や非組合員には支給した。A氏らはベースアップの賃金の支給を求め、予備的に不法行為による損害賠償も求め、提訴した。

経過 一審は書面作成されていない労使合意に規範性は生じないとしつつも、訴状等での当事者の記名押印により書面性を備えた労働協約の設立と同視できるとして請求を認容した。二審は合意が書面に作成されていないことを理由としてベースアップの賃金を支払わないことは信義に反するとして、合意の規範的効力を認めた[4]。よってY社による上告審となった。

判旨 最高裁は、「労働協約は、利害が複雑に絡み合い対立する労使関係の中で、関連性を持つ様々な交渉事項につき団体交渉が展開され、最終的に妥結した事項につき締結されるものであり、それに包含される労働条件その他の労働者の待遇に関する基準は労使関係に一定期間安定をもたらす機能を果たすものである」とした。そして、労働組合法14条が書面化を求めているのは、「その存在および内容は明確なものでなければならない」から、「仮に、労働組合と使用者との間に労働条件その他に関する合意が成立したとしても、これに労働協約としての規範的効力を付与することはできない」と判示し、

ベースアップ分の支払いを認めず、原審を破棄して高裁に差し戻した。

この最高裁の判断により、労働協約は、書面に作成され、且つ労使当事者がこれに署名又は記名押印しない限り、労働組合と使用者との間で労働条件等で合意が成立していたとしても、労働協約の規範的効力は生じていないことが確定しました。

(2) 労働協約の内容

労働協約の内容は、主に労働条件や労使関係に関するものですが、法令や公序良俗に反しない限り、労使当事者間の自由に任せられています。

また、形式については、特定事項（賃金や退職金）に限って協定した個別労働協約と、労使間の諸問題について包括的に協定した包括労働協約の二種類があります。なお、包括労働協約は債務的部分を協定事項とする傾向にあります。一般的な包括労働協約は、労働者の待遇についての基準を定める**規範的部分**と、使用者と労働組合の関係（ルール）を定める**債務的部分**とで構成されており、その内容については次表の通りです。

【労働協約の構成とその内容例】

分　類	内　容
規範的部分 （労働者の待遇についての基準）	①始業・終業時刻、休憩、休日、休暇、交代勤務
	②賃金の決定・計算・支払方法・締切日・支払時期、賞与
	③退職、退職金
	④安全衛生、労働災害、私傷病扶助
	⑤採用、配置、異動、昇進、福利厚生
債務的部分 （使用者と労働組合との関係）	①組合員の範囲
	②組合活動（就業時間中の組合活動、専従制度、チェック・オフなど）
	③ユニオン・ショップ制
	④団体交渉（団体交渉手続、交渉担当者、交渉事項、運営方法）
	⑤平和条項（争議行為の予告、争議行為への不参加者）
	⑥苦情処理制度、労使協議制度

（3）労働協約の有効期間は、その**有効期間**を定める場合は**3年**を超えて定めることはできません。仮に3年を超えて締結してしまっても、3年の有効期間を定めたものとみなされます。**有効期間を定めない場合**には、労使当事者何れか一方からの書面（必ず署名又は記名押印が必要）による**90日前**の通告により、解約することができます（労働組合法15条）。

2−2　労働協約の効力

　労働協約の効力については、使用者と労働者の個別契約としての労働契約や、使用者がほぼ一方的な意思に基づき制定できる就業規則よりも、優先した効力（規範的効力）が認められています（労働組合法16条）。また、労働協約には、（1）労働組合員の労働契約を規律する「規範的効力」と、（2）労働協約当事者である労働組合と使用者との間の契約としての効力である「債務的効力」の二つの効力があります。

（1）規範的効力

　労働組合法16条が労働協約に付与した効力として、強行的効力と直律的効力の要素があります。

　　①強行的効力……労働協約に定める労働条件その他の労働者の待遇
　　　　　　　　　　に関する基準に違反する労働契約の部分を無効と
　　　　　　　　　　する。
　　②直律的効力……労働協約の当事者となった使用者と労働組合員に
　　　　　　　　　　限り、及ぶ効力。例外として、拡張適用制度（一
　　　　　　　　　　般的拘束力）がある。

（2）債務的効力

　労働協約の締結当事者である使用者と労働組合との間の、契約としての効力のことです。契約なので履行義務を負うもので、それが果たせないときは債務不履行となります。

債務的効力が認められる債務的部分の具体例は次の通りです。

①組合員と非組合員の範囲、②ユニオン・ショップ協定、③組合活動（在籍専従、時間内組合活動、組合事務所、掲示板の貸与等）、④団体交渉の手続・ルール（団体交渉の時間・場所・人数・録音の可否等）、⑤労使協議制、⑥争議行為に関するルール（平和義務）、⑦スキャップ（スト期間中の代替労働者）の禁止協定、⑧配転・出向・解雇等の人事協議・同意事項、⑨苦情処理の手続

（3）その他の効力

就業規則に定めがあるのに労働協約には定めのない事項は、就業規則の規定が適用されます。また、労働組合員以外の者に対しては就業規則の定めが適用されます。

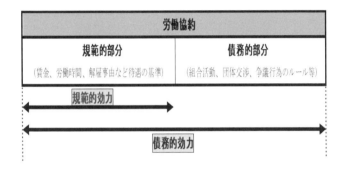

2-3　ユニオン・ショップ協定と解雇

ユニオン・ショップ協定とは、労働組合に加入しない労働者や、労働組合から脱退又は除名された労働者の解雇を、使用者に義務づける労働協約条項のことです。このような純粋なユニオン・ショップ協定には及ばない、宣言ユニオン（労働者イコール組合員であるとのみ規定する）や尻ぬけユニオン（解雇は使用者の任意に委ねる）などもあります。

ユニオン・ショップ協定に基づく脱退・除名者の解雇は、**三井倉庫港運事件**（最1小平成元年12月14日）【**判例12**】や**日本鋼管鶴見製作所**

事件（最 1 小平成元年 12 月 21 日）[5]による最高裁の判決により、解雇は無効として否定されています。同協定を、労使当事者以外の他の組合員にまで適用することは、積極的団結権を侵害する違法な行為とされ、加えて脱退者・除名者が別組合に加入し、又は新組合を結成したような場合については、憲法第 28 条が定める**団結権の平等な保障**〔積極的団結権と消極的団結権（団結しない自由）〕及び労働者の**組合選択の自由の侵害**であると判示されたからです。したがって、労働組合員が、ユニオン・ショップ協定を締結している労働組合から脱退し、又は除名され、或いは未加入であっても、**新組合を結成するなどして、間断なく他の労働組合に加入しさえすれば**、当該ユニオン・ショップ協定は及ばず、使用者は当該労働者を解雇できません。

【判例 12】三井倉庫港運事件（最 1 小判平成元年 12 月 14 日民集 43 巻 12 号 2051 頁）

事実 甲氏、乙氏ら 4 名は、Y 社に勤務する海上コンテナトレーラー運転手で、両名共、Y 社労働組合の組合員であった。Y 社と Y 社労働組合は、ユニオン・ショップ協定を締結しており、その内容は「Y 社（以下、会社という）に所属する海上コンテナトレーラー運転手は、双方が協議して認めた者を除き、全て Y 社労働組合（以下、Y 労組という）の組合員でなければならない。会社は、会社に所属する海上コンテナトレーラー運転手で、Y 労組に加入しない者及び除名された者は解雇しなければならない」とする旨のものであった。

甲氏、乙氏ら 4 氏は、以前から Y 労組の運動方針等に不満を抱いており、新たな労働条件等の方針決定を受けて、この機会に当該組合からの脱退を決意した。昭和 58 年 2 月 21 日午前 8 時半頃 Y 労組を脱退し、即刻 X 合同労働組合に加入した。この事実を同日午前 9 時 10 分頃に、Y 労組に通告した。同組合は、同日会社に対して、ユニオン・ショップ協定に基づき、甲氏、乙氏ら 4 氏の解雇を求め、

会社は、同日午後6時頃対象者全員（4名）に解雇を通告し解雇した。これに対して、甲氏、乙氏ら4氏は、離籍の無効を理由として、労働契約の地位確認を求めて提訴した。

経過 一審及び二審は、甲氏、乙氏ら4氏の請求を認容した[6]。Y社による上告審となった。

判旨 最高裁は、「ユニオン・ショップ協定は、労働者が労働組合の組合員たる資格を取得せず又はこれを失った場合に、使用者をして当該労働者との雇用関係を終了させることにより間接的に労働組合の組織の拡大強化を図ろうとするものであるが、他方、労働者には、自らの団結権を行使するため労働組合を選択する自由があり、また、ユニオン・ショップ協定を締結している労働組合（以下、「締結組合」という。）の団結権と同様、同協定を締結していない他の労働組合の団結権も等しく尊重されるべきであるから、ユニオン・ショップ協定によって、労働者に対し、解雇の威嚇の下に特定の労働組合への加入を強制することは、それが労働者の組合選択の自由及び他の労働組合の団結権を侵害する場合には許されないものというべきである。したがって、ユニオン・ショップ協定のうち、締結組合以外の他の労働組合に加入している者及び締結組合から脱退し又は除名されたが、他の労働組合に加入した又は新たな労働組合を結成した者について使用者の解雇義務を定める部分は、右の観点から、民法90条の規定により、これを無効と解すべきである。そうすると、使用者が、ユニオン・ショップ協定に基づき、このような労働者に対してした解雇は、同協定に基づく解雇義務が生じていないのにされたものであるから、客観的に合理的な理由を欠き、社会通念上相当なものとして是認することができず、他に解雇の合理性を裏付ける特段の事由がない限り、解雇権の濫用として無効であるといわざるを得ない」と判示した。よって本件解雇は無効とされ、高裁判決

を差し戻した。

2-4　労働条件の不利益変更

　就業規則では困難な労働条件の切り下げ等の不利益変更は、労働協約の締結・改訂が次の要件を満たしていれば、原則として可能です。①個別的授権事項が確認されていること。②特定の労働組合員だけを不利益に扱っていないこと。③労働組合の組合大会の承認など民主的手続を経ていること。

2-5　チェック・オフ

（1）チェック・オフ

　チェック・オフとは、使用者が労働組合の組合費を、組合員の賃金から天引き控除し、労働組合に引き渡す仕組みのことです。仮に、組合員自身がチェック・オフを使うことに反対の意見を示した場合には、この仕組みを使うことができず、又は中止となります。もっとも、組合員が自分で組合費を納入しないような場合は、労働組合の統制処分の対象となることがあります。

（2）組合費の納入

　組合員には、労働組合の財政を支えるために労働組合の規約に定める基準と手続により、組合費を納入する義務があります。

3．団体交渉・団体行動、不当労働行為

3-1　団体交渉

　団体交渉とは、労働組合がその代表者を通じて使用者と労働条件などについて、一定のルールに則って行う交渉のことです。団体交渉（以下、

「団交」という。）の基本ルールとしては、判例による次の事項があります。

（1）義務的団交事項

　義務的団交事項とは、使用者が団交に応じることを義務付けられる事項のことです。その内容を下図にまとめてみました。

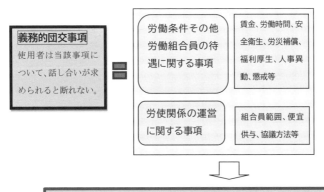

（2）誠実団交義務

　使用者は、合意達成の可能性を模索して誠実に交渉する義務を負っています。交渉の「誠実」とは、主張（反論）の根拠を示す具体的な説明や必要な資料の提示を行うことなどが該当します。もっとも、使用者に「譲歩」や「妥協」を法的に求めているものではなく、誠実な交渉を行ったとしても交渉が行き詰まった場合は、交渉を打ち切っても誠実団交義務には反しません。これは、労働組合法の趣旨が、使用者を交渉の席に着かせ、誠実な交渉態度がとられるような交渉環境を求めているからです。労働組合法は、労働基準法とは異なり、交渉の結果がどうなるかは、労使の取り組み如何ということであり、交渉の結果までは求めていません。

3-2　団体行動

（1）団体行動権

　団体行動権とは、労働者がその地位の向上を目的として、正当に集団で活動する権利のことです。正当な団体行動は法的に保障されています。

（2）団体行動の正当性

　①争議行為の正当性→暴力や会社建物の占拠などの実力行使は正当性が否定される。団体交渉のための圧力行為であるか否かが正当性の判断要素。

　②組合活動の正当性→労働協約や就業規則、社内規則規程等の遵守など、労働契約上の義務に反しないことが求められている。例えば、使用者の許諾の無い勤務時間中の組合活動や政治ビラの配布など。

　◎施設管理権…………使用者の許諾を得ずに企業施設内で行う組合活動は、使用者の施設管理権に絡んで組合活動の正当性が否定される。

　団体行動の手段には、ストライキ（同盟罷業）、サボタージュ（怠業）、ピケッティング（スクラム、入門チェック）などがあります。

3-3　平和義務と平和条項

（1）平和義務

　平和義務とは、労働協約の有効期間中は争議行為を差し控えるとするもので、実際的には労働組合に対して求められる義務のことです。その内容は、労働協約の所定事項の変更を目的とする争議行為のみを排除するとする義務（相対的平和義務）と、労働協約の有効期間中の争議行為を全て禁止するとする義務（絶対的平和義務）があります。

（2）平和条項

　平和条項とは、労使の紛争が争議行為に発展するのを回避しようとす

るもので、労働協約の当事者が争議行為に入る前に尽くすべき手続を定めた条項のことです。平和義務が争議行為を禁止又は制限するのに対して、平和条項は争議行為自体を排除するものではありません。

3-4　不当労働行為

(1) 概要

　不当労働行為は、労働組合法7条で禁止されており、次のようなものがあります。①不利益取り扱い、②黄犬契約[7]、③団体交渉拒否、④支配介入、⑤経費援助、⑥報復的不利益取り扱い。なお、不当労働行為の救済申立権があるのは労働組合又はその組合員です。

　最高裁の支配介入についての司法判断が、**プリマハム事件**（最2小昭和57年9月10日）[8]の判決です。本件社長の声明文を支配介入と認定されています。

> 　本件は、賃上げに関する団体交渉が決裂した後に、社長が「重大な決意」として労働組合幹部を誹謗する社長声明を発表したために、スト脱落者が多数出てストライキ中断に至った事案です。最高裁は、「労働組合に対する使用者の言論が不当労働行為に該当するか否かは、言論の内容、発表の手段、方法、発表の時期、発表者の地位、身分、言論発表の与える影響などを総合して判断し、当該言論が組合員に対して、威嚇的効果を与え、労働組合の組織・運営に影響を及ぼすような場合は支配介入にあたる」と判示した。

(2) 経費援助

　経費援助とは、使用者が労働組合の運営のための経費の支払いにつき、経理上の援助を与え、労働組合の自主性を損なわせることです（労働組合法7条）。但し、例外として、「①時間中の有給休暇の団体交渉や労使

協議、②福利厚生基金への拠出、③最小限の組合事務所の供与」は認められています。

経費援助には、在籍専従者の給与、組合用務の出張費用、通信費の企業負担などがこれに当たります。

(3) 救済

労働委員会は、**不当労働行為の救済**について、労働組合法により設置されている独立行政委員会です。不当労働行為の審査や労働争議のあっせん、調停及び仲裁をする権限を有しており、労働委員会が救済命令を発することもできます。厚生労働大臣の下に中央労働委員会が、都道府県知事の下に都道府県労働委員会が置かれています。

〈注〉

1　日本国憲法第 28 条「勤労者の団結する権利及び団体交渉その他の団体行動する権利は、これを保障する。」

2　労働組合法が適用されるいわゆる法適合組合と認められるには「①労働者による主体性　②使用者からの自主性　③団体性　④民主性」を満たしていること。

3　組合規約は労働組合法 5 条 2 項で、就業規則は労働基準法 89 条で記載内容が法定されている。

4　一審は横浜地方裁判所（横浜地判平成 8 年 6 月 13 日労判 706 号 60 頁）、二審は東京高等裁判所（東京高判平成 11 年 11 月 22 日労判 805 号 28 頁）の判決。

5　日本鋼管鶴見製作所事件（最 1 小判平成元年 12 月 21 日労判 553 号 6 頁）

6　一審は大阪地方裁判所（大阪地判昭和 59 年 3 月 12 日民集 43 巻 12 号 2060 頁）、二審は大阪高等裁判所（大阪高判昭和 59 年 12 月 14 日民集 43 巻 12 号 2069 頁）の判決。

7　黄犬契約とは、労働者が労働組合に加入しない、又は脱退することを雇用条件とすること。

8　プリマハム事件（最 2 小判昭和 57 年 9 月 10 日労経速 1134 号 5 頁）

第4章

働き方と
心の健康を思う

第16講 ワークライフバランス

1. ワークライフバランス

1-1 ワークライフバランスについて

　ワークライフバランスとは、仕事生活と家庭生活の適切な調和をいいます。仕事は生計を立てる手段であり、喜びと充実感をもたらすものです。同時に、子育てや介護、地域との関わりも大切で、これらが充実することで生活の満足感が高まります。しかし、現実には仕事と生活のバランスが取りにくい課題も多く存在し、これが将来への不安感を持つことに繋がることになります。

　ワークライフバランスへの取り組みの歴史は、女性の社会参画と少子化対策がキーワードとなっています。昭和60年（1985）に男女雇用機会均等法が施行され、総合職として働く女性の出産や子育てを支援することから始まりました。とりわけ、昭和64年（1989）のいわゆる**1.57ショック**（合計特殊出生率[1]のこと）は重く社会に受け止められ、これにより女性のキャリアと育児の調和が難しい状況が問題視され始めて、平成3年（1991）には育児休業法が法制化[2]されるに至りました。

　女性の育児と生活のバランスを整えることから始まった取り組みは、現在では女性だけでなく、若者や高齢者を含めた全世代が対象となっています。これは、少子高齢化、人口減少及びグローバル化社会の中で、これまでの働き方では、少子高齢化社会の中での労働力確保の観点から、個人のみならず企業も生き残ることができず、持続的な経済発展に繋がらないと考えられるようになったからです。働く人の間でも、仕事と生活の双方を充実させようとする人、育児や介護の時間を必要とする人、

地域活動への参加を重視する人など多様な状況があり、このようなニーズにも対応していかなければ、今後企業は優秀な人材の確保が困難になると思われます。近年では多様な人材が活躍できるダイバーシティ経営の考えが広まりつつあり、働き方改革による、労働時間や働く場所の柔軟化、休暇制度なども導入され、ワークライフバランスを推進する動きは益々拡がっています。

1-2　ワークライフバランスの働き方

　ワークライフバランスを進めていくためには、労働時間と就業場所の柔軟性が重要となってきます。

　労働時間の柔軟性は、労働者が自己の都合に合わせて働く時間帯や日数を調整できる仕組みを指しますが、これにより、子育てや介護、趣味や地域活動への参加などの個人的なニーズに合わせて働き方を選ぶことが可能となります。例えば、フレックスタイム制度は、始業と終業の時刻を自由に決めることができ、短時間勤務制度や週休三日制度では、正社員のまま労働日数や時間を短くすることができます。

　就業場所の柔軟性は、従業員がオフィス内だけでなく、在宅勤務やテレワークなどを通じて適切な場所で業務を行える環境を指します。情報通信技術の進化により、場所に捉われずに仕事を遂行できることは現実的となりました。これにより通勤時間の削減や、地理的制約からの解放により、従業員は余裕ができてストレス軽減や生産性向上に繋がるとされています。

　しかしながら、これらの働き方により誰もがワークライフバランスを実現できると思うなら、それは大きな勘違いと思われます。何故ならば、柔軟な労働時間に対応するためには、高度な**タイムマネジメント能力**が求められるからです。また、在宅勤務を選択した場合は、同僚や上司とのコミュニケーションを普段より積極的にとらなければ、仕事が進まな

いばかりか、孤立感の増大にも繋がるため、**コミュニケーション能力**を高める必要があります。したがって、余程に仕事ができ、精神的に強い人でないと難しい働き方であることは心に留めておいた方がよいでしょう。また、ワークライフバランスを実現している企業では、労働時間削減や柔軟性に関する制度として、フレックスタイム制度、短時間勤務制度、勤務間インターバル制度を、休暇促進に関する制度としては、年次有給休暇の計画的付与制度、時間単位での年次有給休暇制度などの法定を超えるオプション的な制度を導入して、余裕のある労働時間の創出と柔軟な働き方の実践を図っています。これらの詳細は第11講で説明しています。なお、他にもテレワーク勤務制度[3]や時差出勤制度[4]、リフレッシュ等休暇制度[5]などがあります。

2. ワークライフバランス実現のカンドコロ

　ワークライフバランスを実現することの難しさについては、前述（第2講）のライフキャリアレインボーでも説明していますが、年齢を重ねると、仕事上の責任だけでなく、家庭生活でも果たすべき役割が増えていきます。上手く両立できないと、どちらかに支障が生じかねません。つまり、大なり小なり、仕事と生活の両立について取り組まざるを得ない状況になります。次に、これらの実現のためのカンドコロを説明します。

2-1　タイムマネジメント

　ワークライフバランスに限らず、時間制限のある中で効率よく仕事をしていくには、タイムマネジメントのスキルが必須です。それには先ず目標をリストアップし、重要度と緊急度に基づいて優先順位をつけます。

そして、何時（何日）迄に、どこまでの仕事を終了すればよいのか、常に考えながら仕事をしていきます。そうすることで無駄な動きが減り、目標をもって仕事を進めることができます。

効果的な時間の使い方も重要です。集中力が高い時間帯に重要なタスク[6]を割り当てることで、効率的に仕事を進めることができます。例えば、午前中に考える仕事を終わらせ、午後、集中力が切れた時間帯に外出の予定を入れるのも一つの方法です。また、最近ではデジタルツールの活用も進んでいます。仕事管理やカレンダーのアプリを使うことで、紙の手帳やメモと比べて、情報の整理が容易になり、迅速な行動が可能となります。デジタルツールはタスクの追跡や目標の進捗管理にも役立ち、仕事の進行をスムーズにする一助となります。

2-2　職場のコミュニケーション

職場のコミュニケーションは、仕事と生活を両立する上での重要な要素です。どのような仕事でも一人で完結する仕事はなく、他者と協力しながら取り組んでいかなければなりません。同僚と情報を共有し、チームで協力することで、業務を円滑に進め、業務の重複やミスを防ぎ、残業を減らすことができます。更に、コミュニケーションはストレスの軽減にも役立ちます。家庭生活との両立は、時には悩みを抱え、仕事に影響を及ぼすこともありますが、ストレスやプレッシャーを一人で抱え込むのではなく、同僚や上司と協力して解決策を見つけることで、心の健康を維持できます。

最近では、**心理的安全性**ともいわれていますが、職場やチーム内で、上司や同僚に対して自分の意見や考えを自由に言い合える環境のことをいいます。何でも言える信頼関係を築くには、率直でオープンなコミュニケーションが不可欠であり、例えば、「家族の事情で休まなければいけないが、休日申請を出したら嫌な顔をされそう」などの懸念があるよ

うな組織は心理的安全性が低いと言えます。逆に言えば、上述のような発言をしたとしても、対人関係上のリスクはないとメンバーが認識できている組織は、心理的安全性が高いということです。心理的安全性の高い組織では、誰もが積極的に自分の意見を述べ、働く人同士が配慮し合って気軽に相談できるような雰囲気となり、結果的に仕事がスムーズに進みます。管理者の立場になった場合は、心理的安全性に留意する必要があります。

3．キャリア論と労働法の交錯

3-1　キャリアと労働法について考える

　キャリアとは車道を語源としていますが、キャリアの形成自体は、まるで山登りのようなものです。地図とコンパスを手に山岳地帯を冒険するように、私たちはキャリアの道を進んでいます。その道は登るほどに困難な場面が待ち受けており、急斜面や崖、時には悪天候にも見舞われます。挫折や試練もつきものですが、山頂を目指しての長い旅路を歩むことで、見たこともない景色が広がります。

　実社会においてはどうでしょうか。長寿社会の進展に伴い、私たちのキャリアに対するアプローチは急速に変化しています。かつては、ひとつの会社に長期間勤め、会社の方針に従ってキャリアを築いていくことが一般的でしたが、変化が激しい現代では、自分の能力や興味に基づいてキャリアを考えていく、キャリアを切り拓いていく傾向が顕著になっています。働き方に目を向けると、デジタル化社会の進展に伴い、副業やフリーランス、起業など、働き方の選択肢も広がっています。これは以前に増して自身の能力や志向に合ったキャリア形成を模索できる環境になったとも言え、単なる「仕事」から「より充実した職業」を目指す

働き方が益々増えています。

　一方で、中高年世代以降の雇用については週刊誌でも大きな特集が組まれ[7]、45歳役職定年で30％年収減、再雇用で更に30％年収減との衝撃的な内容です。更に工場閉鎖、千人以上の早期退職制度の発表などもあり、将来に不安を持つ中高年齢層が沢山おられます。これらの中高年齢の皆さんはこのような深刻な課題を、リスキリング事業などで克服すべく、キャリア形成への一助にしていきたいと考えています。

　また、キャリア志向を高めた働き方であっても、働く上での身を守ってくれる労働法の知識は欠かせません。法律を知らないことがトラブルや不利益を被る可能性を高めるからです。これは、労働者として企業に所属している場合はもちろんのこと、副業やフリーランスとして活動する場合やビジネスを起業する場合にも当てはまることです。法律を知っていれば、例えば労働条件や給与を会社と適切に交渉することができ、また、紛争が発生した際は、迅速且つ効果的に解決する手助けとなります。起業するのであれば、従業員を雇用する場合の知識を持っておく必要があります。

　このように、キャリアのアプローチが自己主導型に変わる中で、労働法の知識の重要性は一層際立ってきています。正しい知識は、これからのキャリア形成の中で、頼りになるガイドとなり、山岳地帯のような未知の世界を開拓する際に遭難から身を守ってくれるのです。適正なキャリア志向のアドバイスと、労働法による自身の盾の役割は、皆さんを正しい方向に安全・安心によって導いてくれます。

〈注〉

1　合計特殊出生率とは、15歳から49歳までの女性の年齢別出生率を合計したもので、一人の女性がその年齢別出生率で一生の間に生むとしたときの子供の数に相当する。

2　育児休業は労働者の権利として位置付けられ、育児休業の取得による不利益取扱いも禁止されるなど、法的な枠組みが整備された。

3　テレワーク勤務は、IT技術を使ってオフィス以外の場所を就業場所として働く制度で、在宅勤務、モバイル勤務、サテライトオフィス勤務がある。2019年の新型コロナ禍を通じて、元々親和性のあるSE職以外にも、管理部門、事務部門に留まらず、営業部門までもがWEB商談の違和感も薄れて可能な業種と認識されるようになった。なお、在宅勤務については、2011年から、自宅は作業場とみなされ就業規則は所属する事業場のものが適用される。

4　1日の労働時間は同じで、始業時間をずらす制度。

5　リフレッシュやリカレント教育のための休暇制度。

6　タスクとは作業や課題のこと。

7　週刊東洋経済令和5年10月28日号

第**17**講 産業メンタルヘルス対策

1. 産業メンタルヘルス対策

1-1 ストレスの定義
　ストレスは、外部からの刺激が私たちの体内で引き起こす反応のことをいいます。この刺激を「ストレッサー」と呼び、私たちの体や心がそれにどう反応するかが**ストレス反応**です。ストレッサーには様々な種類があり、物理的なもの、化学的なもの、体の働きに関わるもの、心理的なもの、社会的なものなどがあります。特に、心理的なストレスや社会的なストレスが私たちに大きな影響を与えることがあります。

1-2 ストレスモデル理論
(1) 産業社会のストレスモデル
　NIOSH職業性ストレスモデルは、仕事上のストレスから急性のストレス反応、それが進んで疾病となるまでに、仕事上のストレス以外の3つの要因がプラス又はマイナスに働くというものです。このモデルでは、仕事上のストレス要因（仕事量や質、人間関係、裁量度、温度や騒音等）以外に、「個人的要因」「仕事以外の要因」「緩衝要因」がどのような影響を与えるかを示しています。

【NIOSHの職業性ストレスモデル】

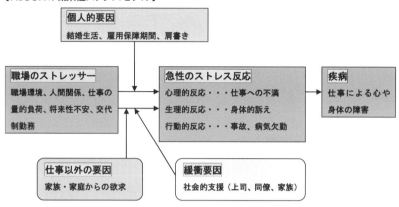

（2）セリエのストレス反応モデル

　米国の心理学者の**セリエ**は、ストレスを人間が外部から物理的、心理的、社会的なストレッサーを受けて起きるものであり、緊張や歪みへの防衛反応のことであると定義しました。次図のストレス反応のモデル（全身適応症候群説）では、ストレスに対する反応を３つの段階に分けて説明しています。最初は「警告反応期」で、ストレスを感じた瞬間の反応です。次に「抵抗期」では、体がストレスに適応しようとします。最後に「疲はい期」[1]が訪れ、長期間に亘るストレスへの対処に疲れを感じます。この期間に更なるショックを受けると、うつ病などの発症に繋がることになります。

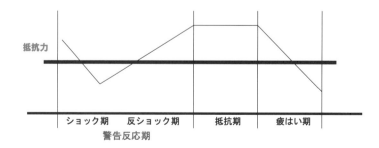

1-3　ストレスへの抵抗

　日常生活においてストレスのない社会などは絶対にあり得ないことで、必ず何らかのストレスがあります。これらは全てが悪い訳ではなく、悪性のストレスと良性のストレスがあるのです。その殆どは良性のストレスであり、乗り超えることができるものです。むしろ、程よいストレスはモチベーションを高めてくれます。一方で、過度なストレスは心理的問題を引き起こす可能性があるため注意が必要です。なお、ストレスは長期間続くと身体的・心理的・社会的に悪影響を及ぼすことがあり、心臓疾患、うつ病、不眠症の発症の原因にもなり、ストレスが強過ぎる場合や、波状的に起きると、大きな脅威となることもあります。

　もっとも、良性か否かを判断することは難しく、いわば一人ひとりの個性によるストレス耐性に負うところになります。**ストレス耐性**とは、「ストレッサー」から身を守るため、新たな環境に適応していくために起こる反応のことであり、いわば免疫のようなもので、其々の耐性度は人によって違っています。

　目標がないなどのストレスが低過ぎる状態では、むしろ生産性も上がりません。納期限がある、評価につながる、書籍を調べてからでないと仕事の仕組みが分からないなどの適度のストレスは必要です。逆に、達成困難と思われるノルマの上司による一方的な設定や、仕事が超多忙で責任も過重なような場合には、ストレスが高過ぎることとなり、生産性は下がってしまいます。

　このように、ストレスは、無くそうとするのではなく、適切なストレス状態を保って、上手くつきあっていくことが大切です。

1-4　産業メンタルヘルス対策とは

　職場における産業メンタルヘルス対策については、労働安全衛生法[2]の規定に基づき、「労働者の心の健康の保持増進のための指針」（メンタ

ルヘルス指針）として、平成18年3月に策定されました（平成27年11月30日改正）。この指針では、事業者（＝事業主）による労働者のメンタルヘルスケアが有効且つ適切に実施されるよう、その実施方法について定めています。

　事業者は、**四つのケア**とよばれる「セルフケア」、「ラインによるケア」、「事業場内産業保健スタッフ等によるケア」及び「事業場外資源によるケア」を効果的に推進して、メンタルヘルスケアに取り組む必要があります。また、ストレスチェック制度（後述）が義務づけられています（労働安全衛生法66条の10）。

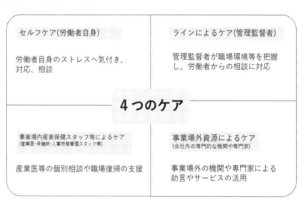

1-5　ストレスチェック制度

　平成26年（2014）の改正で、**常時50人以上**の労働者が雇用されている事業所では、医師や保健師による**ストレスチェック制度**[3]が事業者に義務づけられました。現在では社会ですっかり定着しています（労働安全衛生法66条の10）。

　ストレスチェック制度では、事業者に次の義務が課せられています。

　　①事業者が「ストレスチェック制度」を実施すること

　　②労働者の希望を受けて、事業者が医師や保健師による面接指導を
　　　実施すること

③事業者は面接指導の結果を受けて、講ずべき措置について医師の意見を聴取すること

④事業者は、医師の意見を勘案して、就業場所の変更、作業の転換、労働時間の短縮、深夜業の回数の減少、安全衛生委員会への医師の意見報告などの措置を検討、実施すること

なお、①については、労働安全衛生規則によりストレス状況を把握するための検査項目が定められています。②については、記録を5年間保管しなければなりません。

2．安全配慮義務

2-1　安全配慮義務について

労働契約法5条[4]は、判例法理の安全配慮義務が明文化されたものです。5条には罰則はありませんが、安全配慮義務を怠った場合は、民法709条（不法行為責任）、民法715条（使用者責任）又は民法415条（債務不履行）を根拠に、**損害賠償請求**を裁判所から命じられる場合があります。

安全配慮義務とは、使用者に対する労務提供契約に附随した義務です。使用者は、労働者の生命と健康を保持するために注意を尽くして就労させなければなりません。単に設備上の安全や職場の衛生に配慮するだけに留まらず、労働時間やコミュニケーションも含めた職場環境全般において、心身両面の配慮をしなければなりません。これらには、長時間労働が引き起こす過重労働リスクや、ハラスメントリスク、更には様々な原因から生じる精神疾患リスクも含まれるということです。

> 安全配慮義務＝使用者が労働者の安全と健康を保つとして有する
> 労働契約上の義務

過重労働とは、健康障害が発生する程度の負荷を伴う労働のことです。過重労働により、睡眠時間を減らすことや余暇を奪うことは、体調不良だけではなく、うつ病などの精神疾患リスクも含むことになります。

　長時間労働は「月80時間以上の時間外労働・休日労働」が目安とされています。

2-2　安全配慮義務の判例

（1）最高裁は、**陸上自衛隊八戸駐屯地事件**（最3小昭和50年2月25日）[5] において、国の義務違反に言及した際に、「ある法律関係に基づいて、特別な社会的接触の関係に入った当事者間において、当該法律関係の附随義務として信義則上負う義務である」として、初めて安全配慮義務という言葉を使用しました。また、**川義事件**（最3小昭和59年4月10日）[6] では、最高裁が初めて民間企業の安全配慮義務を、「労働者が労務提供のため設置する場所、設備もしくは器具等を使用し、又は使用者の指示のもとに労務を提供する過程において、労働者の生命及び身体等を危険から保護するよう配慮すべき義務」であると言及しています。

（2）安全配慮義務は、社会情勢の変化に合わせて、現在では、健康配慮義務や職場環境配慮義務などとして細分化傾向にあります。これらにより、従来の安全配慮義務は、最近では建設業や製造業の分野における危険作業に伴うもので、作業内容上や作業行動上の危険防止義務や作業員宿泊施設における危険防止の義務とする傾向にあります。

　健康配慮義務は、労働者が長時間の過重労働により過労死や過労自殺などに至ってしまい、使用者がそのプロセスにおいて何らの対応もせず、或いは、対応はしたが不十分であったような場合には、その責任を問う根拠となるものです。最高裁は、**電通事件**（最2小平成12年3月24日）**【判例13】**において、初めて労働契約に附随する健康配慮義務を認めて

います。**オタフクソース事件**（広島地裁平成 12 年 5 月 18 日）[7] でも、健康配慮的な安全配慮義務の存否が争われ「自殺した社員が過酷な業務の中で心身の慢性的な疲労状態からうつ病となり、自殺につながった」として、会社の責任を認め、1 億 1000 万円の損害賠償を命じています[8]。

　職場環境配慮義務は、職場でのセクハラ、いじめ（パワハラ）やたばこの受動喫煙問題などにおける、使用者の責任義務がこれにあたります。江戸川区役所職員受動喫煙損害賠償事件（東京地裁平成 16 年 7 月 12 日）[9]では分煙化措置を採らなかったとして損害賠償を認めています。

【判例 13】電通事件（最 2 小判平成 12 年 3 月 24 日民集 54 巻 3 号 1155 頁）

事実　A 君は明朗で健康体でスポーツが得意であった。大学卒業後、平成 2 年 4 月に広告代理店最大手の Y 社に入社した。新入社員研修を終えて、同年 6 月にラジオ局ラジオ推進部に配属され、スポンサー募集や企業宣伝のための企画立案の仕事に従事していた。A 君は、8 月頃から帰宅が深夜 1 時頃と遅くなり、1 年半後には徹夜の日が増加するようになり、その後も、休日も含めてほぼ毎日出社し、会社に泊まりこむことも多くなっていった。仕事熱心、凝り性、強い義務感等の傾向を有し、いわゆる執着気質とされる者は、うつ病との親和性があるとされているが、A 君は、まじめで、責任感が強すぎ、負けず嫌いであるが感情を表に出さず、対人関係に敏感なところがあった。平成 3 年 7 月頃から周囲の者にも、心身ともに疲労困憊状態となっているように見えた。翌月に長野県への出張から帰宅した後、自宅風呂場で縊死した。自殺前の A 君は顔色が悪く、言動に異常がみられ、上司もそれに気づいていた。

　このようなことから、A 君の両親である甲氏が、長時間労働防止の措置の懈怠について安全配慮義務違反又は不法行為に基づき、Y 社に対して損害賠償を請求した。

一審は、甲氏側の損害賠償請求額をほぼ認めて約１億２千万円の支払いを認めたが、二審では、損害の発生及び拡大に本人と両親の事情も寄与しているとして過失相殺を認めて損害賠償額の３割減額とした[10]。甲氏とＹ社の双方が上告した。

最高裁は、「使用者は、その雇用する労働者に従事させる業務を定めてこれを管理するに際し、業務の遂行に伴う疲労や心理的負荷等が過度に蓄積して労働者の心身の健康を損なうことがないように注意する義務」を負うとした。また、損害（自殺）に寄与した性格などの心理的要因については、「特定の労働者の性格が同種の業務に従事する労働者の個性の多様さとして通常想定範囲を外れるものでないかぎり、過失相殺の対象にはならない」とし、その上で、「使用者は、各労働者がその従事すべき業務に適するか否かを判断して、その配置先、遂行すべき業務の内容等を定めるのであり、その際に、各労働者の性格等も考慮すべき」であると判示し、うつ病による健康状態の悪化を認識しながらその負担を軽減させる措置をとらなかった過失があるとして、控訴審判決を一部破棄して高裁に差し戻した。差戻審の東京高裁において、約１億６千万円で和解が成立。

　最高裁は、**電通事件**では、長時間労働による疲労や心理的負荷の過度な蓄積は、労働者の心身の健康を損なう危険があるとしました。会社は、死亡労働者の深夜にも及ぶ慢性的な長時間労働や心身の異変にも気づいており、健康を損なう危険性を予見できたにもかかわらず、人員を補充するなどの危険回避措置をとらなかった。このことは民法715条の不法行為を構成するとしました。

2-3　健康増進法について

　これまで多くの企業では、職場における喫煙問題を、単にタバコを吸

う者と吸わない者との個人間の問題として、特に関わってきませんでした。しかしながら、平成15年（2003）に**健康増進法**が成立して、事務所の管理者などに対して、**受動喫煙**（他人のタバコの煙を吸わせること）の防止対策を講ずる努力義務が生じました。平成30年（2018）の改正では、多くの人が利用する場所での屋内禁煙が義務化され、今までのザル法的な域を脱して、文字通りの健康増進が図られています。

　企業の事務所や工場、ホテル、駅などは、第二種施設とされ、喫煙専用室や加熱式たばこ専用の喫煙室以外での屋内喫煙が禁止されています。これらの場所の管理者が行政の勧告に従わない場合は**過料**が適用されることがあります。なお、厚生労働省は、「職場における喫煙対策のためのガイドライン」（指針／平成15年5月9日通達）で、「喫煙対策は、労働衛生管理の一環として職場で組織的に取り組み、全員参加の下で確実に行うこと」としています。

　同ガイドラインでは、職場の空気環境の測定値を次のように案内しています。

・喫煙室等に向かう気流の風速を0.2m/秒以上とすること
・顧客等の喫煙場所であっても浮遊粉じん濃度を0.15mg/㎡以下とすること

　併せて、労働安全衛生法も平成26年（2014）に改正されて、「事業者・事業場の実情に応じた適切な措置としての職場の受動喫煙防止対策の推進」をすることが事業者の努力義務とされて、受動喫煙防止対策の推進が図られています（労働安全衛生法68条の2）。平成27年（2015）6月から施行されています。

1　疲はい期とは、長期間に亘って継続するストレスに生体が対抗しきれなくなり、段階的に抵抗力（ストレス耐性）が衰えてくる、いわばエネルギー切れの状態を示す。

2　労働安全衛生法 70 条の 2 第 1 項のこと。

3　正式には、「心理的な負担の程度を把握するための検査」という。

4　労働契約法 5 条「使用者は、労働契約に伴い、労働者がその生命、身体等の安全を確保しつつ労働することができるよう、必要な配慮をするものとする。」

5　陸上自衛隊八戸駐屯地事件（最 3 小判昭和 50 年 2 月 25 日民集 29 巻 2 号 143 頁）

6　川義事件（最 3 小判昭和 59 年 4 月 10 日民集 38 巻 6 号 557 頁）。宿直勤務していた労働者が窃盗目的で侵入して来た元同僚に殺害された事件であるが、本件にて、最高裁は、安全配慮義務を「労働者が労務提供のため設置する場所、設備もしくは器具等を使用し又は使用者の指示のもとに労務を提供する過程において、労働者の生命及び身体等を危険から保護するよう配慮すべき義務」と定義した。

7　オタフクソース事件（広島地判平成 12 年 5 月 18 日労旬 1493 号 10 頁）

8　会社側が控訴したが、後に取り下げ和解している。

9　江戸川区役所職員受動喫煙損害賠償事件（東京地判平成 16 年 7 月 12 日労判 878 号 5 頁）

10　一審は東京地方裁判所（東京地判平成 8 年 3 月 28 日労判 692 号 13 頁）、二審は東京高等裁判所（東京高判平成 9 年 9 月 26 日労判 724 号 13 頁）の判決。

第18講 ブラック企業に近づかないために

1. ブラック企業

1-1 ブラック企業とは

　昨今、ブラック企業[1]という言葉が巷でよく聞かれます。就職活動で活用されているウェブサイトで頻繁に使われることもありますし、マスコミ報道でもよく出てきますが、決して専門用語ではなく、明確な定義はありません。しかしながら、一般的には、労働法規に度々違反していることは勿論のこと、過重なノルマの強要に始まり、低賃金、過重労働などの労働条件の劣悪さ、早期退職を見込んでの新卒採用など、普通ではない状態の労働環境で働かせている企業のこととされています。とりわけ、新卒採用などで正社員として雇いながら、2年も経たないうちにその殆どが辞めてしまうような企業は異常であり間違いなくブラックです。

　企業と労働者とは、其々が対等の立場で労働契約を締結し、そして労働者は誠実に働き、その労働の対価として、企業は労働者に賃金を確りと支払う契約関係にあります。しかしそれだけではありません。企業も労働者も誠実にこれらの契約関係を果たさなければならないのは勿論ですが、労働者はその前に常識のある社会人である必要があります。企業にもまた「社会の公器」であることを意識した上で、確りと社会に貢献していくことが求められています。

　ブラック企業は、このような社会的な存在意義の意識が欠如しているだけではなく、労働法規なども気にすることもなく、社会ルールを何の遠慮もなく破り、気ままに経営している企業のことです。

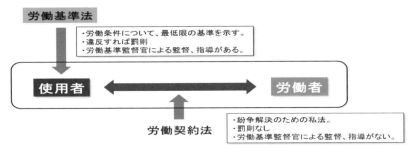

出所：中川直毅編著『要説キャリアとワークルール（第3版）』三恵社 2021 年 122 頁の図を引用

1-2　ブラック企業の弊害

(1) ブラック企業に勤めていると、過重労働や極度のストレス圧迫などで、精神的にも、肉体的にも疲れ果ててしまうことになります。結論から言うと、社会的にも制裁を受けるべきこれらの企業に無理をして勤めている必要は決してありません。皆さんが、「なんとかこの会社をホワイト企業にしてみせよう」「自分がやりたかった仕事だからブラックでもしょうがない」などと思っていると、良いように使われてしまい、その挙句には、家に帰るのは寝るだけなど生活の質が劣悪となり、身体を壊してしまうことになりかねません。

　もっとも、仕事を学ぶ、経験を深める、技術の伝承を受けるなどの適正な理由により、仕事がハードになることはよくあることで、これらはむしろ若い人達にとっては大切な経験を積むことができることになるので、こちらは決して否定はしません。少々厳しめの職場であるかもしれませんが、ブラック企業と勘違いしてはいけません。上質の職業生活を実現していくには、多かれ少なかれ無理はあるはずですし、世の中にストレスを感じない仕事などは存在していないと思って下さい。

(2) ブラック企業は、なぜブラックを続けていくのでしょうか。これらの企業では、離職率を敢えて高めることで、労働力の新陳代謝を図り賃金の上昇や社会保険の負担を削減し、人件費の抑制を図るとともに、

労働力のフレキシブルな利用を追求しているからです。ブラック企業の仕事は、概して長期的な技能形成を必要としない単純労働が主であり、そのために離職率が高まっても、企業にとっては問題とならないのです[2]。

　このように人件費抑制や労働者の使い捨てを意識しての退職を促す企業の他にも、労働法令などは遵守していたとしても、厳しいノルマや激しいパワハラなどを繰り返しての不当な選抜手段によって自社に合う人材を見出していく企業も、やはりブラックです。

　一方では、退職を促すのではなく、逆に労働者が劣悪な労働環境に耐えかねて退職しようとしても無理に引き留め、退職を困難としている企業もあります[3]。これは技能形成を行わない、又はできない企業です。仕事のノウハウを持っている労働者が退職してしまうと、仮に新しい労働者を雇用しても、同程度の生産性に達するまで訓練を施さなければならず、そうした時間的及び金銭的コストを負担できる余裕がない企業です[4]。

1-3　ブラックバイト

　学生の皆さんにとって身近なアルバイトにも、当然のことながら労働法が適用されます。労働基準法、パート有期雇用労働法[5]、最低賃金法や労災保険法などです。しかしながら、労働基準法を遵守しないアルバイト先もあり、皆さんに正当な報酬が支払われないなどの不当な扱いを受けることがあります。学生の皆さんならば、このような企業でのアルバイトは、学業に支障を来すだけに留まらず、重大な労働災害などにも巻き込まれる恐れがあり、人生を棒に振るかもしれません。御身が大切です。このような企業でアルバイトをしている場合は、一刻も早く辞めるべきだと思います。

２．ハラスメント

　社会問題として捉えられているハラスメント。とりわけ、いわゆるセクハラ、パワハラ、及びマタハラ、これらに対しての社会的関心は高く、三大ハラスメントと呼ばれることもあります。

２-１　セクハラについて

　セクシュアル・ハラスメント（セクハラ）の定義は、男女雇用機会均等法 11 条で、「職場において行われる性的な言動に対するその雇用する労働者の対応により当該労働者がその労働条件につき不利益を受け、又は当該性的な言動により当該労働者の就業環境が害される」とされています。即ち、性的ないやがらせであり、いわゆる環境型セクハラと対価型セクハラを指しています。環境型とは、「性的言動により居心地の悪い職場環境を積極的に作り出す」ことで、対価型とは、「性的言動の容認と引き換えに、雇用上有利にする又は不利でない取扱いをする」ことです。

　使用者には、セクハラについて、職場環境に配慮してそれを防止する義務があり、これを職場環境配慮義務といいます。この義務は、労働契約に附随した義務であり、労働者が労務遂行するに際して、その人格的尊厳の侵害により労務提供に重大な支障を来す事由が発生することを防ぎ、併せて、これに適切に対処して、職場の働きやすい環境形成に配慮するべき注意義務があるというものです。これらを怠ると、使用者は債務不履行による損害賠償請求の対象となります。もちろん、加害者個人にも、不法行為による民事上の責任が問われることは言うまでもありません。

　裁判例では、セクハラ裁判のリーディングケースであり、使用者の不法行為責任[6]が認められることとなった**福岡セクハラ事件**（福岡地裁平

成 4 年 4 月 16 日）[7] があります。セクハラを防止するための職場環境配慮義務を怠ったことは、労働契約上の義務違反であるとして、職場での仮眠時にセクハラがあったとして争われ、使用者の債務不履行責任[8] が最初に認められた**三重県厚生農協連合会事件**（津地裁平成 9 年 11 月 5 日）[9] や、女性更衣室の隠し撮りについて、使用者は労働者のプライバシーが侵害されないように職場環境を整えるべき義務があったのにそれを怠っていたとして、債務不履行責任を認めた京都セクハラ事件（京都地裁平成 9 年 4 月 17 日）[10] など多数あります。

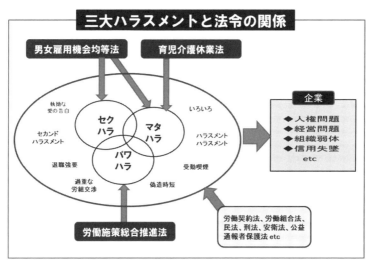

出所：中川直毅編著『要説キャリアとワークルール（第 3 版）』三恵社 2021 年 124 頁の図を引用

　もっとも、**朝日生命保険・広島セクハラ事件**（広島地裁平成 19 年 3 月 13 日）[11] のように、宴会の場で、男性管理職が女性従業員に破廉恥な行為をするに至り、複数の女性労働者（40 歳代〜50 歳代）に年齢相応の思慮ある行動が認められなかったことが加害者の行動を煽ることになったとして、使用者に対して使用者責任を問いつつも、女性労働者に 2 割の過失を認め、過失相殺による損害賠償額を一部減じた裁判例もあります。

このように、女性労働者が加害者である裁判例も一部ありますが、その殆どは、男性上司や同僚が加害者、女性労働者が被害者となるケースです。

【セクハラの具体例】

性的な内容の発言	性的な行動
・性的な事実関係を尋ねること ・性的な内容を含む噂を意図的に流布すること ・食事やデートへの執拗な誘い ・性的な冗談やカラカイ　他	・性的な関係を強要すること ・必要なく身体に接触すること ・わいせつ図面を配布・掲示すること ・強制わいせつ行為　他

　最高裁による懲戒の正当性の是非の判断が求められた、**海遊館事件**（最2小平成27年2月26日）**【判例14】**は、性的発言等によるセクハラに対して出勤停止処分・降格処分が有効とされた事案です。最高裁は、言葉だけによるセクハラ行為で、行為者に性的嫌がらせをする意図がなかったとしても、その内容や期間によっては、懲戒もやむを得ないとの判断を下しています。

【判例14】海遊館事件（最2小判平成27年2月26日労判1109号5頁）

事実　大阪市にある第3セクターY水族館（以下、「Y館」という。）の管理職X達2名は、同じ部署で働く女性従業員（派遣社員含む）A子らに対して、約1年に亘りセクハラ発言を繰り返していた。このためA子らは、Y館に対してX達からセクハラ行為を受けたとの申告をし、Y館は申告を受けてX達から事情聴取等を行った。

　Y館はX達の行為がセクハラ禁止文書の禁止行為に該当し、就業規則の「会社の秩序又は職場規律を乱すこと」に当たるとして、就業規則の規定により、セクハラ行為を懲戒事由として、X達を出勤停止処分とした。

　その後、Y館は審査会を開催してX達の出勤停止処分を理由として、

降格処分を行い、更に出勤停止処分、降格処分による給与・賞与の減額も行った。このためX達は、出勤停止処分は無効であるとして、降格前の等級を有するとした地位確認を求めて提訴した。

経過. 一審は、セクハラ発言を認めた上で、出勤停止処分と降格共に有効とした。二審では、セクハラ発言は認めたものの、事業主からの事前の注意等がなかったとして、処分は重過ぎるとして懲戒は無効とした[12]。A子らにより上告審となった。

判旨 最高裁は、「A子らに対し、Xらが職場において1年余に亘り繰り返した発言等は、何れも女性従業員に対して強い不快感や嫌悪感ないし屈辱感等を与えるもので、職場における女性従業員に対する言動として極めて不適切なものであって、その執務環境を著しく害するものであったというべきであり、当該従業員らの就業意欲の低下や能力発揮の阻害を招来するものといえる」と述べた。「Y館では、職場におけるセクハラの防止を重要課題として位置づけ、セクハラ禁止文書を作成してこれを従業員らに周知させるとともに、セクハラに関する研修への毎年の参加を全従業員に義務付けるなど、セクハラの防止のために様々な取り組みを行っていたのであり、Xらは、上記の研修を受けていただけでなく、Y館の管理職としてY館の方針や取り組みを十分に理解し、セクハラの防止のために部下職員を指導すべき立場にあったにもかかわらず、派遣労働者等の立場にある女性従業員らに対し、職場内において1年余に亘り上記のような多数回のセクハラ行為等を繰り返したものであって、その職責や立場に照らしても著しく不適切」であるとした。そして、「A子らは、Xらのこのような本件行為が一因となって、Y館での勤務を辞めることを余儀なくされているのであり、管理職であるXらが女性従業員らに対して反復継続的に行った上記のような極めて不適切なセクハラ行為等がY館の企業秩序や職務規律に及ぼした有害な影響は看過

し難いものというべき」とした。その上で、「……本件各行為を懲戒事由とする各出勤停止処分は、客観的に合理的な理由を欠き社会通念上相当であると認められない場合には当たらないから、Y館において懲戒権を濫用したものとはいえず、有効」として請求を棄却した。

労働者自身がセクハラの加害者にならないように気を付けるだけではなく、セクハラが起きない職場環境を作れるように協力していく必要もあります。また、セクハラ被害者が、会社や上司に相談したにもかかわらず、被害者に非があったような言い方で更に本人を傷つけるようなこと（二次ハラスメント）があれば、会社や上司の責任が問われます。したがって上司となる方は、「あなたにも問題があったのでしょう。当事者間で話し合って下さい」といった対応はご法度です。

また、女性が多い職場では、ベテラン女性から若い女性へのセクハラも起きています。今や男女問わず、職場に性的な言動を持ち込むことは時代錯誤であると認識して下さい。なお、男女雇用機会均等法の平成19年（2007）改正で、その保護対象が「女性」だけではなく男性も対象となっています。

2-2　パワハラについて

パワー・ハラスメント（パワハラ）には、職場における「いじめ」「嫌がらせ」や、上司の権力や地位を利用した暴言等の行為による「人格権侵害」をはじめ、「退職強要」「労働組合員の排除関連」なども含まれるなど、その範囲は極めて多岐に亘っており、2012年頃に非公式組織が任意で定義づけした後も普及せず、その範囲の決定は困難を極めていました。しかし平成29年（2017）に政府による「働き方改革実行計画」でパワハラ防止が喫緊の課題とされたのを機に、法案化が急ピッチで進み、平成30年（2018）に「パワハラ報告書」が公表され、令和元年（2019）

6月に労働施策総合推進法（雇用対策法を名称変更、いわゆるパワハラ防止法）が公布され、法令による定義（下図）が実現しました。罰則はありませんが、使用者に対して防止措置や相談窓口の設置などを義務としています。

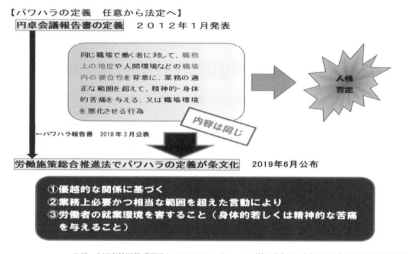

【パワハラの定義　任意から法定へ】

円卓会議報告書の定義　２０１２年１月発表

同じ職場で働く者に対して、職務上の地位や人間環境などの職場内の優位性を背景に、業務の適正な範囲を超えて、精神的・身体的苦痛を与える、又は職場環境を悪化させる行為

人格否定

←パワハラ報告書　2018年3月公表

内容は同じ

労働施策総合推進法でパワハラの定義が条文化　2019年6月公布

①優越的な関係に基づく
②業務上必要かつ相当な範囲を超えた言動により
③労働者の就業環境を害すること（身体的若しくは精神的な苦痛を与えること）

出所：中川直毅編著『要説キャリアとワークルール（第3版）』三恵社 2021 年 127 頁の図を引用

　パワハラの最初の裁判は公務員の事案で、**川崎市水道局事件**（東京高裁平成 15 年 3 月 25 日）[13] です。川崎市は、労働者の生命・身体の安全に係わっていたとして、安全配慮義務違反による債務不履行が問われ、国家賠償責任が認められました。民間企業では、先輩看護士による後輩看護士へのいじめ行為がほぼ 3 年近くに及んだ、**誠昇会北本共済病院事件**（さいたま地裁平成 16 年 9 月 24 日）[14] が最初です。

　また、特に注目すべき退職強要関係のパワハラについても、リストラのために労働者に敢えて仕事を与えず、長机と長椅子の座席を与えた上で、電話もパソコンもない部屋に閉じ込めて退職強要した、**セガ・エンタープライゼス事件**（東京地裁平成 11 年 10 月 15 日）[15] や、希望退職に応じない労働者に暴言をあびせ、暴行を振るうなどしつつ、併せて業務

とは関係の無い単純統計作業だけに従事させ退職強要した、**エールフランス事件**（千葉地裁平成 6 年 1 月 26 日）[16] など多数の裁判例があります。

2-3　マタハラについて

　マタニティ・ハラスメント（又はマタハラ）とは、働く女性が妊娠・出産・育児をきっかけに、職場で精神的・肉体的な嫌がらせを受けたり、妊娠・出産・育児などを理由とした解雇や雇止め、自主退職の強要による不利益を被ったりするなどの不当な扱いのことです。マタハラは、流産や早産の危険性もあり、その被害の実態は、世間によく知られているセクハラよりも深刻であることから、法令による定義化が急がれました。平成 28 年（2016）に改正男女雇用機会均等法で「マタハラ防止と救済措置」などを定め、同年の改正育児介護休業法で「マタハラの定義」を法定化しました。その後に、いわゆる「マタハラ指針」[17] が公布され、平成 29 年（2017）1 月から、使用者には相談窓口の設置や企業内研修の実施などの雇用管理上の措置を講ずることが義務付けられています。

　学校法人近畿大学事件（大阪地裁平成 31 年 4 月 24 日）[18] では、「育児休業取得を理由とする昇給抑制は、育児介護休業法 10 条の不利益な取扱いに該当する」と判断されています。一方では、労働者の勤務態度を問題視した、**ジャパンビジネスラボ事件**（東京高裁令和元年 11 月 28 日）[19] のように、「育児休業取得後に有期労働契約に変更され、雇止めされたことが有効」とされるなど、労働者の勤務態度を問題視したものもあります。

　また、最高裁による、**広島中央保健生活協同組合事件**（最 1 小平成 26 年 10 月 23 日）**【判例 15】** の判断は、女性労働者の妊娠中の軽易業務への転換を契機に降格させた措置は、男女雇用機会均等法 9 条の禁止事項に該当するとしています。

【判例 15】広島中央保健生活協同組合事件

（最 1 小判平成 26 年 10 月 23 日労判 1100 号 5 頁）

事実 Ｙ協同組合が運営するＡ病院の理学療法士Ｘ子（以下、「女性労働者」という。）は、第２子を妊娠したことから、軽易な業務への転換を申し出て受理されて、管理職である副主任を免ぜられたが、育児休業終了後は別の副主任がいたことから当該職へ任ぜられなかった（本件措置）。本件措置は男女雇用機会均等法（以下、「均等法」という。）９条３項違反に当たるとして、管理職手当、損害賠償等を求めて提訴した。

経過 一審は請求を認容し、二審では請求を認めず[20]、上告審となった。

判旨 最高裁は、「均等法９条３項の規定は…強行規定として設けられたものと解するのが相当であり、女性労働者につき、妊娠、出産、産前休業の請求、産前産後の休業又は軽易業務への転換等を理由として解雇その他不利益な取扱いをすることは、同項に違反するものとして違法であり、無効である。」とした。そして、「女性労働者につき妊娠中の軽易業務への転換を契機として降格させる事業主の措置は、原則として均等法９条３項の禁止する取扱いに当たるものと解されるが、当該労働者が軽易業務への転換及び上記措置により受ける有利な影響ならびに上記措置により受ける不利な影響の内容や程度、上記措置に係る事業主による説明の内容その他の経緯や当該労働者の意向等に照らして、当該労働者につき自由な意思に基づいて降格を承諾したものと認めるに足りる合理的理由が客観的に存在するとき、又は事業主において当該労働者につき降格の措置を執ることなく軽易業務への転換をさせることに円滑な業務運営や人員の適正配置の確保などの業務上の必要性から支障がある場合であって、その業務上の必要性の内容や程度及び上記の有利又は不利な影響の

内容や程度に照らして、上記措置につき同項の趣旨及び目的に実質的に反しないものと認められる特段の事情が存在するときは、同項の禁止する取扱いに当たらないものと解するのが相当である」とした。「本件の場合、自由な意思に基づいて承諾したものと認められるに足りる合理的な理由が客観的に存在しない。また、均等法9条3項の趣旨及び目的に反してないものと認められる特段の事情の存在を認めることはできない」として、原審を破棄し、高裁に差し戻した。

〈注〉

1　今野晴貴の著書『ブラック企業〜日本を食いつぶす妖怪』文春新書（2013年）が注目を受け、2013年の新語・流行語大賞「2013トップテン」に選ばれ、一躍「ブラック企業」の言葉が世に広まった。なお、同書は大佛次郎論壇賞も受賞している。

2　小川慎一・山田信行他『産業・労働社会学』有斐閣 2015 年 113 頁参照

3　労働基準法 5 条の「強制労働の禁止」に抵触する。同法の罰則は労働基準法の中で一番厳しく「1年以上10年以下の懲役又は20万円以上300万円以下の罰金」である。5条「使用者は、暴行、脅迫、監禁その他精神又は身体の自由を不当に拘束する手段によって、労働者の意思に反して労働を強制してはならない。」

4　小川慎一・山田信行他『産業・労働社会学』有斐閣 2015 年 113 頁〜114 頁参照

5　2018 年 6 月に働き方改革法の成立により、従来のパート労働法と労働契約法の一部が合体し名称も変更された。

6　不法行為とは、違法に他人に損害を与える行為。不法行為者は被害者に対して損害を賠償する義務を負う（民法 709 条）。不法行為は過失責任を原則としている。また、不法行為者を雇用する使用者に監督義務違反として賠償義務を負わせる場合もある。

7　福岡セクハラ事件（福岡地判平成 4 年 4 月 16 日労判 607 号 6 頁）

8　債務不履行とは、債務者が、その責めに帰すべき事由（故意、過失）により、債務の本旨に従った履行をしないこと。これに対して債権者は損害賠償請求ができる（民法 416 条）。履行期に遅れた「履行遅滞」、履行することができなくなった「履行不能」、履行はしたが十分でなかった「不完全履行」がある。なお、「債務の本旨」とは、法律の規定、契約の趣旨、取引慣行、信義誠実の原則等に照らした適切な対応のこと。

9　三重県厚生農協連合会事件（津地判平成 9 年 11 月 5 日労判 729 号 54 頁）

10　京都セクハラ事件（京都地判平成 9 年 4 月 17 日労判 716 号 49 頁）

11　朝日生命保険・広島セクハラ事件（広島地判平成 19 年 3 月 13 日労判 943 号 52 頁）

12　一審は大阪地方裁判所（大阪地判平成 25 年 9 月 6 日労判 1099 号 53 頁）、二審は大阪高等裁判所（大阪高判平成 26 年 3 月 28 日労判 1099 号 33 頁）の判決。

13　川崎市水道局事件（東京高判平成 15 年 3 月 25 日労判 849 号 87 頁）

14　誠昇会北本共済病院事件（さいたま地判平成 16 年 9 月 24 日労判 883 号 38 頁）

15　セガ・エンタープライゼス事件（東京地判平成 11 年 10 月 15 日労判 770 号 34 頁）

16　エールフランス事件（千葉地判平成 6 年 1 月 26 日労判 647 号 11 頁）

17　厚生労働省の指針で望ましいとしている、マタハラ防止措置は、①事業主のマタハラ、

育児休業等に関するハラスメント対策の方針の明確化、周知・啓発（マタハラの内容や、起こり得る背景、妊娠・出産に関する制度の明確化と、マタハラ行為者について、厳正に対処する旨の方針・対処の内容を就業規則等の文面に規定し、周知・啓発すること）②マタハラ、育児休業等に関する苦情を含む相談に応じ、適切に対応するために必要な体制の整備（相談窓口の設置など）③マタハラ、育児休業等に関するハラスメントにかかる事後の迅速且つ適切な対応（再発防止措置や相談者・行為者等のプライバシー保護措置など）。

18　学校法人近畿大学事件（大阪地判平成 31 年 4 月 24 日労判 1202 号 39 頁）

19　ジャパンビジネスラボ事件（東京高判令和元年 11 月 28 日労判 1215 号 5 頁）

20　一審は、広島地方裁判所（広島地判平成 24 年 2 月 23 日労判 1005 号 15 頁）、二審は、広島高等裁判所（広島高判平成 24 年 7 月 19 日労判 1005 号 12 頁）の判決。

第**19**講 個別労働紛争と社会保険労務士

1. 個別労働紛争の対応

1-1 個別労働紛争解決の諸機関

(1) 日本の労働法体系は、長らくは労働組合対策や労働安全対策を主軸として組み込まれており、労働者個々に対する労働契約関連の民事的トラブル（以下、本講では「個別労働紛争」という。）への対応については十分ではありませんでした。しかしながら、個人の労働関連に関する意識の向上などから個別労働紛争が激増していきます。労働基準法は、労働条件の最低基準を定めているに留まっており、従来は**個別労働紛争**についての体系的な成文法は存在しておらず、民法及び個別法の部分的な規定で対応せざるを得なかったのです。したがって、その解決は司法判断に委ねられることとなり、多くの時間が掛かってしまっていました。

(2) これらを解決すべく新たな取り組みとしての労働政策が展開されていきます。先ずは、個別労働紛争解決機関の新設が行われました。時間と費用が掛かっていた司法による個別労働紛争の解決については、従来からの裁判制度に加えて、個別労働紛争の紛争解決調整機関として、平成13年（2001）10月から個別労働紛争解決促進法が施行されて、都道府県労働局の**紛争調整委員会**が、平成18年（2006）4月から労働審判法が施行されて、**労働審判制度**（労働審判委員会）が新設されるなど、手続面での整備が進みました。こちらの解決機関としてのツールは大変重宝され、「泣き寝入りしなくてよい」状況となり、現在では社会での認知度も高まり、個別労働紛争の解決はもとより、その未然防止にも役立っています。これらは裁判外紛争解決機関（ADR機関）と総称され

ています。これらの司法 ADR の労働審判も含めた諸機関の整備により、私たちは、従来のお金も時間も掛かる裁判所への訴えをせずとも、簡単にそして低廉な費用で労働法の庇護を受けることができるようになりました。一方で、企業にとっては、様々な労働紛争が表面化する機会が増えることをも意味するので、労働法を益々確りと理解しての経営が望まれるところです。

次に、個別労働紛争の予見可能性を高めるための新法の制定でした。個別労働紛争が生じた場合には、其々の事案ごとの判例が蓄積されて形成された判例法理を考慮して解決を図っていました。しかしながら、この判例法理は専門家などには認識されていましたが、一般的な労働者及び使用者の多くには認識度が低いものでした。そこで解雇権濫用法理や安全配慮義務などの判例法理を明文化、法律化して、理解の向上と遵守の徹底を図ろうとして誕生したのが**労働契約法**です。平成 20 年（2008）3 月から施行されています。

労働契約法の誕生により、労働契約の基本的な理念、労働契約の共通原則、及び判例法理に基づく労働契約関連の民事的ルール等が一体系となりました。就いては、労働契約の権利義務関係を確定させる法的根拠が示され、労働契約に関する民事的なルールが明らかになり、労働者及び使用者にとって予測可能性が高まって適法行動が促されることに繋がっています。

これらの措置により、個別労働紛争の予見可能性は高まり、予防効果を発揮せしめ、個別労働紛争各機関とも連携され、個別労働紛争の迅速な解決に寄与しています。

1-2 社会保険労務士と個別労働紛争

個別労働紛争解決の制度創設に連動して、労働法・社会保険法・労務管理の専門家である**社会保険労務士**も、平成 15 年（2003）4 月の**社会**

保険労務士法の改正により、従来からの労働保険審査会と社会保険審査会での審査請求代理に加えて、能力担保を受けた**特定社会保険労務士**に限って、**個別労働紛争解決促進法**に定める、あっせん代理を弁護士と同じように行えるようになり、併せて、労働争議への介入も可能となりました。更に、平成17年（2005）にも社会保険労務士法が改正され、従来から弁護士の独占業務とされていた、個別労働紛争に係わるあっせん・調停代理についても行えるようになっています。平成28年（2016）の法改正では、地方裁判所以上の審級において、補佐人としての**出廷陳述権**[1]も認められることになりました。

　次頁の表には、各種のADR機関を比較し、その特徴をまとめておきました。社会保険労務士（特定社会保険労務士）は、紛争調整委員会、労働委員会及び民間ADR機関（訴額限度額あり）では、あっせんや調停の代理を行うことができます。労働審判については、原則として裁判所（労働審判委員会）の許可を得れば、弁護士とともに、補佐人として関与することが可能です。このように社会保険労務士も、弁護士の活動とは別に、個別労働紛争の解決或いはそのトラブル発生の予防、そして人材育成教育など多岐に亘って活躍しています。

【裁判外紛争解決機関（ＡＤＲ機関）】

制度名称	設置機関	対象・手続事案	構成	根拠法律
労働審判	地方裁判所に置かれる労働審判委員会	労働審判による調停、審判。3回で審理完了（審判未成立だと地裁へ移行）	労働審判官（裁判官）と労働審判員2人（労働関係の専門知識・経験を有する者）	労働審判法
紛争調整委員会（個別労働紛争）	都道府県労働局に設置	個別労働紛争のあっせん	紛争あっせん委員3人〜12人	個別労働紛争解決促進法
紛争調整委員会（個別特定紛争）	都道府県労働局に設置	均等法・育児休業法・パワハラ防止法による調停	調停委員3人	均等法、育児休業法、パート法、パワハラ防止法
民間ADR機関	法務省の認証を受けて民間機関が設置	ADR基本法によるあっせん。（社労士会労働紛争解決センター）	社労士のあっせん委員が複数	ADR基本法
労働委員会	44道府県の労働委員会内に設置（東京都は行政機関）	個別労働紛争のあっせん（本来業務は労働争議の調停や不当労働行為の審査等）	道府県労働委員会のあっせん員（公益委員、労働者委員、使用者委員）	労働組合法

※「均等法」は男女雇用機会均等法、「育児休業法」は育児介護休業法、「パート法」はパート有期雇用労働法、「パワハラ防止法」は労働施策総合推進法、「ADR基本法」は裁判外紛争解決手続促進法の其々の略称とする。

※都道府県労働委員会は、2004年12月までは地方労働委員会との呼称であった。

〈注〉

1　出廷陳述権とは、訴訟が提起された処分につき、裁判所の許可を得ずして当事者又は訴訟代理人（弁護士）と共に裁判所に出廷して陳述する権利のこと。社労士が対象となる事件に対して、社労士として自ら意見を述べることができる。非訴訟事件（労働審判など）も対象となっている。

第5章

社会保障法の
ポイントを学ぶ

第20講 社会保障法総論

1. 社会保障法を学ぶ

1-1 働く者にとっての社会保障法

　社会保障制度は、労働者と市民の福祉の向上を目的として、ILO（国際労働機関）により国際基準化が図られて制度として認められました。これが社会保障制度の大きな発展に繋がっています。現代では社会保障法が、病気・老後・死亡・出産・ケガ・失業・介護・貧困といったあらゆる生活関連リスクに対処し、基本的な生活を保障する重要な役割を果たしています。

　この制度には大きく分けて二つの政策があります。一つは、労働者が働く能力を失った場合に労災保険制度などを通じて所得を補償し、困窮の事前防止を目指す**防貧的政策**です。もう一つは、非正規労働者、自営業者、生活困窮者などに対して経済的援助を提供し、最低限度の生活を保護する**救貧的政策**です[1]。これらの政策を通じて、社会保障制度は個人の努力だけでは対処困難な状況に対応し、全ての人々の生存権を保障し、社会の不安の解消を図っています。

1-2 憲法第25条と社会保障法

　憲法第25条1項及び2項に基づいた社会保障制度は、健康保険、年金保険、雇用保険などの**社会保険**、生活困窮者への公的扶助、障害者支援や児童保護などの**社会福祉**などの領域を以て構成され、国民の生活保障と福祉の向上を目指しています。これらの制度は、労働者が直面する様々な生活リスクに対するセーフティネットとしての機能を有して、経

済的安定と社会的安心の提供に寄与しています。

2. 社会保障法の概観

2-1　社会保険と税

　社会保障制度とは、特定のニーズに応じて、金銭やサービスといった給付を提供するための仕組みです。しかし、これらの給付を継続して提供するためには、確りとした財政的裏付けが必要です。この財源としては**社会保険方式**と**税方式**があります。

（1）社会保険方式

　社会保険方式は、保険の仕組みを取り入れます。保険とは保険者が被保険者から事前に保険料を徴収し、それを財源として、病気や事故などのリスクに備え、必要となった際に給付を行うものです。この方式では、保険料が主な資金源となります。社会保険は、私的（民間）保険とは異なる点が幾つかあります。

> ① 原則として強制加入となります。保険料の支払いも法的義務です。これにより、財源の安定的な確保を図っています。
> ② 社会保険の運営主体は、公的機関（国、市町村、広域連合など）です。
> ③ 保険料の設定は、私的（民間）保険のようにリスクの発生確率による算出ではなく、一律の金額を設定しています。給付内容に応じた保険料の支払いではなく、加入者の支払い能力に応じた保険料が設定される「応能負担」が基本となっています。

（2）税方式

　税方式は、給付の主要な資金源として税金を使用する制度です。この方式では、事前に保険料を支払うことはありません。しかし、経済の動

向、特に景気の状況に伴って、国や地方の財政状況が悪化するリスクがあり、安定性には欠けます。このリスクを緩和するため、給付対象者を低所得者など、保険料が前提となる仕組みが適さない、特定の条件を満たす人に限定しています。

2-2　社会保障法の仲間たち

　社会保障制度は、前述のように社会保険方式を中心に捉える**社会保険**の領域と税方式による**社会福祉**の領域及び**社会手当**の領域に大別できます。社会保険方式をベースとした社会保険制度には、医療保険、年金、労災保険、雇用保険、そして介護保険があり、社会保障制度に大きなウエイトを占めています。また、税方式による社会福祉や社会手当は、高齢者や障害者、児童といった、保険料の納付が困難な者への生活支援や、保育のようなサービスの提供などを行う社会的弱者の擁護を図ることを主体とする制度です。また、生活保護や生活困窮者自立支援制度も、社会保険方式では対応が難しいので、税方式を基盤にして運営されています。なお、雇用保険制度については、労働市場関連法として捉えることもできるので、第8講でも重ねて取り上げています。

　次に本章で取り上げていない法律を中心に概略を説明します。

社会保険制度

①厚生年金保険法・国民年金法

　企業などに働く者が加入する年金制度です。厚生年金保険法は、保険料の納付期間と保険料額に基づいて、将来的に年金を受け取ることができるようになっています。国民年金法は、全ての国民に基本的な年金制度を提供することを目的としています。年金制度には様々なものがありますので、次表を確認して下さい。

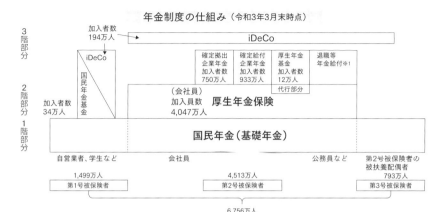

年金制度の仕組み（令和3年3月末時点）

※1 2015年10月から、公務員や私立学校の教職員も厚生年金に加入。また、共済年金の職域加算部分は廃止され、新たに年金払い退職給付が創設。ただし、それまでの共済年金に加入していた期間分は、2015年10月以後においても、加入期間に応じた職域加算部分を支給。
※2 国民年金の第2号被保険者等とは、厚生年金被保険者をいう（国民年金の第2号被保険者のほか、65歳以上で老齢、または、退職を支給事由とする年金給付の受給権を有する者を含む）

出所：厚生労働省リーフを基に作成

社会福祉制度

①老人福祉法

　昭和38年（1963）に、高齢者の生活安定のために必要な措置を講ずることを目的として制定されました。制定後も幾度かの改正が行われており、昭和47年（1972）からは70歳以上の老人保健費の公費負担（老人医療費無料化）が実施されていましたが、財政負担が大きく、昭和57年（1982）の老人保健法の制定とともに同制度は廃止されました。

②身体障害者福祉法

　昭和24年（1949）に制定された、障害者に対する基本的な福祉法のひとつであり、障害者の日常生活と社会生活の支援を目的としています。18歳以上の障害者に対して身体障害者手帳・補装具の交付、更生援護などの措置を定めています。この法律の制定により、障害者の福祉が法律で保障されるようになり、障害者の自立と社会参加の支援が促進されました。

③児童福祉法

昭和22年（1947）に制定されました。全ての児童の福祉を促進し健全な育成を目的とする法律です。日本の児童福祉の基盤として位置づけられており、その時代の社会のニーズに応じて幾度も改正が行われています。平成29年、平成30年及び令和2年にも立て続けに法改正があり、児童虐待の防止や自立支援対策の強化など、児童の健全な育成に向けた様々な措置が講じられています。

公衆衛生関係

①母子保健法

母性及び乳児や幼児の健康の保持と増進を図るために昭和40年（1965）に制定されました。母子の保健指導、健康診査、医療などを行うことで、国民保健の向上への寄与を目的としています。同法により市町村が交付する**母子健康手帳**は、妊娠、出産、育児と母子の一貫した健康状態を記録するものです。その起源は、昭和17年（1942）の妊産婦手帳制度に遡るもので、戦時下でも物資配給などが保障されていました。昭和41年（1966）から現在の名称になり、昭和56年（1981）から母親が成長記録を記入できる方式となっています。

公的扶助制度

①生活保護法

憲法第25条の理念に基づき、困窮する全ての国民に対し、その困窮の程度に応じて必要な保護を行い、最低限度の生活を保障するとともに、その自立を助長することを目的としています。昭和21年（1946）の旧生活保護法では全ての在住者を対象としていましたが、昭和25年（1950）の改訂で**国籍条項**[2] が加えられ、対象が日本国籍の保持者に限定されるようになりました。

②児童手当法

昭和46年（1971）に制定されました。公的扶助の一環として、昭和

30 年代からの新設を求める世論に押され、家庭生活の安定と児童の健全な育成及び資質の向上を促進すること目的としています。法分類的には**社会手当**の一種で、これにより国内の**児童手当制度**を確立し、児童を養育している者に対して児童手当が支給されています。しかしながら、欧州先進国より支給額が低く、長年の間、父親の飲み代の足しになっている程度のものと揶揄されることもありました。また、所得制限を超えると児童手当が支給されず、所得制限の前後の収入逆転問題も時々の政権の課題となりました。現在でも、支給額は国際水準に改善されましたが、所得制限についての撤廃・緩和等の措置については検討されています。

3. 社会保障法の歴史

3-1 社会保障法の変遷（Ⅰ）～戦後混乱期から高度成長期へ～

(1) 大正 11 年（1922）に、工場労働者とその家族を対象とした**健康保険法**が制定[3]され、本格的な社会保障制度の第一歩が踏み出されました。その後に、健康保険制度は事務系労働者にも適用拡大され、昭和 13 年（1938）には、任意の国民健康保険組合と非営利社団法人が運営する自営業者を対象とする旧国民健康保険法も施行されています。昭和 17 年（1942）の**労働者年金保険法**によって長期積立方式の年金制度も始まりました。同法は昭和 19 年（1944）に厚生年金保険法と名称を変えて対象を拡大していきますが、これらは主として戦費調達を意図したものでした。

　戦後となり、昭和 20 年代の復興期においては、社会保障分野で重要な立法と施策が推進されました。この時代は、戦争終結により中国大陸やアジアなどのいわゆる外地からの引揚者や失業者などの生活困窮者への緊急援護が必要とされ、食糧事情の改善や公衆衛生の問題に対処するための対策が求められました。具体的には、昭和 22 年（1947）制定の

生活保護法が生活困窮者への最低限の生活を保障し、栄養改善や伝染病予防に関する政策も実施されたことが挙げられます。また、昭和21年（1946）の日本国憲法制定により、国民の生存権や社会福祉、社会保障、公衆衛生の向上が国の責務として確立されました。占領期のため当時のGHQ[4]の指導の下、**ベヴァリッジ報告**[5]を参考にしながら、これらの基本的人権の保障に関連する制度の創設や行政機構の整備が進められ、社会保障制度の基礎が築かれたのです。

　これらの法律の制定は、戦後の混乱からの回復を目指す我が国にとって、国民の生活基盤を安定させる上で非常に効果的でした。例えば、生活保護法は、最低限度の生活を保障することで社会的排除を防ぎ、公衆衛生の向上は伝染病の拡大抑止に貢献しています。これらの努力は、後の経済成長期における健全な労働力の確保と社会の安定に不可欠な要素となりました。

(2) 昭和30年から40年代には、高度経済成長で国民の生活水準が向上するに伴い、生活困窮者や援護が必要な人々に対する救済施策（救貧的政策）に加え、一般の人々が貧困状態に陥ることを防ぐ施策（防貧的政策）の重要性が増加しました。経済社会が戦後の混乱からの立ち直りを見せる中で、全国民をカバーする社会保障制度の確立を求める声が高まり、病気に罹った場合の医療費保障や老後の所得保障等などが確保されることになりました。昭和33年（1958）には**国民健康保険法**が制定され、翌年に施行しました。これにより**国民皆保険**が実現しています。全国民が医療保険を利用できるようになり、疾病に苦しむリスクが大幅に減少しました。続いて昭和34年（1959）には**国民年金法**が制定され、老後の所得保障が確立し、高齢化社会に対応する経済的な基盤が強化され、年金制度についても**国民皆年金**が実現しました。昭和38年（1963）には**老人福祉法**が制定され、高齢者の健康と生活の安定を目指し、昭和46年（1971）には**児童手当法**が成立し、子育て家庭の経済的負担軽減

に寄与しました。そして昭和48年（1973）には**老人医療費支給制度**が創設され、70歳以上の高齢者医療費が無料となり、医療アクセスの改善と健康寿命の延伸の実現を目指しています。もっとも、医療費無料化は後々の健康保険財政のひっ迫を招く切っ掛けとなり後に廃止されています。このように様々な社会保障法の制定と施行は、経済成長と共に国民生活を支える強固な福祉の基盤を築きました。

（3） 昭和50年代から60年代にかけて日本は、オイルショック[6]による経済の変動や高齢化社会への移行といった複数の試練に直面しました。これらに伴い、緊縮財政への移行が必要となり、社会保障制度の全面的な見直しも行われました。昭和50年代においては、老人保健法が昭和53年（1978）に施行され、高齢者の健康維持と医療費の公平な負担が目指されました。また、昭和59年（1984）には健康保険法の大改正が行われ、被用者保険の1割負担の導入や**退職者医療制度**[7]の創設が行われ、患者の負担増や保険料負担の軽減なども図られました。その後、昭和60年（1985）には年金制度の抜本的な改革が行われ、全国民共通の**基礎年金制度**[8]が導入されました。これにより、本格的な高齢社会の到来に備え、公的年金制度を長期に亘り健全で安定的に運営していくための基盤が確保され、給付水準の適正化が図られています。

3-2　社会保障法の変遷（Ⅱ）～バブル経済崩壊から構造改革期へ～

（1） 平成6年（1994）には**高齢化率**[9]が14%を超え本格的な高齢社会に突入し、既に少子化[10]は進行していたことから、2000年代には人口減少社会に入っていきます。これらの人口動態の変化は、社会保障制度に大きな影響を及ぼしました。また、バブル経済の崩壊[11]とそれに続く経済の低成長は、社会保障給付と国民経済とのバランスの維持を困難にしました。

　これらの状況を受けて、先ずは、年金改革が行われ、社会保障制度は

国民全体で公平に負担し、経済と社会の変化に適応させていこうとする改革も始まります。平成9年（1997）12月には**介護保険法**が、要介護者等に対する介護保険制度に係る保険給付等を行うことを目的として制定されました。5番目の社会保険制度です。従前の公的介護は、老人福祉法による行政による措置対応に留まっており、核家族化の移行と高齢化に伴って高まる介護需要への迅速対応ができず、高齢者が高齢者を介護する「老老介護」の問題まで抱えていました。家族による介護を想定した制度では限界となっていた社会的背景に押されて、ドイツの制度をモデルにして新設[12]され、平成12年（2000）から施行されています。しかしながら、現在においては、医療や介護における給付の増加は、国民経済の成長を上回る見通しであることから、政府は質の維持と向上を図りながら、効率化と供給コストの低減に向けた取り組みを進めている状況です。

(2) 平成20年（2008）秋の**リーマンショック**を契機とした世界的な金融危機は、日本にも大きな影響を及ぼし、雇用情勢は急速に悪化し、多くの非正規労働者の解雇や雇止めが行われ、長期失業者が増大し路頭に迷う者まで出る状況に至っていました。当時の雇用保険制度は正規社員に眼目を置いており、対応が不十分であったことから、当面の対策として、賃貸住宅の家賃給付や緊急人材育成事業（無料職業訓練やその期間中の生活給付）が期間限定で実施され効果を上げました。その後、働く意欲を持続しながら早期の再就職を促せる機能を整備すべしとの機運が高まり、これらの施策を恒久的制度に改めるべく、平成23年（2011）10月から**求職者支援制度**が創設されました。また、就労可能と思われる65歳未満の者を中心に生活保護の受給者も増えていたことから、自立促進を図る制度として、平成27年（2015）4月に**生活困窮者自立支援法**が施行されています。これらにより、いわゆる**第二のセーフティネット**と呼ばれている制度が整いました。

〈注〉

1　中川直毅『概観日本国憲法と昭和政治史』三恵社 2023 年 178 頁参照

2　公権力の行使又は国家意思の形成への参画に携わる公務員の任用資格のひとつとして日本国籍を必要とする条項のこと。

3　昭和恐慌の影響もあり施行は昭和 5 年となる。

4　連合国軍最高司令官総司令部のこと。戦後、日本を占領・管理するために設置された連合国軍の機関。最高司令官はアメリカ陸軍の将官が就き、マッカーサーが初代となった。昭和 20 年（1945）から昭和 27 年（1952）まで活動した。

5　1941 年に経済学者のウィリアム・ベヴァリッジ（1879〜1963）が英国政府に提出した報告書。社会保障の定義を、「失業、疾病又は災害によって稼得が中断した場合にそれに代わる、また、老齢による退職や、扶養者の死亡に備えての、更に出生、結婚などに関連する特別の支出を賄うための所得補償を意味する」としている。

6　昭和 48 年（1973）の第四次中東戦争を機にアラブ産油国が原油の減産と大幅な値上げを行ったことにより世界経済全体に来たした大きな混乱の総称。昭和 48 年と昭和 54 年の 2 度起こっている。

7　退職などによって企業を辞めた者が国民健康保険に加入する制度。

8　昭和 61 年（1986）4 月から全国民に共通の基礎年金を支給する制度として設けられたもので、原則として日本国内に住所を有する 20 歳以上 60 歳未満の全ての人が国民年金に加入することになっている。

9　総人口に占める 65 歳以上の人口の割合のこと。

10　1989 年に合計特殊出生率が戦後最低値の 1.57 を更新した。いわゆる 1.57 ショック。本文第 16 講に詳細記載。

11　1990 年代初頭に日本で起こった、異常なバブル景気（バブル経済）が破綻し、景気が急速に後退（悪化）した一連の出来事をいう。1980 年代後半から、信用膨張を伴った投機によって、日本の土地や株式などの資産価格がファンダメンタルズ（経済の基礎的条件）から見て、適正水準を大幅に上回った状態（経済が実体以上に泡のように膨張した状態）が短期間で崩れ去ったもの。その後、日本経済は「失われた 30 年」と呼ばれる低成長期に突入した。

12　介護保険料は、新たな負担に対する世論の反発を避けるため、導入当初は半年間徴収が凍結された経緯がある。

第**21**講 医療保障

1．医療保険の概要

1-1　医療保険と国民皆保険

　私たちは、健康であっても年に一度ぐらいは病院に行くこともあるでしょう。その際に受付で健康保険証の提示を求められます。そして、治療などが終了すると、再び窓口で診察料を、調剤薬局では薬代などを支払い、領収書や診療報酬明細書を貰います。これらの一連の流れは、全て医療保険の定めにより行われているのです。

　病気やケガなどは、昔の映画のワンシーンではありませんが、お薬代が払えなくて困惑する母親の姿が映し出されるような時代もありました。今でも、働くことができなくなり、時として生活の大きなリスクとなることがあります。このような場合でも、医療保険の制度が整っていれば、医療費の負担が軽減されたり、ケガで働けない期間の所得が補償されたりするのです。現在の日本では、職域保険としての健康保険法や地域保険としての国民健康保険法などがあり、**公的医療保険**（以下、「医療保険」という。）と呼ばれています。これらは、テレビなどのコマーシャルでよく目にする民間医療保険とは異なり、加入が困難な低所得者や病気がちな人にも公平に適用されます。

　健康保険法は、大正 11 年（1922）に制定され、当初は工場労働者を対象にしていましたが、その後、徐々に事務労働者や自営業者などにも適用拡大されていきます。昭和 36 年（1961）には、全ての市町村で自営業者や農業従事者等を適用対象とする国民健康保険の制度がスタートして、**国民皆保険**が実現しました。医療保険の加入は強制加入で、現在

では75歳未満の人を対象とする職域保険と地域保険、そして75歳以上を対象とする後期高齢者医療制度で構成されています。なお、本講では、健康保険法と国民健康保険法を中心に説明していきます。

1-2　職域保険と地域保険

（1）職域保険

　職域保険は、職業や職種で被保険者の範囲が決まります。①組合管掌健康保険、②協会管掌健康保険、③国家公務員共済、④地方公務員等共済、⑤私立学校教職員共済、⑥船員保険、そして、⑦国民健康保険組合があります。①から⑥までは、被用者保険とも呼ばれています。

　組合管掌健康保険は、一般に「健保組合」と呼ばれており、公法人たる健康保険組合が保険者となって運用されています。大企業の労働者やその扶養家族が加入しており、また大企業でなくても中堅以下の企業が、薬業や織物業など同種の業界で集まり設立していることもあります。**協会管掌健康保険**は、「協会けんぽ」と呼ばれており、中小企業の労働者とその扶養家族が加入しています。各都道府県に支部を持つ、**全国健康保険協会**が保険者です。何れの制度の根拠法も健康保険法です。なお、公務員などの共済組合[1]や他の制度[2]については、次表の通りです。

医療保険の種類	保険者	加入者	根拠法
国家公務員共済	国家公務員共済組合	国家公務員とその被扶養者	国家公務員共済組合法
地方公務員等共済	地方公務員共済組合	地方公務員とその被扶養者	地方公務員等共済組合法
私立学校教職員共済	日本私立学校振興・共済事業団	私立学校教職員とその被扶養者	私立学校教職員共済法

（2）地域保険

　地域保険は、国民健康保険のことで、75歳未満で健康保険の適用を受けていない人が対象です。保険者は、平成30年（2018）4月[3]からは、

都道府県及び当該都道府県内の市町村（特別区含む：東京都 23 区）です。都道府県が、一定の財政規模を保って国民健康保険の健全な運営の責任主体となり、市町村は、被保険者の資格取得・喪失や保険料の徴収などを行い、いわば二人三脚的な役割となっています。

２．医療保険と被保険者

2-1　医療保険の被保険者

（1）健康保険の被保険者

　健康保険の被保険者になれるのは、「適用事業所に使用される者」です（健保法 3 条）。**適用事業所**は、特定事業[4]を営む常時 5 人以上を使用している事業所、そして国、地方公共団体や法人の事業所が該当します。これら以外の事業所でも、被保険者の 2 分の 1 以上が同意すれば、厚生労働大臣の認可を得て任意適用事業所となることができます（健保法 31 条）。

　適用事業所の事業主は、被保険者資格の届出が義務づけられています。組合管掌健康保険（以下、「組合健保」という。）は健康保険組合が、協会管掌健康保険（以下、「協会けんぽ」という。）は、厚生労働大臣が、其々の被保険者資格の確認をすると被保険者資格の取得効力が生じ、**被保険者証**（共済組合は加入者証）が交付されます。保険料は事業主と被保険者の折半が原則となります。また、被保険者は、其々の保険者に確認請求をすることができます（健保法 51 条）。事業主が悪意で資格届出をせずに保険料の事業主負担を免れようとする事件も発生しているので注意が必要です。

　健康保険の適用範囲は法改正により拡大[5]されており、令和 6 年（2024）10 月以降[6]の被保険者になれる者は、①勤務時間・勤務日数が常時雇用

者の 4 分の 3 以上。当該未満であっても、②従業員数 50 人超の企業、又は労使間で加入の合意がある 50 人以下の企業で、週の所定労働時間が 20 時間以上、月額賃金が 88,000 円以上、勤務期間が 2 カ月超（見込み含む）で、且つ、学生でない者です。

任意継続被保険者という制度もあります。退職などで被保険者資格を失っても、一定の要件（継続 2 カ月以上の被保険者期間を有する＋ 20 日以内に申請）を満たせば、保険者に申し出て 2 年上限で、従来の加入していた保険制度の被保険者に継続してなれるというものです。保険料は全額自己負担です。

また、事業主や雇用者[7]の家族も、健康保険は適用されます。家族は、被保険者の**被扶養者**としての資格によるもので、健康保険が世帯単位の保険といわれている所以です。

（2）国民健康保険の被保険者

国民健康保険は、都道府県の区域内に住所を有する者で、他の医療保険が適用されていない者が被保険者です。被用者保険のような被扶養者という概念はなく、世帯を構成する家族一人ひとりが対象となり、たとえ赤ん坊であっても被保険者です。世帯主が、その世帯に属する被保険者の被保険者資格について届出をして、市町村が被保険者証を交付します（国保法 9 条）。

2-2　保険料

（1）健康保険の保険料

保険料は、被保険者の報酬（給与・賞与）に対して、保険者ごとに設定される**保険料率**を乗じた額となります。健保組合の保険料率の方が協会けんぽの保険料率より低めであるのが一般的です。この保険料は、原則として事業主と被保険者の**折半負担**となり、被保険者の負担分も事業主がまとめて支払うことになっています（健保法 161 条）。なお、産前

産後休業や育児休業の期間中は、事業主が保険者に申し出ることで、事業主と被保険者共々の負担分が免除されます。

　保険料の算出には標準報酬が使用されます。標準報酬は、一定の月額ごとに区分した標準報酬月額と、賞与から千円未満を切り捨てた標準賞与額があり、下表は協会けんぽの**標準報酬月額表**ですが、組合健保については其々のものがあります。この表を使って保険料額を算出します。なお、健康保険料だけでなく、厚生年金保険料の計算にも使いますが、等級の段階に差があります。健康保険は第1級から第50級までで上限もあります。

出所：全国健康保険協会ホームページから引用、一部加工

（2）国民健康保険の保険料

　保険料は、世帯ごとに決まる応益割と応能割の合計で決まります（国保法76条）。**応益割**は世帯ごとの被保険者数に応じた定額であり、応能割は所得等の多寡による額となりますが、複雑です[8]。なお、保険料に代

えて、地方税法の規定により国民健康保険税として課すこともできます。

　また、国民健康保険は、低所得者を含む多様な被保険者で構成されているため、保険料の減免や猶予の制度が設けられています。保険料が未納の場合には、被保険者証の返還が求められ、その代わりに**被保険者資格証明書**が支給され、未納でも保険給付を受けることができます。しかし、受診の際に支払うべき負担額は全額自己負担（10割）で、事後に医療費の自己負担分を除く部分が、特別療養費として保険者から償還されることになっています。しかも償還分は滞納保険料と相殺されるために戻ってくる額は無いに等しいことが常となります。これでは、金銭的困窮者は受診をためらい、病気を悪化させ、過去には母子心中などの悲劇が起こってしまうこともありました。そこで、保険料未納は自己責任ではあるのですが、子供にまで影響を与えるのは酷であることから、現在では18歳の学年末までの若年被保険者には、**短期被保険者証**[9] を交付して一部負担のみで受診を可能にしています（国保法9条）。

３．医療保険と給付体制

3-1　現物給付と金銭給付

　健康保険の保険給付を大別すると現物給付と金銭給付があります。保険給付の原則は現物給付方式で、被保険者は、医療提供を問診、注射やレントゲン撮影などのように現物にて支給（提供）されます、**療養の給付**[10] のことです。被保険者は、これらの提供を受けても自己負担分だけでよく、高額な支払いは不要です。自己負担分以外の医療費は、保健医療機関が保険者に請求して、保険者が診療報酬として保険医療機関に支払うことになります。この事務作業は煩雑なので**審査支払機関**[11] に委託することができます。審査支払機関は、診療報酬明細書（**レセプト**）に

記載された診療行為や薬剤等が保険診療として過剰や不適切が無いかを確認し、その上で支払いに応じていきます。

　金銭給付は、**償還払い方式**とも呼ばれており、被保険者が一時的に医療費の全額を支払った上で、後日一定額が払い戻される方式のことです。後述する高額療養費の制度が表面的には該当しますが、保険医療機関による代理受領の仕組みで是正されているため、事実上は、海外療養費[12]だけが該当します。

3−2　医療提供体制

　医療行為の実施は、医師法により医師と歯科医師だけに認められる**医業独占**です。そして、医療の提供は、**保険医療機関**として指定された病院や診療所[13]で、**保険医**として登録された医師により行われます。病院などの案内板に「各種保険医療機関指定」の文言を見ることがあると思います。保険医の登録を受けていない医師からの医療提供は全額自己負担となります。保険医療機関の指定は、厚生労働大臣が行いますが、この指定を受けないと病院等の経営は成り立たないと思います。なお、病院等の競争過当地域などでは、憲法第22条のいわゆる「営業の自由」の観点から、病院等の開設許可は出さざるを得ないのですが、保険診療の指定を行わないで、実質的な病床コントロールを行う場合があります[14]。

3−3　保険診療

(1) 保険診療と自由診療

　医療の提供は保険診療と呼ばれており、**診療報酬点数表**で点数化された診療のことで、治療等の有効性や安全性について国が認めている範囲で、公的な仕組みを通じて提供されるものです。他に、**自由診療**と呼ばれている全額自己負担の診療があります。美容整形や、最先端の高度先

進医療の陽子線治療や重粒子線治療など数千万円もする治療などが点数化されておらず保険診療とはなりません。身近で耳にするところでは、二重瞼の整形などの美容整形や歯科医院でのインプラント治療[15] などが自由診療に該当します。これらは、他の保険診療行為が標準治療として存在している場合や救命に関係のないものなどです。

（2）保険外併用療養費の制度

　保険診療と自由診療を同時に受ける**混合診療**は、診療の有効性及び安全性の確保の見地から認められていません。混合診療は、原則として医療保険の適用除外となり自由診療に該当します。しかしながら、次の事項は、例外として認められています。

　　　①評価療養………高度先進医療で保険診療の諾否の評価を行う必要
　　　　　　　　　　　がある療養であって厚生労働大臣が定めたもの→
　　　　　　　　　　　治験などで保険収載[16]を目指す医療
　　　②患者申出療養…患者からの申出による高度先進医療で、保険診療
　　　　　　　　　　　の諾否の評価を行う必要がある療養であって厚生
　　　　　　　　　　　労働大臣が定めたもの
　　　③選定療養………予約診療、時間外診療や希望による特別病室の提
　　　　　　　　　　　供、差額ベッド料、前歯の差し歯など被保険者に
　　　　　　　　　　　よる選好によるもので厚生労働大臣が定めたもの

　これらを受けた場合は、保険診療の自己負担分を除いた部分が、**保険外併用療養費**として支給されます。なお、従来は適用対象外であった不妊治療は、令和4年（2022）4月から保険適用となっています。

3-4　健康保険法の主な給付

（1）定率負担

　医療提供の際の自己負担は、定率負担となっています。私たちも医療機関の窓口で支払う際の金額が「3割負担」などと聞いたことがあると

思います。実際には年齢等で右表
のような自己負担割合となってい
ます。なお、就学前や義務教育期
間の医療費の無償措置がある地域
もありますが、これは地方自治体
が独自に行う福祉サービスの一環
によるものです。

定率負担の割合	
年　齢	負担割合
義務教育就学前	2割
義務教育就学後〜70歳未満	3割
70歳〜75歳未満	2割
75歳以上	1割

但し、70歳以上で現役並み所得がある者の負担割合は3割。
75歳以上で一定所得ある者の割合は1割〜3割の何れかとなる。

（2）高額療養費

　医療技術の向上、新薬の開発などで医療費は高額となる傾向にあります。
例えば1000万円の医療費が掛かり、3割負担で済むといえども、とて
もそんな高額を一般人では生活を脅かすことなく支払えるものではあり
ません。そこで、高額となり得る自己負担を軽減する**高額療養費**の制度
があります。年齢と年収に応じて月の支払額の上限が定められています。
上限額は世帯ごとにまとめて計算され、また直近1年以内に3カ月以
上の高額療養費が支給された場合には、**多数回該当**として、更に上限額
が低くなり負担の軽減がなされます[17]。

　この高額療養費は、償還払いが原則ですが、保険者から限度額適用認
定証を交付されれば、病院等の窓口では自己負担限度額を支払い、事足
りることになっています。

　なお、高額療養費は健康保険と国民健康保険では、所得額による計算
が異なります。詳細な計算方法などはインターネットで、【最新の高額
療養費の一覧表】と検索して調べてみて下さい。

（3）入院時食事療養費・入院時生活療養費

　入院時食事療養費は入院した時の食事代で、入院時生活療養費は65
歳以上の長期入院者の水道光熱費などに該当します。この標準負担額は、
平均的な家計における食費や光熱費の状況などを勘案して、厚生労働大
臣が定めるもので、この標準負担額が自己負担分となり、差額が保険給

付として支給されます（健保法 85 条）。入院時食事療養費は食事療養標準負担額として原則として 1 食 460 円で、入院時生活療養費は生活療養標準負担額として原則として食費 1 食 460 円＋居住費 1 日 370 円となっています（健保法 85 条、85 条の 2）。

（4）埋葬料・家族埋葬料・葬祭費

　被保険者やその被扶養者が死亡した場合に支給される給付です。健康保険の被保険者が死亡した場合には、その被扶養者等で埋葬を行なう者に対して、埋葬料 5 万円が支給されます（健保法 100 条）。被扶養者が死亡した場合は家族埋葬料（5 万円）が支給されます。国民健康保険の被保険者が死亡した場合には、名称は違いますが、同様の仕組みで葬祭費が支給されます（国保法 58 条）。

3−5　傷病手当金・出産手当金・出産育児一時金

（1）傷病手当金

　仕事以外の病気やケガで入院するなどして会社を休むと、一般的にはノーワーク・ノーペイの原則により、特定の場合 [18] を除き賃金は支払われません。無収入になると生活の安定が損なわれ療養の上でも支障を来します。そこで、医療保険から所得補償の要素を持つ**傷病手当金**が支給されます。傷病手当金は、①療養のため、②労務に服することができない時に、③第 4 日目（継続した 3 日間が過ぎて…）[19] から支給されます。会社を休むなど就労不能が始まった日の 4 日目から支給されるということです。

　支給額は 1 日単位で、支給期間は同一の病気やケガにつき、支給開始日から通算して 1 年 6 カ月となります。傷病手当金の日額は、直前 12 カ月の標準報酬月額の 30 分の 1 相当額の 3 分の 2 の額です（健保法 99 条）。

（2）出産手当金

被保険者が出産するに際しては、労働基準法は母性保護の観点から産前産後休業の期間を設けていますが、その間の賃金の支払いは特定の場合以外はありません。そこで休業期間中の所得補償として**出産手当金**が支給されます。出産の日以前 42 日（多胎妊娠の場合は 98 日）から出産の日以後 56 日の間、1 日単位で支給されます。支給額は傷病手当金と同様の方法で算定されます（健保法 102 条）。なお、出産手当金と傷病手当金が重なった場合は、傷病手当金は支給されません。

（3）出産育児一時金

出産に要する経済的な負担軽減を目的として、被保険者が出産したときは出産育児一時金が、被扶養者が出産した時は家族出産一時金が何れも被保険者に支給されます（健保法 101 条）。なお、その額については昨今の少子化対策とも相まって頻繁に政令が改正され増額が繰り返されています[20]。

また、この制度も償還払いが原則ですが、一時的に高額な出産費用を負担しなくても良いように、直接支払制度や受取代理制度があります。

3-6　医療保険による独自給付

各医療保険が、独自に定めて行う給付として付加給付があります。健保組合では、傷病手当金や出産育児一時金等を上乗せする給付としていることが多々あります。また、逆に国民健康保険では、健康保険のように法定義務ではなく、任意としている場合があります。出産育児一時金や葬祭費は、法定任意給付で、原則としては給付を行いますが、財政事情等の特別な理由がある場合は全部又は一部を行わないことができます。完全な任意の給付もあり、傷病手当金や出産手当金が該当し、市町村が条例で定めれば給付できるものです。多くの市町村はこの給付を設けていません。

〈注〉

1　国家公務員共済や私立学校教職員共済などは、保険者が共済組合で、健康保険の被
　　保険者の該当者を加入者と呼ぶ。

2　船員保険は、船員保険法により全国健康保険協会を保険者として、船員とその被扶
　　養者を被保険者として運営されている。また、国民健康保険組合は、国民健康保険
　　により、保険者である国民健康保険組合の地区内に住所を有する同種の事業又は業
　　務に従事している者とその世帯に属する者を被保険者とする。

3　平成 27 年（2015）の国民健康保険法の改正により、国民健康保険の安定的な運営
　　を図るべく、従来の保険者の市町村から現行制度に変更。

4　法定で定められている、物の製造、貨物・旅客の運送、物の販売などや弁護士、社
　　会保険労務士などの士業の 17 業種のこと。

5　平成 24 年（2012）の年金機能強化法により、健康保険の被保険者資格が明確化さ
　　れ適用範囲も拡大された。

6　令和 4 年（2022）4 月から令和 6 年（2024）9 月迄は、従業員数 50 人超は「100 人
　　超」となっている。

7　労働者だけではなく、企業の取締役なども含まれている。

8　応益割には被保険者均等割と世帯別平等割があり、応能割には所得税額などに一定
　　率を乗ずる所得割と固定資産税額に一定率を乗ずる資産割がある。複数組み合わせ
　　た合計が保険料額となる。現在は都道府県内でも市町村により保険料率が異なるが、
　　将来的には平準化を図っていくことが目指されている。

9　18 歳に達する日以後の最初の 3 月 31 日迄の間にある若年被保険者については、有
　　効期間を 6 カ月とする被保険者証が交付される。

10　療養の給付のことで、「①診察、②薬剤又は治療材料の支給、③処置、手術その他
　　の治療、④居宅における療養上の管理及び療養に伴う世話その他の看護、⑤病院又
　　は診療所への入院及びその療養に伴う世話その他の看護」がある（健保法 63 条、
　　国保法 36 条）。健康保険法でも国民健康保険法でも同様の内容。

11　健康保険の場合は社会保険診療報酬支払機関、国民健康保険の場合は国民健康保険
　　団体連合会がこの任に当たっている。

12　海外療養費は、海外旅行中や海外赴任中にケガや病気になり、やむを得ず現地の医
　　療機関で診療等を受けた際に、申請により一時医療費の払い戻しを受けることがで
　　きる制度。

13　病院は病床数が 20 床以上、診療所は病床数が 19 床以下又は入院施設がないところ。
　　街のクリニックなどは後者に当たる。

14 最1小判平成17年9月8日判時1920号29頁参照

15 失われた歯根に代えて顎骨に人工歯根を埋め込む手術、治療のこと。

16 医療行為や医薬品が保険適用された場合に掲載されること。

17 血友病や慢性腎不全による人工透析治療などは、特定疾病患者の高額療養費として、一部負担金及び自己負担額から10000円を控除した額が高額療養費として支給される。

18 企業が労働条件の向上を意図するなどして、就業規則などで賃金の支払いを定めている場合には支払われる。

19 待期期間は、虚病防止の観点から嘘が無いかなどを見極める期間とされている。

20 令和5年（2023）4月から1児あたり50万円。但し、在胎週数が22週に達していて、産科医療補償制度に加入している保険医療機関での出産に限る。そうでない場合は48万8千円。

第**22**講 労災補償

1. 労災補償の概要

1-1 労災保険法とは

(1) 私たちの仕事生活にはリスクを伴います。仕事中にケガなどをして会社を休むこともあるでしょうし、働き過ぎなどで心身に不調を来し会社に行けなくなることや、障害が残って今までの仕事を継続することができなくなる可能性もあります。そうなると、療養する費用も掛かるでしょうし、療養中に仕事ができずにその間の収入が途絶えることもあります。そして不幸にも生計を支えている労働者が仕事中に亡くなるようなことが起これば、立ちどころに家族の生計が成り立たなくなってしまいます。これらが、仕事中以外でのケガや病気ならば医療保障がカバーし、同じく亡くなっても公的年金などの所得補償の制度もあります[1]。もっとも仕事中については、「営利活動によって利益を得ている事業主に労働者が被った損害を補償させるべきという考え方」[2]があり、労働基準法もこれに基づき事業主の無過失責任による補償制度[3]を規定しています（災害補償責任）[4]。

　しかしながら、使用者の資力（支払能力）には限界があり、十分に補償することができないこともあります。例えば、炭鉱の落盤事故などでは多数の犠牲者が出ることがあり、補償額は甚大となり、確りと補償したくても払いきれないケースもあるでしょう。このようなリスクを、国が社会保険の機能を活かして補償していくのが**労働者災害補償制度**の役割です。労働基準法と同時に制定された労働者災害補償保険法（以下、「労災保険法」という。）により、**保険者（政府）**が事業主から保険料を

集めて、仕事が原因でケガや病気をした労働者に損害補償の給付を行っていく制度です[5]。

(2) 労災保険の制度は、労災保険法により定められており、その目的を、「**労働災害**（業務災害と通勤災害）を被った労働者（被災労働者）やその遺族に対して保険給付を行う」としており、また、「被災労働者の社会復帰の促進や被災労働者とその遺族の援護、労働者の安全や衛生を確保することによって、労働者の福祉を増進すること」としています（労災保険法1条）。この目的達成のため、**各種保険給付**と**社会復帰促進等事業**を以て労働者の保護を図っています。なお、労災保険による医療が給付される場合には、医療保険からの給付はありません。

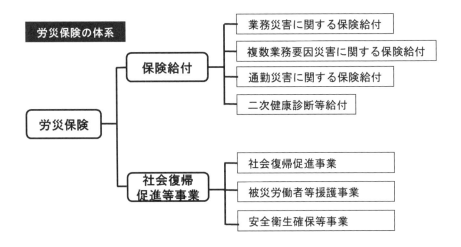

1-2 適用事業と保険関係の成立

労災保険法は、一定の場所と一定の組織による事業単位ごとに適用されており、これを**適用事業**と呼んでいます。原則として、労働者を使用する全ての事業主が法律上当然に加入することになっています。例えば、本社と地方に支店がある場合だと、其々がひとつの事業となります。また、建設工事の現場のような場合は、仕事を担っている会社の所在地で

はなく、その工事現場が事業単位となり、その労働災害の発生率に応じた保険料が課せられます。

　労災保険の保険関係とは、適用事業の使用者と保険者との関係であり、その事業の開始日に保険関係は成立し、その事業の終了・廃止の日の翌日に消滅します。なお、労災保険の詳細な保険関係は、労働保険[6]として労働保険徴収法に定められています。

1-3　適用労働者と特別加入制度

（1）労災保険法の適用労働者

　労災保険法の定める労働者[7]とは、労働基準法9条の定義と同じで、即ち労働基準法上の労働者に該当する者が労災保険法を適用されます（前述第9講）。この該当性は、契約の形式や雇用形態の違いなどに関係なく、労務の提供の実際にて判断され、オーケストラの楽団員やトラック持ち込みのいわゆる傭車運転手など判断が難しいものがあります[8]。

　また、公務員は労働基準法上の労働者ではないので労災保険の対象とはなりませんが、より手厚い国家公務員災害補償法と地方公務員災害補償法により保護されています。

（2）特別加入制度

　零細企業の社長や大工さんなどは、経営者であるといっても労働者と同じ危険度で仕事をしている場合が殆どで、労働者でないからといって適用から外してしまうと、甚だ法の目的から逸脱してしまいます。そこで、保険料の自己負担で任意加入となる**特別加入制度**の途が開かれています。この制度の対象となるのは、中小企業の事業主[9]、個人タクシー業者や大工さんなどのいわゆる一人親方、海外派遣者などです。もっとも、中小企業の事業主や一人親方については、全ての業務が労災保険の保護対象となるのではなく、労働者の行う業務のうち、保険者に申請して承認された業務の範囲に限られています。

最近の法改正で、芸能関係業務従事者、アニメーション制作の作業従事者、ITフリーランスや、ウーバーイーツで知られている自転車を使用しての貨物運送事業を行う者も特別加入制度の対象となっています。

出所：厚生労働省パンフレット

（3）受給手続

　業務災害や通勤災害によるケガや病気は、原則として労災病院や労災指定病院で治療を受けることになり、労災か否かの判断は、その請求先でもある**所轄労働基準監督署**となります。

　労災保険給付の請求は、請求書に加えて医師と事業主の証明書も提出する必要があります。また、業務災害については、その事故を発生させるとペナルティとして保険料（メリット制）が高くなることから、これを回避するため、労災隠しといわれる犯罪行為が行われることもあり注意が必要です。通勤災害については、メリット制の対象外であることから、このようなことは起こり難いです。

1-4　労働災害と保険給付

　労働災害には、業務上の**業務災害**と通勤途上を起因とする通勤災害があります。**通勤災害**は、業務を遂行する上で切り離せないものとして、昭和48年（1973）の改正により導入されました。また、令和2年（2020）9月からは、兼業・副業を想定して2以上の事業に使用される労働者に対応するものとして、新たに**複数業務要因災害**が加わっています。これ

らの保険給付は、其々に「業務災害に関する保険給付」「通勤災害に関する保険給付」そして「複数業務要因災害に関する保険給付」[10] とされています。なお、複数業務要因災害に関する保険給付については、給付内容は業務災害に対する給付と同じなので、本講では、業務災害と通勤災害について説明することにしています。

2. 業務災害

2-1 業務災害とは

仕事中のケガや病気（以下、「傷病」という場合がある。）が全て労働災害となる訳ではありません。二つの要件を満たす必要があります。先ずは、労働者が傷病を被ったときに業務（仕事）をしていたか否かについての**業務遂行性**の有無です。そして二つ目は、その傷病の原因が業務（仕事）に関係しているかを問うことになる**業務起因性**の有無です。このような業務遂行性と業務起因性の両方があるとして、所轄労働基準監督署が認定すれば業務上の労働災害と認められ、労災保険法による補償を受けることができます。

次の例は、全てが認められるケースとなります。

- 作業員が、工場内の排水処理タンク内の清掃中に有毒な化学物質を吸い込み中毒症状となった。
- 介護施設の職員が、介護対象者を支えて歩いている途中に足を滑らせて転倒し骨折した。
- 現場監督者が、ビル解体工事中に安全索を繋いでいた鉄柱が急に崩落して挟まれてしまった。

2-2 業務遂行性と業務起因性

業務遂行性と業務起因性について、もう少し詳しく説明していきます。

（1）業務遂行性

業務遂行性があるとは、「労働者が事業主の支配下又は管理下にあった」という状態を指します。支配下とは、職場にいることであり、管理下とは、事業主の指示に従っていることです。もっとも、職場外であっても、地方に出張中の場合や営業社員が外回りセールス活動を行っているなどの場合は、事業主の管理下にあるとして認められ、トイレに行くためや飲水目的で一時的に離席するようなことも、生理現象によるものとして認められています。また、社内旅行や懇親会などは微妙なところですが、それが商取引上の必要性がある場合や業務の一環として行われているような場合には業務遂行性が認められることになります。

次のような場合には、業務遂行性は認められない可能性があります。

- 就業中の私的行為やいたずらが労働災害の原因となる（恣意的行為）
- 労働者が故意により引き起こした災害や自殺（故意的行為）

（2）業務起因性

職場内で仕事をしているときにケガや病気になった場合は原則として**業務起因性**が認められます。業務起因性とは、業務と労働災害発生の因果関係のことで、「業務に内在する危険が現実化したと経験則上認められること」を意味します。職場内にはいるものの、トイレに行っている、社員食堂で昼食を摂っているなど、業務を行っていない場合でも、それが職場内の施設や管理状況に起因していると証明されれば業務起因性は認められます。また、出張先で宿泊したホテルで生じた事故でケガをした場合や営業社員の外回りセールス活動中のケガは、特段の事情が無い限り、業務起因性が認められます。

判断が難しい事例も多々あります、次に幾つかの例を挙げておきます。

- 仕事中に同僚や第三者と喧嘩してケガした場合は、一般的には私怨（個人的関係）として業務起因性は否定されますが、この加害行為の原因が業務にあるとの因果関係が認められれば、業務起因

性が認められます。

　　→日雇い労働者に対して業務指導中、初顔合わせにもかかわら
　　　ず、突然殴られてケガをした。

　　→駅前でチラシ配布していたら「気に入らない」として、突然
　　　第三者から暴力を振るわれた。

・天災地変（暴風雨、水害、地震、噴火等）は業務とは無関係な自
　然現象で、一般的には業務中でも予想できない等の理由により業
　務起因性は否定されますが、その災害を被りやすい業務上の事情
　が内在し、それが顕在化したものとして業務起因性が認められる
　ことがあります。

　　→火山（噴火警戒レベル1）のロープウェイ山頂駅駅員が予想
　　　外の噴火によりケガをした。

　　→日航機搭乗の非番社員が緊急事態に遭遇し、客室乗務員を緊
　　　急応援中に被災した。

2-3　職業病と過労死

（1）職業病

　業務災害のうち、職業病といわれている**職業性疾病**は、その発症に労
働者の基礎疾病や加齢、生活習慣などが関わっていることが多いことか
ら、自らが立証することは困難なものです。そこで、医学的見地から業
務とその業務起因性が明確な病気をリスト化して、労働基準法施行規則
の別表（職業病リスト）[11] として、仕事の他に明らかな原因がなければ
業務上の疾病と認められることになっています。

　次に幾つかの例を記載しておきます。

・暑熱な場所における業務による熱中症 [12]

・重量物を取り扱う業務や腰部に過度の負担を与える不自然な作業
　による腰痛

・石綿（アスベスト）に長らく曝される業務による肺がん
・長期間に亘る長時間業務による脳・心臓疾患[13]や大動脈解離などの疾病

（2）過労死と過労自殺

過労死とは、長時間労働や心理的に過度の負担が掛かる業務が続いて、脳・心臓疾患に罹患し、それが原因となって死亡することです。これも前述の職業病リストに掲げられているのですが、「通常は、仕事だけが原因で発症するものではなく、仕事以外にも労働者本人の生活習慣やこれまでに罹った病気など」[14]の複数要因が絡み合ったものが多く、なかなか行政における判断も難しく、問題化して司法判断を求めるケースが相次いだこともあり、今では、「過労死の労災認定基準」[15]が設けられています。

また、**過労自殺**とは、労働者が過重業務やそれに伴うストレスなどによって精神疾患を発症し、それが進行して自殺することです。労災保険法は、労働者が故意又は重過失で自らの死亡を生じさせたときは、保険給付を行わないとしています（労災法12条の2の2）が、幾度かの司法判断を経て、現在では、このような場合も、「過重な業務やストレスのかかる業務によって精神疾患が発症し、それが悪化して、希死念慮[16]によって自殺に至ったものと評価され」[17]、業務起因性があるとの解釈により保険給付の対象となっています。

3．通勤災害

3-1　通勤災害とは

通勤災害とは、通勤中に駅の階段を踏み外してケガをすることや、自転車通勤をしていて転倒し頭を打ち死亡するなどのことを意味します。

もっとも、労災保険法で定義化している、「**通勤とは、仕事のために住居と職場の間を合理的な経路・方法で往復する**」という通勤に限っており、どのような通勤でも認められる訳ではありません。また、仕事を掛け持ちしていて、ある勤め先の仕事を終えてから、次の就業場所に向かう場合も通勤で、単身赴任者も一定の要件を満たせば、帰省先の住居から単身赴任先への移動も通勤とみなされます。

3-2　労災保険法 7 条〜通勤災害の定義〜

　通勤災害は、アルバイトをしている学生の皆さんは、身近なことにもかかわらず案外知られておらず、社会人の皆さんについても改めて確認して貰いたい事項です。ここでは、労災保険法 7 条を詳しく説明することにします。同法では、通勤の定義を次のように定めています。

> 　通勤とは、労働者が、就業に関し、次に掲げる移動を、合理的な経路及び方法により行うことをいい、業務の性質を有するものを除くものとする。
> 1. 住居と就業の場所との間の往復
> 2. 厚生労働省令で定める就業の場所から他の就業の場所への移動
> 3. 1 に掲げる往復に先行し、又は後続する住居間の移動（厚生労働省令で定める要件に該当するものに限る）

　この条文のポイントを解説します。

（1）「就業に関し」とは

　住居と就業の場所との間の移動が、業務に就くため又は業務を終了したことにより行われていると言うことです。
　　→被災当日に就業することとなっていたこと、又は現実に就業し終えていたことが必要。遅刻や通勤ラッシュを避けるための早出な

ど、通常の出勤時刻と時間的にある程度の前後があっても就業との関連性が認められる。

（2）「住居」とは

労働者が居住して日常生活を過ごしている家屋等の場所であり、本人の就業のための拠点のことです。

→就業の必要上、労働者が家族の住む場所とは別に就業場所の近くにアパートを借り、そこから通勤している場合には、ここが住居となる。更には、通常は家族のいる所から出勤するが、別のアパートを借りていて、早出や長時間の残業の場合にはそのアパートに泊まり、そこから通勤するような場合も住居と認められる。

（3）「就業の場所」とは

会社や工場等で本来の業務を開始又は終了する場所のことです。

→営業社員が外回りセールス活動を行うにおいて、特定区域を担当し、区域内にある数カ所の得意先を担当して自宅との間を往復している場合も、自宅からの最初の得意先が業務開始場所となり、最後の得意先が業務終了場所となる。

（4）「移動」とは

①複数の異なる事業場で働く場合の移動ついて

→最初の就業場所での勤務が終了した後、二つ目の就業場所へ向かう移動が該当する。

②住居と就業の場所との間の往復に先行し、又は後続する住居間の移動について

→分かり難いが、平たく言うと単身赴任者のことで、「転任に伴い、やむを得ない事情より、転任直前の住居に居住する配偶者[18]と、日々の往復が困難な距離（片道60㌖以上）で、別居する場合の住居間の移動」を意味する。

（5）「合理的な経路及び方法」とは

次に該当すれば、合理的な通勤の経路及び方法と言うことです。

①合理的な（通勤）経路

　住居と就業の場所を移動する際に、一般的に労働者が通っている経路のこと。

→例：合理的な経路には、通勤のために通常利用する経路が複数あれば何れもが該当し、当日の交通事情による迂回経路やマイカー通勤者が貸し車庫を経由して通る経路なども該当する。

→例：自分の子供を保育園等に預けて出勤する場合に遠回りとなっても該当する。特別な理由もないのに大きく遠回り・迂回をした場合は不該当となる。

②合理的な（通勤）方法

→例：公共交通機関（鉄道・バスなど）、自動車や自転車、徒歩など、通常の交通方法ならば、日常的に用いているかどうかに関わらず（会社に申請している方法でなくてもよい）、全て該当する。

3-3　逸脱と中断

　逸脱とは、通勤の途中で、就業や通勤と関係のない目的で合理的な経路を外れることをいい、**中断**とは、通勤の経路上で、通勤と関係のない行為を行うことで、何れも通勤災害を考える上で大切な判断事項です。通勤の途中での「逸脱」又は「中断」は、逸脱・中断をしている間、そしてその後の移動についても、原則として通勤とはみなされません。

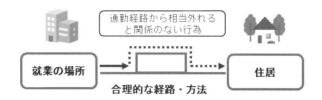

　もっとも、逸脱又は中断であっても**日常生活上必要な行為**を**やむを得ない事由**により**最小限度の範囲**で行う場合は、当該逸脱又は中断の間を除き、合理的な経路に復した後は再び通勤と認められます。この日常生活上必要な行為とは、厚生労働省令で定められており、次のような行為です[19]。

①日用品の購入その他これに準ずる行為→帰途に惣菜を購入する/独身者が食堂で夕食をとる/クリーニング店に立ち寄る/理容院で散髪をする etc

②職業訓練、学校教育法第1条に規定する学校での教育その他これらに準ずる教育訓練であって職業能力の開発向上に資するものを受ける行為→社会人大学院の授業後の通勤経路上のケガ

③選挙権の行使その他これに準ずる行為

④病院又は診療所において診察又は治療を受けることその他これに準ずる行為

　なお、「通勤の途中で経路近くの公衆便所を使用する」「駅構内でジュースを飲む」「帰途に経路近くの公園で短時間休息する」などの**ささいな行為**を行う場合は、逸脱・中断とはならず、その間も含め通勤となります。

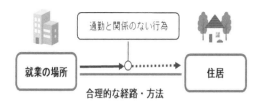

4．労災保険法の給付

4-1 給付の概要

（1）保険給付

　保険給付は、従来から、業務災害に関する給付と通勤災害に関する給付、及び二次健康診断等給付がありますが、令和2年（2020）9月からは、複数業務要因災害に関する給付が加わりました。その種類と内容は概ね次頁の表【保険給付と特別支給金の種類】の通りです。其々の業務災害の給付の名称と通勤災害のそれとの違いは「補償」があるかどうかですが、法的には労働基準法上の使用者の災害補償責任に該当するか否かです。また、複数業務要因災害に関する給付は、例えば「複数事業労働者療養給付」「複数事業労働者休業給付」などのように通勤災害の給付名称の前に**複数事業労働者**が入ることになります[20]。

（2）特別支給金

　保険給付の他に、災害補償としての位置づけではない、社会復帰促進等事業の一環として行われている**特別支給金**の制度があります。保険給付の補足性及び上乗せ機能を有しており、被災労働者やその遺族へのお見舞い、援護又は弔意の役割を果たしています。

【保険給付と特別支給金の種類】

業務災害	給付内容	通勤災害
①療養補償給付	傷病の療養のための給付 →必要な療養の給付、療養費の支給	療養給付
②休業補償給付	療養のための休業期間の補償としての給付 →休業4日目から休業1日につき給付基礎日額の60%相当額	休業給付 休業特別支給金
③障害保障給付	傷病が治癒しても障害が残った場合の給付 →障害の程度により、所定の年金又は一時金	障害給付 障害特別支給金他
④遺族補償給付	労働者が死亡した場合の給付 →遺族の数などにより所定の年金や一時金	遺族給付 遺族特別支給金他
⑤葬祭料	労働者が死亡した場合の葬祭費用としての給付 →一定の額（最低保障あり）	葬祭給付
⑥傷病補償年金	療養開始日から1年6カ月経過後も治癒せず、休業している場合の補償としての給付 →障害の程度により、所定の年金	傷病年金 傷病特別支給金他
⑦介護補償給付	障害（補償）等年金又は傷病（補償）等年金を受給する場合の介護費用としての給付 →常時介護の場合と随時介護の場合に介護費用を支給	介護給付

4-2　給付基礎日額

　保険給付のうち、上記表の①と⑦を除く金銭給付についての算定の基礎となるのが、**給付基礎日額**です。労働基準法の平均賃金に相当する額です。算定方法は、第13講の通りとなっています。

　なお、複数事業労働者の給付基礎日額は、複数雇用されている全ての賃金額を合算します。

4-3　労災保険料とメリット制

　労災保険の保険料率は、業種別に定められており、事務的業種よりも工業的業種の方が危険発生率の関係から高く設定されています。また、労働災害が多く発生する事業所とそうではない事業所では不公平感があるので、労働災害を防止しようとする使用者の意欲が低下しないように、そして作業環境の改善などに意欲的に取り組むことを促すために**メリット制**という仕組みを導入しています。労災保険率を過去の労働災害の発

生率に応じて、100分の40の範囲内で上下するようになっています。

　なお、通勤災害には適用されず、複数事業労働者に生じた業務災害については、その業務災害が発生した事業場から支払われていた賃金に相当する保険給付額に限り適用されます。

4-4　社会復帰促進等事業

　労災保険制度には、保険給付の他にも、**社会復帰促進等事業**があり、被災労働者の社会復帰の促進や、その遺族の援護などにより、労働者の福祉の増進を図っています。

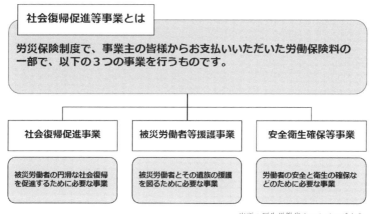

出所：厚生労働省ホームページより

〈注〉

1 健康保険法による健康保険制度や厚生年金保険法による遺族年金制度など。

2 黒田有志弥・柴田洋二郎他『社会保障法（第2版）』 有斐閣 2023 年 78 頁引用

3 岩波国語辞典によると、補償とは、損失を補い償うことを意味しており、保障とは、保護して危害が無いようにすることを意味する。この場合は損失を補い埋め合わせる「補償」を使う。

4 労働基準法には、仕事が原因で労働者が病気になったり、ケガをしたりした場合に、使用者が自己の責任を以てその損害を補償する制度がある。そしてその責任は無過失責任（使用者に故意・過失がなくても責任を負う）である。

5 保険料負担は、災害補償責任の見地から事業主だけにあり、労働者の保険利用負担はない。

6 労働保険とは、労災保険と雇用保険の総称のこと。

7 2以上の事業に使用される労働者で、複数業務要因災害の対象となる者は、複数事業労働者と呼ぶ。

8 最高裁は、横浜南労基署長（旭紙業）事件（最1小判平成8年11月28日判時1589号136頁）で「労働基準法上の労働者と同義語と解して、指揮監督の態様、時間的・場所的な拘束の程度、報酬の支払い方法などから判断する」と判示している。

9 厚生労働省令で定める数以下の労働者を使用する事業とされている。金融業・保険業・不動産業・小売業は常時50人以下、卸売業・サービス業は常時100人以下、その他の事業は常時300人以下とされている。

10 複数業務要因災害に関する保険給付は、其々の就業先の業務上の負荷のみでは業務と疾病等との間に因果関係が認められないので、何れの就業先も労働基準法上の災害補償責任は負わないとされている。

11 労働基準法施行規則34条の別表による。

12 熱中症とは、高温多湿な環境下で、体温調節機能等が低下したり、水分塩分のバランスが著しく崩れたりすることで起こる障害の総称。熱中症は、更に熱射病、熱けいれん、熱疲労等に分類される。

13 脳・心臓疾患とは、くも膜下出血や脳梗塞などの脳疾患、心筋梗塞や心不全などの心臓疾患のこと。

14 黒田有志弥・柴田洋二郎他『社会保障法（第2版）』 有斐閣 2023 年 86 頁引用

15 正式には、「血管病変等を著しく憎悪させる業務による脳血管疾患及び虚血性心疾患等の認定基準」（令和3年9月14日基発0914第1号）という。平成12年の最高

裁判決を受けて、平成 13 年に従来の基準が改正され、長時間労働に満たない場合でも労働時間と労働時間以外の負荷要因を総合して労災認定を行うことが明確にされた。

16 希死念慮とは、「死にたい」という持続的な気持ちのことで、自殺願望と同義ともされる。また、疾病や人間関係などの解決しがたい問題から逃れるために死を選択しようとする状態を「自殺願望」と具体的な理由はないが漠然と死を願う状態を「希死念慮」と、より精密に使い分けることもある。

17 黒田有志弥・柴田洋二郎他『社会保障法（第2版）』 有斐閣 2023 年 87 頁引用。

18 配偶者がない場合の子との別居、並びに配偶者及び子がない場合の父母又は親族（要介護状態で、且つその者が介護していた父母又は親族に限る。）の別居についても同様に取扱いとなる。

19 要介護状態（傷病や身体上又は精神上の障害により 2 週間以上の常時介護の状態）に在る配偶者、子、父母、孫、祖父母及び兄弟姉妹並びに配偶者の父母の介護で、継続的に又は反復的に行われるものも、日常生活上必要な行為に該当するとされている（労災保険法施行規則 8 条）。

20 複数業務要因災害に関する給付の内容は業務災害に対する給付と同じ。

第23講 雇用保険

1. 雇用保険の概要

1-1 雇用保険法とは

　私たちの多くは、企業に雇用され賃金を受け取ることで生活しています。働いていて収入が得られれば生活に困ることはありませんが、退職や解雇などにより定職を失ったような場合には収入が途絶えてしまいます。このような場合に、所得を補償し職を探す支援をして生活を安定させるようにするのが**雇用保険制度**です。この制度を支えるのが**雇用保険法**で、「労働者の生活と雇用の安定、失業の予防、雇用機会の増大、労働者の能力の向上、労働者の福祉の増進などを図る」ことを目的に制定されています。政府が保険者で、失業等給付や育児休業給付などの保険給付と、雇用安定事業及び能力開発事業で構成されています。

1-2 適用事業者と被保険者

　雇用保険では、労働者を雇用する事業を**適用事業**といい、その事業の適用範囲に制限はありません。従業員を1人でも雇用している事業所は、雇用保険の適用事業所とされ、加入の義務があります（雇用保険法5条）。雇用保険の被保険者は適用事業に雇用されている労働者のうち適用除外とされていない者です（雇用保険法4条1）。労働者に該当するかどうかは労災保険と同じく、労働基準法9条の基準によります。

　雇用保険の被保険者には一般被保険者、短期雇用特例被保険者、日雇労働被保険者の3種類があります[1]。通常の労働者が取得する被保険者資格は**一般被保険者**です。このように適用事業に雇用される労働者は基本

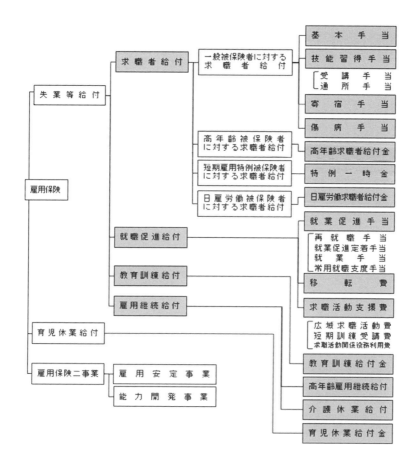

的に被保険者とされますが、労働時間が週で **20 時間未満**の者、同一の事業主の雇用事業に継続して **31 日以上**の雇用が見込まれない者、又は学生などは適用除外となります。なお、短期雇用特例被保険者及び日雇労働被保険者は必ずしもこれらには該当しません。

　また、複数の事業所で勤務する 65 歳以上の労働者が、そのうち 2 つの事業所での其々の週の所定労働時間が 5 時間以上であり、その所定労働時間を合計して 20 時間以上である場合は、労働者本人が公共職業安定所に申し出ることで、特例的に雇用保険の被保険者となることができ

ます。この制度はマルチジョブホルダー制度と呼ばれており、令和4年（2022）1月から導入されています。

1-3　失業の定義

　雇用保険の給付は失業した場合に支給されるものが主体となっています。雇用保険法による**失業**とは、「**被保険者が離職し、労働の意思及び能力を有するにもかかわらず、職業に就くことができない状態**」です（雇用保険法4条）。また、離職とは、被保険者が事業主との雇用関係が終了することをいいます。

　労働の意思とは、自己の労働力を提供して就職しようという積極的な意思のことで、療養のための離職や出産・育児・介護するための離職などは該当しません。

　具体的には、可能な限りの努力で求職活動を行っていることであり、求人雑誌を眺めたり、web情報を検索するだけでは認められず、実際に求人に応募したり、公共職業安定所から紹介された企業に面接に行くなどの活動実績が必要です。なお、職業に就くことができない状態[2]については、自営業を営む場合や業務委託を受けて報酬を得る場合なども含まれます。

2．雇用保険法の給付

2−1　給付の概要

　雇用保険の保険給付には、失業等給付と育児休業給付があり、失業等給付には求職者給付、就業促進給付、教育訓練給付、雇用継続給付の4つの給付があり、代表的なものは求職者給付としての**基本手当**です。

　基本手当の受給要件は被保険者期間が離職の日以前の2年間に**通算して12カ月以上**あることです。但し、特定受給資格者[3]や特定理由離職者[4]の場合は、離職の日以前の1年間に被保険者期間が通算して6カ月以上あれば受給要件を満たします。また、自己都合退職といわゆる会社都合退職では受給要件も異なっています。これは個人の責任に基づく離職よりも、経済や企業の状況による離職に対する支援を重視しているからです。

　基本手当の1日あたりの金額（基本手当日額）は、原則として離職した日の直前の6カ月間に支払われた賃金の総額を180で割った金額（賃金日額）の約50%から80%（60歳から64歳については45%から80%）で、失業前の賃金が低いほど高い率となっています。また、基本手当金額は、年齢区分ごとにその上限額や下限額が定められています。基本手当は受給資格者が失業している日について原則として所定給付日数（基本手当の支給を受けることができる日数）を限度として支給されます。この日数は、次表のように受給資格にかかる離職の日における年齢、雇用保険の被保険者であった期間、離職の理由などによって決定されます。

　① 一般の離職者

	1年未満	1年以上 10年未満	10年以上 20年未満	20年以上
65歳未満	なし	90日	120日	180日

② 倒産・解雇・雇止め等

	1年未満	1年以上 5年未満	5年以上 10年未満	10年以上 20年未満	20年以上
30歳未満		90日	120日	180日	―
30歳以上 35歳未満		120日	180日	210日	240日
35歳以上 44歳未満	90日	150日		240日	270日
45歳以上 60歳未満		180日	240日	270日	330日
60歳以上 65歳未満		150日	180日	210日	240日

　なお、**求職者給付**と**就職促進給付**の各種給付は、後掲の【各種保険給付一覧】を参照して下さい。

2-2　基本手当の支給手続

　基本手当の支給を受けるためには公共職業安定所長から受給資格の決定を受ける必要があります。この決定を受けるための手続は以下のとおりです。先ず、離職した際に、会社から**離職票**を受領し、その離職票を公共職業安定所に提出すると受給資格者と認定され、受給資格者証が交付されます。その後、原則として公共職業安定所に4週間に1回出頭し、その都度、公共職業安定所長から**失業の認定**を受けることで、基本手当を受給することができます（雇用保険法15条）。

2-3　給付の制限

　雇用保険は、失業中の所得保障を行うとともに再就職を促し支援するのが趣旨なので、基本手当を受給するためには、公共職業安定所から職業紹介、職業訓練及び職業指導を受けることが必須の条件となっています。このため正当な理由なく拒否した場合には、基本手当は1カ月の間は支給されません。また、労働者側に解雇されるなどの重大な理由がある場合や正当な理由なしに自己都合退職した場合にも、2カ月又は3カ

月の間支給されません[5]。

2-4　雇用二事業

　雇用の維持や雇用の促進を目的とする雇用二事業として、**雇用安定事業**と**能力開発事業**があります。

（1）雇用安定事業

　雇用安定事業は失業の予防、雇用状態の是正、雇用機会の増大を行い雇用の安定を図ることを目的とする事業です。事業者に対する助成金制度が中心で、その代表例が雇用調整助成金です。

　雇用調整助成金は企業が多くの従業員をリストラしなくてはならないなどの経済的困難に直面した場合に、従業員を解雇せずに雇用を継続させることを支援し失業の拡大を防ぐ役割を果たすもので、新型コロナ禍で失業率の増加の抑制に活躍しました。

（2）能力開発事業

　能力開発事業は職業生活の期間を通じて、被保険者の能力の開発と向上を目的とする事業です。各種の助成金や職業能力開発のための講習、公共職業能力開発施設などの設置や運営などを通じて、被保険者のスキルアップの支援を行っています。

【各種保険給付一覧】

	一般被保険者	高年齢被保険者	短期雇用特例被保険者	日雇労働被保険者
失業中の生活の安定を図る	基本手当	高年齢求職者給付金	特例一時金	日雇労働者給付金
公共職業訓練の受講	技能習得手当		技能習得手当	
公共職業訓練の受講のための寄宿	寄宿手当		寄宿手当	
傷病期間中の生活の安定を図る	傷病手当		寄宿手当	
早期の再就職	就職手当 再就職手当 就職促進手当			
就職困難者の再就職	常用就職支援手当	常用就職支援手当	常用就職支援手当	常用就職支援手当
就職のための移転	移転費	移転費	移転費	移転費
求職活動の費用の補填	広域求職活動費	広域求職活動費	広域求職活動費	広域求職活動費
職業に関する教育訓練	短期訓練受講費	短期訓練受講費	短期訓練受講費	短期訓練受講費
保育サービスを利用した費用の補填	求職活動関係役務利用費	求職活動関係役務利用費	求職活動関係役務利用費	求職活動関係役務利用費

求職者給付 [　　　　] 　　　就職促進給付 [　　　　]

〈注〉

1　①一般被保険者：法律上の定義は短期雇用特例被保険者と日雇労働被保険者以外の被保険者のこと。但し 65 歳以上の一般被保険者は高年齢被保険者といい、失業した時の給付も異なる。②短期雇用特例被保険者：季節的に雇用される者で雇用期間が 4 カ月を超え、週の労働時間が 30 時間以上の者。③日雇労働被保険者：1 日雇用される者又は 30 日以内の期間を定めて雇用される者のうち被保険者資格を有する者。

2　職業に就くことができない状態とは、公共職業安定所が最大の努力をしたが就職させることができず、また本人の努力によっても就職できない状態をいう。

3　倒産や解雇によって離職した被保険者のこと。

4　有期雇用で契約が更新されずに離職し、又は正当な理由により離職した被保険者のこと。

5　政府は転職などで成長産業へ業種を移る労働移動の円滑化を進め、失業した人が安心して就職活動を行える環境を整えるために、自己都合退職の失業給付の給付制限を緩和し、2 カ月より早くすることや、更に求職者が教育訓練などでリスキリングに取り組んでいた場合は、給付制限をなくす改正を検討している。

第**24**講 生活保護と第二のセーフティネット

1．生活保護法の概要

1-1　生活保護の仕組み

(1) 生活保護は、経済的に自立できない者に対して、生活保護法の定めるところにより、最低限の生活費を保障するための支援を提供するものです。申請者の経済状況や生活状態を調査し、収入や家計状況を確認し、その結果に基づいて、必要な支援を決定します。支援の種類には生活扶助、医療扶助、住宅扶助などがあり、必要に応じて組み合わせて提供されます。

　私たちは、社会的な支援を必要とする人々に対する偏見や誤解から、生活保護を否定的に捉えがちです。しかし、忘れてはならないのは、生活保護は生活の最低限の基盤を提供し、最も弱い立場にいる人々に安心をもたらす重要な制度ということです。生活保護がなければ、何百万人もの人々が食べることや住む場所を確保することに苦しむことでしょう。これがないと、彼らの生活は益々脆弱になり、社会的な不平等が広がる可能性があります。

　生活保護に陥る原因は、失業や低い収入など多岐に亘っています。健康問題についても大きな要因となることがあり、長期の病気や障害があると仕事の継続が難しくなり、収入が大幅に減少してしまいます。これらの要因は単独又は複合して影響を及ぼし、生活保護が必要な状況が生じています。

(2) 生活保護制度は、日本の社会福祉制度の歴史と経済的な変遷に密接に関連しています。19世紀末から20世紀初頭には、貧困者や孤児の

ための収容施設が主要な焦点でしたが、1920年代から1930年代にかけて生計困難者救済法が制定され、生活保護制度の前身が形成されました。第二次世界大戦後には生活保護法が制定され、戦後に再構築され、戦後復興とともに貧困対策が強化されました。1960年代以降は経済成長に伴い制度も変化し、現代においては、経済的に自立が難しい人々に最低限の生活費を提供する社会福祉制度として運用されています。

1-2 憲法第25条の最低限の生活保障

　憲法第25条は、「すべての国民が健康で文化的な最低限度の生活を営む権利」を保障するものとしています。この条文に基づいた裁判では、生活保護の適否や制度の適用基準などについて争われました。

■朝日訴訟（最大判昭和42年5月24日民集21巻5号1043頁）

　本事案は、国民の最低限度の生活権を実現するための法的手段やその保障の性質、そして国や自治体の義務に関する基本的な問題について焦点を当てています。具体的には、原告が受け取っていた生活保護費が、原告の兄からの仕送りによって減額されたことから、生活保護法に基づく国や自治体の援助が、実際に必要な最低限度の生活を保障しているかどうかが問題となりました。また、生活保護を受けることが国の「恩恵」や単なる社会福祉のサービスとして提供されるものであるのか、それとも国民が持つ「権利」として確保されるべきものであるのかという基本的な問題も取り上げられました。最高裁は、生活保護を受けることは「法的な権利」として確立されるべきとの立場を判示しています[1]。

1-3 収入認定と補足性の原理

　生活保護の給付額を決める際、収入認定分が重要な要素です。これは、生活保護を受ける希望者の収入から一定の部分を収入として認定し、これに基づき支給額が調整されるからです。

　働いて得た賃金や給与は、当然ながら収入の一部として認定されます。しかし収入全額をそのまま額面通り認定してしまうと、生活保護の給付額が減少してしまい、働く意欲が失われる可能性があります。この問題を解決するために、勤労控除という制度が導入されています。これは、賃金や給与から一定額を控除し、その控除後の金額を収入として認定する仕組みです。これにより就業意欲を維持することができます。その他、不動産や株などの資産は、その資産から得られる収入や、その資産を売却した際の売却額なども収入として認定されることがあります。

　生活保護には上限が設けられています。申請者の資産、労働能力、家族の扶養、年金などの収入源を全て考慮し、それでも不足する場合にのみ生活保護が支給される**補足性の原理**が適用されます。この原理に基づいて、受給者の経済的状況や家庭の状況が詳細に調査され、本当に生活保護の援助が必要な人だけが受給資格を得られるようになっています。

2．生活保護法の手続と給付

2-1 生活保護実施機関と手続
（1）実施機関
　生活保護は、主に都道府県や市町村に設置されている福祉事務所で行われます。また都道府県知事、市長、町村長は生活保護の基本的な方針や運営に関する責任を持ち、生活保護の実施に関する事務の指導や監督を行います。

（2）申請

　申請手続は、生活保護を希望する意思があれば誰でも行えます。生活保護申請の窓口の福祉事務所が申請を受け付けず阻止しようとすることを「水際作戦」と呼ばれることがありますが、どんな理由であっても拒否は違法で、申請は国民の基本的権利であり、ホームレスの場合でも拒否できません。

（3）調査

　生活保護の申請時には、福祉事務所が申請者の経済状況や生活状態を把握するために、**ミーンズ・テスト**（資力調査）を行います。この調査では、食費、住居費、光熱費、医療費などの最低生活費が確認され、申請者の収入も認定されます。また、ケースワーカーが申請者の住まいを訪問し、生活状況や家計の状態を直接確認する実地調査も行われます。

（4）不正受給

　不正受給は許されません。万が一これが起これば、厳正に処罰されます。受給した額の全部又は一部だけではなく、徴収額に 1/100 以下の上乗せされて徴収されることもあります。また刑罰を受ける可能性もあります。

2-2　生活保護法の給付

　生活保護には8つの種類があります。「生活扶助」「教育扶助」「生業扶助」「住宅扶助」「医療扶助」「介護扶助」「出産扶助」「葬祭扶助」です。**生活扶助**は日常の食費や光熱費などの必要な費用をカバーし、児童を養育している場合には児童養育加算、母子家庭で障害がある場合には障害加算が追加され、寒冷地域では冬季加算が提供されます。**教育扶助**では、義務教育に必要な学用品や教材の費用が支給され、生業扶助では技能習得のための費用や資金、器具、支度金が提供され、住宅扶助では家賃や住宅の維持に必要な費用が支給されます。また、医療扶助では生活保護受給者が国民健康保険や後期高齢者医療制度の対象外とされ、介護扶助

は介護保険制度への加入が前提となりますが、医療保険制度への加入がない場合にも給付が行われます。65歳以上の場合には介護保険の第1号被保険者として整理され、保険料相当分が介護加算として支援されます。更に、出産扶助は出産にかかる費用を支給し、葬祭扶助は葬儀費用をまかなえない場合や遺族以外の人が葬儀を手配する場合に提供されます。このように、あらゆる困窮を想定した保護体制が整っています。

　これらは必要に応じて組み合わせて支給され、オーダーメイドの形で実施されることが一般的です。生活保護の給付が十分かどうかについては、受給者の具体的な生活状況や地域によって異なります。給付の目的は最低限の生活費を保障することであり、その基準は最低限の必需品とサービスに基づいていますが、実際には地域や家庭の状況に応じて差があり、感じ方は其々だと思います。

3．第二のセーフティネット

3-1　社会不安と必要性

　雇用保険は、一定の被保険者期間がある労働者が失業した際の所得補償制度です。しかしながら、非正規雇用で働いていたのに職を失った場合や、学校を卒業してから職に就けなかった場合は雇用保険の対象外となることがあります。このような状況で生計を立てる手段が限られているとき、生活保護が最終的な選択肢となり得ますが、生活保護は受給条件が厳格で、容易に受けられないことがあります。そこで、社会保険と生活保護の間に位置する新しい生活支援制度が整備されました。社会保険制度が第1のセーフティネットであり、生活保護制度が最終的なセーフティネットであるのに対し、これらの中間的な位置づけの制度で、第2のセーフティネットと呼ばれています。代表的な制度には「求職者支

援制度」と「生活困窮者自立支援制度」があります。

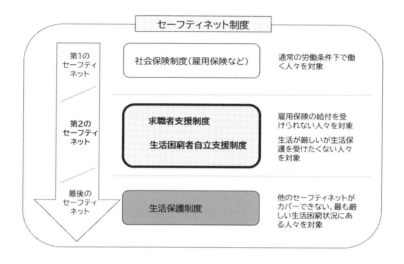

3-2 求職者支援制度と生活困窮者自立支援制度

(1) 求職者支援制度

　求職者支援制度は、特定求職者支援法[2]に基づく制度です。雇用保険の給付を受けられない人を支援するための制度です。特定の条件を満たす特定求職者に対して、職業訓練の提供と、職業訓練受給給付金による訓練中の所得を支援します。特定求職者とは、仕事を探していて、労働の意欲や能力があり、公共職業安定所の所長によって職業訓練が必要と認められた人のことです。

(2) 生活困窮者自立支援制度

　生活困窮者自立支援制度は、都道府県や市町村が提供し、困難な生活状況にある生活困窮者[3]を支援します。様々な支援があり、具体的には、住居、生計、仕事、相談などに関する支援です。支援を受けるためには、一定の条件を満たす必要があります。この制度は生活が厳しいけれども、生活保護には頼りたくない積極的自立を目指す人たちに支給されます。

〈注〉

1 中川直毅『概観日本国憲法と昭和政治史』三恵社 2023 年 180 ～ 181 頁参照

2 正式名称は、「職業訓練の実施等による特定求職者の就職の支援に関する法律」という。

3 生活困窮者とは、就労の状況、心身の状況、地域社会との関係性などの事情により、現に経済的に困窮し、最低限の生活を維持することができなくなる恐れのある者（生活困窮者支援法 3 条）。

参考文献

金井壽宏『働くひとのためのキャリアデザイン』ＰＨＰ研究所 2002 年

矢田部光一『キャリアマネジメント』晃洋書房 2010 年

木村進『自分で切り開くキャリアデザイン』中央経済社 2012 年

北浦正行・斉藤幸江・西本万映子『実践キャリアデザイン論 30 講』日本生産性本部
　労働情報センター 2013 年

日本キャリアデザイン学会監修『キャリアデザイン支援ハンドブック』ナカニシヤ出版
　2014 年

道幸哲也・原田順子『放送大学テキスト 多様なキャリアを考える』放送大学教育振興
　会 2015 年

木村周他『キャリアコンサルティング理論と実際（6 訂版）』雇用問題研究会 2022 年

本間啓二・金屋光彦他『キャリアデザイン概論（5 訂版）』雇用問題研究会 2020 年

武石恵美子『キャリア開発論（第 2 版）』中央経済社 2023 年

旦まゆみ『自立へのキャリアデザイン』ナカニシヤ出版 2017 年

阿部正浩・松繁寿和編『キャリアのみかた（改訂版）』有斐閣 2014 年

一木広治『夢を実現するパラレルキャリア』主婦の友社 2017 年

経営法友会大阪部会編『企業活動の法律知識（第 5 版）』経営法友会 2008 年

今野雄一郎・佐藤博樹『新装版人事管理入門』日本経済新聞出版 2022 年

上林憲雄・厨子直之・森田雅也『経験から学ぶ人的資源管理 新版』有斐閣 2018 年

阿部正浩・菅万里・勇上和史編『職業の経済学』中央経済社 2017 年

野田進　　『事例判例労働法（第 2 版）』弘文堂 2013 年

野田進・山下昇・柳澤武『判例労働法入門（第 8 版）』有斐閣 2023 年

村中孝史・荒木尚志編著『労働判例百選（第 10 版）』有斐閣 2022 年

西谷敏　　『労働法（第 3 版）』日本評論社 2020 年

菅野和夫　『労働法（第 13 版）』弘文堂 2019 年

林弘子　　『労働法（第 2 版）』法律文化社 2014 年

高橋賢司　『労働法講義（第 2 版）』中央経済社 2018 年

高橋賢司・橋本陽子・本条淳志『テキストブック労働法』2020 年

小畑史子・緒方桂子・竹内（奥野）寿『労働法（第 3 版）』有斐閣 2019 年

本久洋一・小宮文人・淺野高宏 『労働法の基本（第 2 版）』法律文化社 2021 年

和田肇・相澤美智子・緒方桂子・山川和義『労働法（第 3 版）』日本評論社 2023 年

両角道代・森戸英幸・小西康之 『労働法（第 4 版）』有斐閣 2020 年

山田省三・石井保雄編著『トピック労働法』信山社 2020 年

岩村正彦・中村慈夫他編『実務に効く労働判例精選（第 2 版）』有斐閣 2018 年

土田道夫・山川隆一他編著『ケースブック労働法（第 8 版）』弘文堂 2014 年

岡崎淳一 『実務のための労働法制度』日本経済新聞出版　2020 年

鎌田耕一 『概説労働市場法（第 2 版）』三省堂 2021 年

中川直毅編著『要説キャリアとワークルール（第 3 版）』三恵社 2021 年

中川直毅編著『就活キャリアスキル読本』三恵社 2021 年

中川直毅『概観日本国憲法と昭和政治史』三恵社 2023 年

中川直毅『精選日本国憲法論 14 講』三恵社 2020 年

濱口桂一郎『日本の労働法政策』労働政策研究・研修機構 2018 年

布施直春『詳解 働き方改革法の実務対応』中央経済社 2018 年

岡田良則『働き方改革法で労務管理はこう変わる』自由国民社 2018 年

君嶋護男『ここまでやったらパワハラです』労働調査会 2012 年

横山佳枝・倉田梨恵『ハラスメント事件の基本と実務』日本加除出版 2019 年

水谷英夫『職場のパワハラ セクハラ メンタルヘルス』日本加除出版 2014 年

岡田良則・桑原彰子『育児介護休業の実務と手続（改訂 2 版）』自由国民社 2020 年

全国労働基準関係団体連合会『改訂 8 版 労働関係法の要点』全基連 2023 年

久本憲夫・瀬野睦見・北井万裕子『日本の社会政策（第 3 版）』2023 年

黒田有志弥・柴田洋二郎他『社会保障法（第 2 版）』有斐閣　2023 年

伊奈川秀和『概観　社会保障法総論・社会保険法（第 2 版）』信山社 2020 年

櫻井純理編著『どうする日本の労働政策』ミネルヴァ書房 2021 年

出口治明『最強の働き方』PHP 研究所 2017 年

小川慎一・山田信行他『産業・労働社会学』有斐閣 2015 年

佐藤博樹・松浦民恵・高見具広『働き方改革の基本』中央経済社 2020 年

社会・労働保険実務研究会編『令和 5 年 5 月改訂社会保険・労働保険実務百科』清文社 2023 年

西村純子・池田心豪編著『社会学で考えるライフ＆キャリア』中央経済社 2023 年

事項索引

キャリア論と労働関連法 24 講
〜キャリアを考え、労働法を学ぶ〜

2024 年 4 月 2 日　初版発行

編 著 者　　　中川 直毅

発 行 所　　　株式会社　三恵社
　　　　　　　〒462-0056 愛知県名古屋市北区中丸町 2-24-1
　　　　　　　TEL 052-915-5211　FAX 052-915-5019
　　　　　　　URL https://www.sankeisha.com